1828 D.

Jur.

DROIT PUBLIC
D'ALLEMAGNE,

CONTENANT

La forme de fon Gouvernement, fes différentes
Loix; l'Election, le Couronnement &c. de
l'Empereur & du Roi des Romains, leur
Origine, Titres, Droits &c. ainfi que ceux
des Electeurs, Princes & autres États de
l'Empire; y compris ceux de la Nobleffe
immédiate.

On y a ajouté

Les Droits de la Nobleffe Equeftre de la Baffe-Alface,
fon origine, & autres matieres intéreffantes,
avec ce qui eft analogue à la France.

Le tout enrichi d'une compilation de Loix
fondamentales de l'Empire.

PAR M. JACQUET,
Licencié-ès-Loix.

TOME II.

à STRASBOURG,

De l'Imprimerie de JEAN HENRI HEITZ,
M DCC LXXXII.

Avec Approbation.

TABLE

Des Livres & Chapitre con-
tenus dans ce *fecond Tome.*

)(2

TABLE.

TABLE.

Fin de la Table.

APPROBATION.

J'ai lu ce *second* Tome du Droit Public, *dans lequel je n'ai rien trouvé qui m'ait paru devoir en empêcher l'impreſſion.*

Signé, REISSEISSEN,
Doyen de la Faculté de Droit.

Vu l'approbation ci-deſſus, je conſens au nom du Magiſtrat de cette Ville à l'impreſſion du préſent Tome,

Fait à Strasbourg, ce 28. Septembre 1781. WENCKER, XV.

Permis d'imprimer ce 2. octobre 1781, GERARD.

CHAPITRE VI.

De l'Impératrice.

I.

L'ÉPOUSE de celui qui a été élu Empereur, s'appelle *Impératrice*, de même que l'épouse de l'élu Roi des Romains se nomme *Reine des Romains*, & devient Impératrice lorsque son époux devient Empereur. C'est un usage universellement reconnu & presqu'aussi ancien que les dignités, que les femmes participent aux honneurs de leurs maris. A l'égard de l'Impératrice nous considérons trois choses, savoir I°. son inauguration, II°. ses titres & honneurs, III°. ses droits & prérogatives.

II.

Le couronnement ou l'inauguration de l'Impératrice étoit double autrefois, savoir la Germanique & la Romaine: la première lui donnoit le titre de Reine, & par la seconde elle acquéroit celui

Couronnement de l'Impératrice.

Tome II. A

d'Impératrice Augufte (*a*). Le couronnement des Reines d'Allemagne fe fit en différentes villes par l'Electeur de *Mayence* ou par celui de *Cologne* indifféremment, & fut déja obfervé du tems d'*Otton I.* fils ainé de Henri l'Oifeleur (*b*). Dans la fuite on le né-

_____

(*a*) In *Annalibus Metenfibus ad an.* 829. legimus : " Dominus Imperator (fci-
„ licet *Ludovicus pius*) habebat quan-
„ dam Reginam pulchram nimis nomine
„ *Judith* & fapientiæ floribus apprime in-
„ ftruftam fibi in conjugio, quæ etiam
„ Imperatrix coronata & *Augufta* ab omni-
„ bus acclamata eft. "
Mais pour parler des Reines & Impératrices d'Allemagne proprement dites, je dis que déja *Otton I. furnommé le Grand*, ordonna de faire couronner & facrer fa premiere femme *Judith*, comme le prétend *Dithmar*, *lib. II. ineunte :* mais il eft plus conftant, qu'*Adélaïde*, fa feconde époufe (fille de *Raoul II.* Roi des deux Bourgognes, veuve de *Lothaire II.* Roi d'Italie & fondatrice de l'Abbaye de *Selz* dans la baffe Alface, mariée à *Otton* en 951) eft la premiere Impératrice d'Allemagne, couronnée en Allemagne & à Rome.
(*b*) *Struv. Corp. Jur. publ. Cap. XV.* §. *IX. & feqq.* fait mention de toutes les Impératrices, ainfi que des lieux de leur

gligea depuis l'Empereur *Maxi-milien I.* jufqu'au tems de *Matthias*, que cet ufage fut rétabli (*c*). Avant l'inauguration l'Electeur de *Cologne* ou celui de *Mayence* facrent la Reine en l'oignant fur la poitrine avec le St. Chrême (*d*); enfuite tous les trois Electeurs lui mettent conjointement la couronne (*e*). L'inauguration romaine fe

---

couronnement, & des Electeurs qui les avoient facrés & couronnés, depuis l'Impératrice *Judith*, jufqu'à l'époufe de l'Empereur *Léopold*, couronnée Impératrice en 1690. L'on peut voir le cérémonial de cette derniere inauguration im eröffneten deutſchen Audienz-Saal *de* Sigmund Schmidt, *pag.* 65.

(*c*) Cet Empereur fit recommencer le couronnement en faveur d'*Anne*, fon époufe, & l'Abbé de Fulde fit à cette occafion les fonctions qu'exigeoit fa charge de Chancelier de l'Impératrice. vid. *Fritfch. de Augufta*, *Cap. III. pag.* 17.

(*d*) Vid. Speners deutſches *Jus publ. lib.* 4. *cap. XI.*

(*e*) Vid. *Struv. l. cit. §. XI.* Il faut remarquer que l'inauguration de l'Impératrice differe de celle de l'Empereur, particuliérement en ce que l'on ne fait point prêter ferment à l'Impératrice de vouloir défendre l'Eglife, de bien faire admini-

L'inauguration de l'Impératrice

differe de l'inauguration de l'Empereur.

A 2

faifoit par le Pape ou par fon Légat dans *l'églife de St. Pierre;* elle eft depuis plufieurs fiecles tout-à-fait hors d'ufage (*f*).

III.

Titres de l'Impératrice.

Les Impératrices ont de tout tems été décorées des plus brillants titres. Déja du tems des Romains on les appelloit *vénérables Auguftes* (*a*), *féréniffimes Augu-*

---

ftrer la juftice & de défendre les droits du Royaume & de l'Empire ; & que lors du couronnement on ne lui préfente point le glaive comme à l'Empereur, parce qu'elle n'eft point couronnée pour gouverner, mais uniquement pour lui faire les mêmes honneurs, qu'à fon époux, & pour la rendre également refpectable aux fujets de fon mari.

(*f*) La derniere Impératrice couronnée à Rome par le Pape *Nicolas V.* en 1452 eft *Eléonore, époufe de Frédéric III. Petrus de Andlo, de Imperio Rom. lib.* 2. *cap.* 7. rapporte les cérémonies du couronnement de l'Impératrice à *Rome,* telles qu'elles fe trouvent au *chap. V. du Rituel Romain.*

(*a*) §. *fin. Inft. de Ufucap. Capitolinus in vita Antonini Pii Cap.* 5.

ſtes (*b*), *divines Auguſtes* (*c*), *très-pieuſes Auguſtes* (*d*). Les Empereurs allemands leur ont donné des titres également tendres & faſtueux. *Otton I.* nomma ſa chere épouſe *Compagne d'Empire & Auguſte* (*e*). Son fils *Otton II.* fit appeller ſa femme ... *Notre très-aimée Conjointe* (*Théophanie*), *Co-impératrice Auguſte, Compagne de l'Empire & du Royaume* (*f*). Les Empereurs ſubſéquens ne ſe ſont pas moins diſtingués dans la titulature de leurs illuſtres épouſes, comme je pourrois aiſément le faire voir, ſi je ne craignois excéder mon projet ou abuſer de la patience de mon lecteur. Aujourd'hui on donne à l'Impératrice,

---

(*b*) *L.* 3. §. 6. *ubi Senat. vel Clariſſimi Sereniſſimæ Auguſtæ noſtræ Conjugis. L.* 3. *C. de Quadriennii præſcriptione.*

(*c*) *L.* 3. *C. de Quadriennii præſcriptione.*

(*d*) *L.* 7. *C. de bonis quæ liberis.*

(*e*) Vid. *Author Vitæ Mathildis cap.* 5. *pag.* 204.

(*f*) In *Diplomate de an.* 973. *apud Leibnitzium, Rerum Brunſvicenſ. Tom.* II.

de même qu'à l'Empereur, le titre de toujours *Augufte*, allzeit
Mehrerin des Reichs (g).

IV.

Honneurs
qu'on lui
rend.

Il y a une telle connexion entre
les titres & les honneurs, qu'ils
peuvent être regardés comme la
fource infaillible les uns des autres. Parmi les honneurs les plus
folides & en même tems les plus
brillans que l'on rend depuis très-
long-tems aux Impératrices, nous
mettons leur facre, leur couronnement, leur rang lors des Cours
ou affemblées folemnelles, leur
Cours & leurs armes. Nous venons de toucher la matiere de leur
facre, ainfi que de leur couronnement. Leur rang dans les Cours
ou grandes affemblées étoit toujours immédiatement après l'Empereur. Et dans la proceffion fo-

---

(g) *Eleonora Friderici III. conjux in
primariis precibus Conradi titulum ge-
rit* allzeit Mehrerin des Reichs, *Cap. X.
§. XXXVII.* vid. Brover. *Antiquitatum
Fuldenfium lib.* 1. *cap. XV.* ubi *Carolus IV. Annam conjugem vocat.* SERE-
NISSIMAM SEMPER AUGUSTAM.

lemnelle pour aller à la Cour impériale, l'Impératrice accompagnée
de fes Dames d'honneur fuivoit
autrefois à une certaine diftance le
Roi de Bohème, qui devoit dans
cette occafion fuivre l'Empereur
immédiatement (a). Ces Cours
ainfi que ces proceffions folemnelles ne font plus d'ufage, fur-tout
à l'égard de l'Impératrice. Cependant à la Cour ordinaire ou Réfidence de l'Empereur elle tient encore aujourd'hui le premier rang
après fon illuftre époux. L'Impératrice avoit également fa propre
Cour féparément de celle de l'Empereur & fes Grands - Officiers à
part. Ces derniers fubfiftent encore en partie tant à l'égard de
leurs titres, qu'à l'égard de leurs
fonctions. L'Abbé de St. Maximin étoit l'*Archi - Chapelain* ou le
*Grand - Aumônier de l'Impératri-
ce* (b). L'*Archevêque de Trêves* eft

_____

(a) Voyez le *chapitre XXVI. de la
Bulle d'or.*
(b) L'Empereur *Otton le Grand* donna
aux Abbés de St. Maximin ce titre d'hon-

en poffeffion des revenus de cette Abbaye, & prend fouvent le titre d'*Abbé commendataire de St. Maximin* (c). L'*Abbé de Fulde* eft *Archi* - ou *Grand - Chancelier de l'Impératrice*. Il tient la couronne à fon facre (d). L'*Abbé de Kempten*

---

neur, qui leur fut enfuite confirmé par *Ferdinand II.* en 1626. voyez - en le diplôme apud *Zyllefium in defenfione Monaft. S. Maximini P. III. n.* 86. Son office étoit de dire la meffe & de bénir la table de l'Impératrice.

(c) Vid. *Imhof notitia procerum Imperii*, lib. II. c III. n. 8.

Son Archi-Chancelier.

(d) Les Abbés de Fulde obtinrent en 968 le titre de Primats des Abbés de la Gaule & de la Germanie, & à - peu - près dans le même tems la dignité d'Archi-Chancelier de l'Impératrice. vid. *Heumanni Commentarium de re diplomatica Imperatricum Auguftarum.* Cette dignité leur fut confirmée par *Charles IV.* dans la perfonne de *Henri, Abbé de Fulde,* en 1358, en y ajoutant le droit de tenir, de mettre & de reprendre la couronne de la tête de l'Impératrice autant de fois que le cas l'exigera. vid. *Diploma apud Wilh. Waldfchmid, de Auguftæ Archicancellario §. XI. & Mafcovii differt. de originibus Archiofficiorum Aulicorum in S. R. Imperio, §.* 59.

eſt *Grand-Maréchal de l'Impéra-*
trice, & porte le ſceptre devant
elle lors de ſon couronnement (*e*);
elle a en outre une *Grande-Mai-*
treſſe de Cour (Dber-Hofmeiſte-
rin,) qui lors de ſon couronnement la ſuit immédiatement (*f*).

(*e*) La Reine *Hildegarde*, ſeconde femme de *Charlemagne*, eſt la fondatrice de
l'Abbaye princiere de Kempten, dont les
Abbés portent le titre de Grand-Maré-
chaux de la Cour des Impératrices. Il n'y
a point de monument authentique, qui
conſtate l'origine de cette dignité. Pour
cette raiſon l'Empereur *Léopold* voulut les
confirmer dans leur poſſeſſion en 1683 par
un diplôme indubitable, que l'on trouve
in deß Schmids Audienz-Saal *p.* 67.
& dans lequel nous liſons . . . "Daß von
„ undenklichen Jahren her die jeweiligen
„ Aebte des fürſtlichen Stifts Kempten ſich
„ einer jedesmal regierenden Römiſchen Kai-
„ ſerin Erz-Marſchallen ſchreiben, auch ih-
„ rer ſolcher Titel von wohlermeldter Kai-
„ ſerin, aus deren Canzeleyen, beſtändig ge-
„ geben worden und noch werde." vid.
Lünigs Reichs-Archiv, *part. ſpec. conti-*
nuat. I. pag. 179. & *pag.* 181.

(*f*) *Ferdinand III.* lui donna ce rang
par un décret de 1653. voyez-en le diplôme dans *le* 7. *Tome de Londorp*, *p.* 31.
& dans *Fritſch de Auguſta*, *cap.* 4.

Son
Grand-
Maré-
chal.

A 5

V.

Droits de l'Impératrice.

Les droits dont jouissoient les Impératrices chez les Romains, se trouvent en partie dans le corps de droit civil (*a*). Chez les Allemands, & sur-tout du tems des Empereurs franconiens, les Impératrices participoient aux affaires du gouvernement & du palais (*b*) ; delà vient, qu'elles siégeoient dans les cours & assemblées impériales ; ce qui n'a plus lieu. Cependant les Impératrices jouissent encore de certains droits par concession spéciale des Empereurs. Tels sont p. e. le droit d'accorder les premieres prieres dans des couvents & abbayes de filles (*c*), celui

---

(*a*) *L.* 31. *ff. de Legibus.*

(*b*) *Agobardus Lugdunensis Episcopus*, *in Apologia pro filiis Ludovici Pii* §. 8. & 9. *Operum Tom. II. pag.* 61.

(*c*) Voyez des lettres de premieres prieres données par *Eléonore*, épouse de l'Empereur *Frédéric III*, sur un bénéfice, dont l'Abbesse de Buchau avoit à disposer. Dans *Fritsch. Mantissa II. pag.* 415. Il est fort rare de voir aujourd'hui les Impératrices user de ce droit. vid. Jenichen Abhand-

de donner des privileges *d*), & celui d'avoir chancellerie & archives même après la mort de l'Empereur (*e*).

CHAPITRE VII.

De la Cour de l'Empereur & de ses Grands-Officiers.

I.

Dans le St. Empire Romain il se trouve bien des droits, fonctions, charges & titres, dont il faut chercher la cause & l'origine dans l'ancien établissement des Palais & Cours impériales, de même que dans la maniere d'administrer les affaires publiques. Ainsi nous parlerons en premier lieu des Palais

---

lung von dem Recht der erften Bitte einer Römischen Kaiserin. Gießen 1748. in 4.

(*d*) Vide *Hedam Chronic. Traject.* pag. 165.

(*e*) Tous ces droits & autres compétens à l'Impératrice se trouvent fort détaillés dans l'ouvrage de *Fritsch de Augusta*, cap. *IV. & VIII.*

& Cours impériales, enfuite des Grands - Offices Palatins.

II.

Palais impérial.

Les anciens Empereurs Rois d'Allemagne n'avoient point de palais ou (pour mieux dire) de réfidence ordinaire; ils voloient de côté & d'autre, afin de pouvoir foulager par-tout leurs fujets & tenir des Cours pour y juger leurs caufes. Cependant ne trouvant point chez des particuliers des logemens convenables à leur caractere & au nombre des perfonnes de leur fuite, ils fe firent bâtir dans les villes principales des Palais (a), auxquels ils attachoient

_____

(a) Les palais des Empereurs (appellés *Palatia*, *Curtes*, *Villæ Regiæ*) fe trouvoient principalement dans les ferres immédiates du Rhin, p. e. à *Aix - la - Chapelle*, à *Francfort*, à *Cologne*, à *Trêves*, à *Worms*, à *Mayence*, à *Spire*, à *Strasbourg* & dans plufieurs autres villes. Il y en avoit auffi plufieurs en Saxe & dans d'autres provinces, p. e. en Suabe & en Baviere. Ces palais avec leur domaines & fermes tomberent en ruine lors des grands troubles de l'Allemagne, & furent en partie aliénés par les Empereurs, & en

des revenus provenans de leur domaine confiſtant en bois, vignes,
prairies, ainſi que des preſtations
perſonnelles ou réelles de leurs ſujets, eſclaves, libres & vaſſaux,
afin de pouvoir y vivre plus com-
modément, ſans être trop à charge
aux particuliers.

III.

Dans la ſuite des tems les biens
domaniaux de l'Empereur ayant
été abſorbés, les Empereurs commencerent à fixer leur palais de
réſidence dans leurs États héréditaires. *Louis de Baviere* eſt le premier, qui ait conſtamment réſidé
ſur ſes terres à *Munich* (a). Ses
ſucceſſeurs imiterent ſon exemple, & nous voyons que tous les
Empereurs de la maiſon d'Autri-

Fixé dans les États hé- réditaires de l'Em- pereur.

---

partie occupés avec leur territoires par les
États d'Empire; enforte que depuis pluſieurs ſiecles il n'en ſubſiſte plus que le
nom attaché à de certaines terres appellées encore aujourd'hui Königshoffen.

(a) Il fut auſſi enterré à Munich, tandis que la plupart de ſes prédéceſſeurs furent inhumés à *Spire*. Voyez *Lehmann
Chronicon Spirenſe, Lib. 7. Cap. 76.*

che depuis *Charles-quint* ont eu leur réfidence à *Vienne* en Autriche, leur propre Etat. Il eft vrai qu'il eft loifible à l'Empereur de faire fa réfidence où il lui plait, pourvu que ce foit dans les confins de l'Empire, & même hors de l'Empire, fi les circonftances & fon propre falut ne le permettent pas autrement (*b*).

IV.

Cours des Empereurs.

La Majefté des Empereurs n'éclatoit nulle part d'avantage, que dans les affemblées folemnelles (appellées *Cours*) (*a*), où fe trou-

---

(*b*) Dans la Capitulation de *Charles-quint* art. 23. il fut dit que l'Empereur devoit réfider la plupart du tems & autant que poffible dans l'Empire. Cette claufe fut répétée à peu-près dans le même fens dans les capitulations fuivantes. *Jofeph II.* promet dans la fienne, *art.* 23. §. 1. de réfider toujours dans le St. Empire de la nation allemande à moins que les circonftances, l'utilité des membres, États & fujets, ainfi que l'honneur & le bien public de l'Empire n'exigent autre chofe.

Leurs dérivation.

(*a* Le mot *Curia* (Cour) dénotoit déja vers le moyen âge le palais royal ou impérial; & puifque l'on tenoit ordinairement dans ce palais les affemblées d'États, on

voit l'Empereur dans tout fon luftre, en habits impériaux, orné

---

appella ces affemblées du nom de *Cour
du Roi ou de l'Empereur*. Dans la fuite
la fouveraineté ayant été attachée à l'Empire plutôt qu'à l'Empereur, ces fortes d'affemblées furent appellées *Comitia Imperii*, Cours de l'Empire, à l'imitation
des anciens Romains, chez qui l'affemblée
du peuple portoit ce nom; & ne fe tenoient plus à la cour ou au Palais de l'Empereur, mais dans un endroit choifi &
agréé par les États, comme celle d'aujour-
d'hui à *Ratisbonne*. Elles s'appellent en
allemand Reichståg, & non plus fimple-
ment Hof, comme anciennement.

Les anciens Germains avoient déja leurs Cours ou
affemblées (*Comitia*), diftinguées en gran- affem-
des & petites; dans les petites on délibé- blees des
roit fur des affaires peu importantes, & il anciens
n'y affiftoient que les premiers du peuple. Germains.
Dans les grandes, où l'on délibéroit fur
de grandes affaires, venoit tout le peuple.
Tacit. de Morib. German. cap. X.

Du tems de *Charlemagne* les affemblées Du tems
étoient divifées en générales & particulie- de Char-
res. Chez les Allemands l'affemblée générale lemagne.
fe tenoit au commencement de l'automne.
Vid. *Hincmar. epift.* 14. *ad Proceres Regni pro Inftitutione Carolomanni Regis*
§. 29. Cela n'empêchoit pourtant point
l'Empereur de convoquer des affemblées
générales plus fouvent & en d'autres tems
felon l'exigence des cas. Ces affemblées fe

des plus faftueux bijoux de l'Empire, & accompagné des plus grands Seigneurs en habits de Livrées ou de Gala, la plupart vaffaux de l'Empire, parmi lesquels brilloient particuliérement ceux, qui ayant les premieres charges de Cour, s'appelloient *Archi-Officiers* ou *Grands-Officiers* de la Cour impériale. Ces Cours fe tenoient aux plus grands jours de l'année & fort fouvent en plein air *(b)*. Dans ces cours on

faifoient en pleine campagne parce qu'aucune ville n'auroit été affez fpacieufe pour contenir tout le peuple.

Affemblées des Francs. Les Francs tenoient leurs affemblées générales au mois de Mars : delà ils appellerent la plaine où ils s'affembloient, *Campus Martius*. Dans les affemblées particulieres (auxquelles on n'a jamais fixé de tems) convenoient feulement les premiers d'entre le peuple qui étoient les *Evêques*, les *Abbés*, les *Ducs* & les *Comtes* : ceux qui veulent s'inftruire d'avantage fur ces fortes d'affemblées, peuvent lire *Struv. Corp. Juris publ. cap.* 23. Nous aurons encore l'occafion d'en parler, lorsque nous toucherons la matiere des *Diétes*, dont le nom fignifie la même chofe qu'autrefois celui de *Cour*, dont nous venons de parler.

(b) Les cours générales fe tenoient hors

on proclamoit l'Empereur ou l'Impératrice (*c*). On y délibéroit avec les États fur les affaires du gouvernement, on y rendoit la juftice, on y donnoit l'inveftiture aux Vaffaux, on y créoit des Nobles, on y accordoit des graces & priviléges, on y célébroit les nôces des Grands, on y voyoit des feftins fplendides, que l'Empereur donnoit à l'Impératrice & aux plus illuftres États d'Empire. Là leur Majeftés étoient fervies folemnel-

---

des villes en pleine campagne (*fub dio*) une ou deux fois l'an, à moins que l'Empereur & les Etats ne jugeaffent à propos de les convoquer plus fouvent. Les Cours particulieres fe tenoient dans le palais de l'Empereur les grands jours de l'an, p. e. à Pâques, à Pentecôte, ou le jour anniverfaire de la naiffance du Prince, ou autres, felon que le bien de l'Etat l'exigeoit.

(*c*) La proclamation des Rois ou des Reines des Romains de la nation Allemande fe faifoit auffi quelquefois dans les Cours folemnelles & générales en plein air, on y érigeoit un trône, fur lequel on faifoit affoir le Roi élu. Ainfi *Frédéric III.* fut couronné à *Aix - la - Chapelle* en 1442, après avoir été praclamé Roi, & mis affis fur le *Trône de Renfée.*

lement par leurs Grands-Officiers
de la Cour.

Trône de Renſée.

Obſ. 1. Ce fameux trône de Renſée
eſt un ancien bâtiment octogone conſtruit
ſur les bords du Rhin, entre Braubach
& Coblentz; il fait face aux terres des
quatre Électeurs du Rhin. Pluſieurs Empereurs y ont été proclamé Rois d'Allemagne; *Maximilien I.* eſt le dernier, qui
ait été mis ſur ce trône, que les bourgeois
de *Renſée* ſont obligés d'entretenir à l'honneur de ſa vetuſté. Vid. *Freherus tom.* 1.
ſcriptor. Rerum Germanic. pag. 30. *Hübner Geogr. l.* 7. *c.* 4. Il eſt très-probable
que dans toutes les Cours générales il y eût
un trône (Rönigs-Stuhl) élévé à une
certaine hauteur, afin de rendre ces aſſemblées, ainſi que l'auguſte perſonne du Roi,
plus reſpectables; & toute la plaine, où ce
trône étoit placé, en prit quelquefois le
nom. Il y a une prairie à *Gebweiler* (dans
la haute Alſace) vis-à-vis l'ancienne abbaye
des ci-devant nobles Bénédictins, qui porte
le nom de Rönigs-Stuhl: & il me paroît
fort probable, qu'il y avoit anciennement
un trône impérial.

Cours couron-nées.

Obſ. 2. Il étoit d'uſage de célébrer pendant les Cours particulieres des grand-meſ-
ſes, durant leſquelles on mettoit & ôtoit à
différentes repriſes la couronne à l'Empereur & à l'Impératrice, & les grands-officiers de la Cour y faiſoient leurs fonctions;
delà on nommoit ces Cours: *Curiæ Coro-
natæ*, Cours couronnées. vid. *Dufreſne in
Gloſſario hac voce.*

VI.

Long - tems avant la *Bulle d'or* il étoit d'ufage de celébrer à *Nuremberg* la premiere Cour ou affemblée folemnelle après le couronnement de l'Empereur. Cet ufage parut même lui donner une efpece de droit, que l'Empereur *Charles IV.* reconnut & confirma conjointement avec les États d'Empire par fa conftitution nommée la *Bulle d'or* (a). De-là vint que quelques Empereurs trouvant plus à propos de tenir la premiere Cour ailleurs, ont attefté qu'ils ne prétendoient point par-là préjudicier au privilége de cette ville. Ces Cours folemnelles, telles qu'elles fe faifoient autrefois, ne s'obfervent plus; elles font fuppléées aujourd'hui par les Diètes tant générales que particulieres. Parlons maintenant des Grands-Officiers du Palais ou de la Cour impériale.

Après le couronnement la premiere Cour fe célébroit à Nuremberg.

VII.

Les Grands-Offices, ou mieux les grandes charges ou dignités

_____

(a) *Tit.* 28. §. 5.

Origine des Grands-Offices de la Cour.

de la Cour impériale, même telles qu'elles exiftent aujourd'hui, doivent leur origine & font une imitation de celles des anciens Romains (a). Elles commencerent à prendre une meilleure forme fous les Rois des Francs, & furent pouffées à leur plus grande éiévation du tems de *Charlemagne* (b). Ces dignités, ainfi que les fon-

Anciens Grands-Officiers de la Cour.

(a) Déja du tems des anciens Germains les Dynaftes ou premiers feigneurs de ce peuple, pofféderent de pareilles charges à la Cour de leurs Rois. Delà nous lifons dans la *Loi Salique* (qui paroît avoir été faite vers la fin du quatrieme fiécle) *tit.* 11. 6. *Si quis Majorem, Infeftorem, Scantionem, Marifcalium, Sartorem, Fabrum ferrarium &c. furaverit aut occiderit* &c.

(b) Du tems de Charlemagne il y avoit déja le *Grand-Chapelain*, le *Grand-Chambellan*, le *Comte du Palais*, le *Grand-Sénéchal*, le *Grand-Bouteiller*, le *Comte d'Etables*, nommé depuis *Connétable*, le *Grand-Fourrier*, quatre *Grand-Veneurs* & le *Grand Fauconnier*. Vid. *Hincmarus in epiftola pro inftitutione Carolomanni Regis ad proceres regni. operum. tom.* 11. *Adalard Abbé de Corvey* écrivit un ouvrage, dans lequel il repréfente l'ordre de la Cour de Charlemagne dans tout fon brillant.

ctions, qui y étoient anciennement attachées, ont beaucoup
changé dans la fuite (*c*). Les
Grands- Officiers de la Cour impériale d'aujourd'hui font : les
Grands - Chanceliers, le *Grand-
Echanfon*, le *Grand-Maître d'hôtel*, le *Grand-Maréchal*, le *Grand-
Chambellan* & le *Grand - Tréforier*.

VIII.

Il y a dans l'Empire trois Électeurs qui portent le titre de Grand-
Chancelier (*a*), favoir les trois

(*c*) Plufieurs de ces dignités ont été re-
tranchées, p. e. celles de Comte d'Etables, & du Grand - Fauconnier &c. & celles qui reftent ne font pour ainfi dire qu'honoraires, vu que les fonctions, qui y font
annexées ne font que des cérémonies, qui
ne s'exigent que dans des grandes folemnités, p. e. lors du couronnement de l'Empereur ou au commencement d'une Diète
générale, encore dans ces momens peuvent-
elles être remplies par leurs fubftituts &
officiers héréditaires.

(*a*) Le titre de Grand-chancelier tire fon Origine
origine du gouvernement des *Francs. Mal-* du titre
lincrot de Archi - Cancellariis S. R. I. de Grand-
P. I. pag. 7. *fcribit. . . „ Archi - Can-* Chance-
„ *cellarii* nomen & officium a *Francis* ad lier.
„ nos derivatum eft: omnium enim primus,

Électeurs eccléfiaftiques, qui peuvent être en même tems regardés comme les Grands - Chapelains de

---

,, qui hoc nomen titulumque ufurpavit, *Sanctus Cunibertus* fuit *Colonienfis Epifcopus*, qui feculo feptimo vixit.

Obf. Sous les Empereurs *Francs* la dignité de Grand-chancelier n'étoit ni héréditaire ni à vie, cependant elle s'accordoit ordinairement à l'un des trois archevêques du Rhin ou à l'evêque de *Salzbourg. Struv. Corp. Jur. publ. Cap. IX. §. 13.* Cette dignité étoit quelquefois accordée à plufieurs archevêques en même tems, fans leur affigner à chacun fon département, comme le prouve *Mafcov, dans fa Differtation fur l'origine des Archi-offices §. 10. 11. & 12.* cela s'eft même vu encore du tems d'*Otton I.* Il eft cependant probable que dans ce cas, chaque chancelier archevêque expédioit les affaires de fon archevêché, & que les autres fe faifoient par celui d'entre eux, que l'Empereur vouloit bien agréer.

Chanceliers & Notaires.

Le Grand - chancelier avoit fous lui des Chanceliers & des Notaires, qui d'ordinaire étoient des perfonnes d'églife & conftituées dans les ordres (appellées *Clerici, Clercs*) vu que dans ces tems - là l'écriture étoit un fecret, dont la connoiffance étoit prefque uniquement réfervée aux eccléfiaftiques. Dans la fuite il y eut trois Grand - Chanceliers d'Empire, dont chacun avoit fon département féparé: comme je le ferai voir.

l'Empereur (*b*). L'*Electeur de*

(*b*) Ils ont été confirmés dans la dignité de Grand-Chapelain de l'Empereur par la *Bulle d'Or*, *chap.* 23. où il leur eft enjoint de célébrer (autant de fois qu'il y aura Cour folemnelle) la grand' meffe, de préfenter l'évangile à l'Empereur pour le baifer, de lui donner le baifer de paix, de donner leur bénédiction après l'office divin, de même lorsque l'Empereur fe met à table, & de faire l'action de graces, quand il s'en leve.

Obf. La premiere dignité de la Cour des anciens Rois de France étoit celle du *Grand-Chapelain*, qui avoit tout le Clergé de la Cour fous fa jurisdiction. Cette dignité fut continuée par *Charlemagne* & fes fucceffeurs. La dignité du *Grand-Aumônier* de France (dont l'illuftre Prince Louis de Rohan, Cardinal Evêque de Strasbourg eft revêtu aujourd'hui) en tire fon origine. Voyez *l'Hiftoire de la chapelle du Roi de France fous les trois races, jufqu'au regne de Louis XIV par Louis Archon de Rhion, à Paris* 1704. 2 *vol. in 4to.* {.margin Grand-Chapelain.}

Il étoit d'ufage déja chez les premiers Rois Catholiques de France d'avoir auprès ou dans le palais de leur réfidence un Oratoire ou une Chapelle deftinée particuliérement au fervice divin; celui qui en avoit foin, s'appelloit *Chapelain.* Le nombre de ces Chapelains s'augmentoit à proportion que la Cour devenoit plus nombreufe & plus brillante; alors celui que le Roi {.margin Grand-Aumônier.}

B 4

avoit choiſi pour avoir l'inſpection & la juriſdiction ſur les autres, fut nommé *Archi-Capellanus* (*Grand-Chapelain*). *Petrus de Marca*, dans ſon ouvrage intitulé : *Concordia Sacerdotii & Imperii lib. 3. cap. 7.* dit, qu'avant la dignité du Grand-Chapelain il y eut celle de l'*Apocriſiaire* ou *Reſponſalis*, qui étoit chargé de rapporter au Roi les cauſes importantes concernant l'Égliſe & les Eccléſiaſtiques; cette charge fut réunie avec celle du Grand-Chapelain. Ainſi les devoirs & les fonctions du Grand-Chapelain pourlors étoient de célébrer dans la Chapelle du Roi l'office divin, de faire ſoigner les ornemens, de veiller ſur la conduite des Clercs, qui étoient ſous ſa direction, de juger leurs différents, de rapporter au Roi les cauſes concernant l'Égliſe de France, & de jetter un œil vigilant ſur la conſervation des chartes dépoſées dans la chapelle.

Fonctions du Grand-Chapelain.

La plus magnifique chapelle royale & impériale étoit celle que *Charlemagne* fit bâtir à Aix, appellée pour cette raiſon *Aix-la-Chapelle*. Depuis ce tems-là juſqu'au quatorzieme ſiécle les archives publiques de l'Allemagne étoient dans la chapelle du Roi ou de l'Empereur.

Chapelle du Roi, dépôt des Chartes.

La chapelle du Roi étant un lieu ſacré & inviolable, on en fit auſſi le dépôt des Chartes concernant l'État. Ces Chartes s'augmentant tous les jours, l'on vit que les ſoins du Grand-Chapelain ne pouvoient plus suffire à veiller sur ce dépôt, Origine du Grand-Chancelier. on créa conséquemment une nouvelle charge, savoir celle du *Grand-Chancelier* (*Archi-Cancellarius*), nom qui paroit provenir du mot *Cancella* (*Grillage*), parce que les chartes & diplômes conservés dans la Chapelle du Roi étoient enfermés sous grillages.

L'office du Grand-Chancelier étoit de veiller sur la conduite des Notaires & Clercs, qui étoient sous lui, de signer & de soigner toutes les pieces déposées dans la chapelle. Offices du Grand-Chancelier. Telles étoient les Capitulaires ou loix fondamentales de l'Etat, les traités de paix ou d'alliance, en un mot toutes les loix ou conventions qui regardoient le gouvernement, ou les Princes, & même les particuliers, en tant que leurs titres ou priviléges pouvoient avoir quelqu'influence dans l'Etat. A toutes ces pieces on a ajouté dans les archives de l'Empire les Récès ou Résultats d'Empire, la Matricule, les constitutions des Cours souveraines & autres. Avant la création de l'office du Grand-Chancelier le Grand-Chapelain en fit les fonctions; on trouve même du depuis, que ces deux charges ont quelquefois été exercées par la même personne. Voyez *Dufresne in Gloss. Tom. I. pag.* 551. *édition derniere.* Ce qui ne prouve cependant point que ces deux dignités avoient été réunies dans une même personne, mais seulement que l'un avoit fait les fonctions de l'autre défunt ou ab-

de l'Allemagne (*c*); on l'appelle aujourd'hui à juste titre le Grand-Chancelier de l'Empire, vu qu'il est le Directeur général & unique de toutes les Chancelleries concernant l'Empire (*d*). L'*Electeur*

---

fent jufqu'à fon retour, ou jufqu'à fon remplacement.

(*c*) La dignité de Grand - Chancelier de l'Empire ne paroît être attachée à l'Archevêché de Mayence, que depuis l'Empereur *Otton le Grand*, comme le démontre *Malincrot l. cit. p.* 31. Mais l'Archevêque de Mayence n'a eu le titre particulier de *Grand-Chancelier de Germanie* qu'en 1153. Cela eft attefté par le diplôme de *Frédéric I.* accordé à l'*Eglife de St. Emméran* ladite année, rapporté par *Hund Metropol. Salisburg. Tom. II. pag.* 262. où nous lifons ces paroles . . . "Ego „Joannes Imperialis Aulæ Cancellarius „vice Conradi Monguntinenfis fedis Ar-„chi-Epifcopi & Germaniæ Archi-Çan-„cellarii." Ce diplôme eft le premier où l'Archevêque de Mayence porte le titre d'Archi-ou Grand-Chancelier de Germanie.

Différentes Chancelleries,

(*d*) Les chancelleries de Ratisbonne, du Confeil Aulique & de la Chambre de Wetzlar font toutes également fous la direction du Grand-Chancelier : & il en nomme tous les Officiers. Celle du Confeil Aulique a un Vice-Chancelier ; celle de Wetzlar a un directeur (𝕶𝖆𝖒𝖒𝖊𝖗-𝕮𝖆𝖓𝖙-𝖑𝖊𝖞-𝖁𝖊𝖗𝖜𝖆𝖑𝖙𝖊𝖗).

de Treves porte le titre d'*Archi-Chancelier de l'Empire au Royaume de Bourgogne* (e); mais le Royaume de Bourgogne ne faisant plus partie de l'Empire, ce titre n'est qu'honoraire & destitué de toutes fonctions. L'*Electeur de Cologne* s'intitule *Grand-Chancelier de l'Em-*

(e) La Chancellerie du Royaume d'Arles (ou de Bourgogne) & de la Gaule belgique étoit régie dans le neuvieme & dixieme siecle par différens Prélats, parmi lesquels se trouvent *Ratberdus, Rutgerus & Rupertus, Archevêques de Treves*, qui en qualité de Grands - Chapelains ou de Grands-Chanceliers ont signé plusieurs diplômes. vid. *Broweri Annal. Trevir. lib. IX. n. 61. lib. X. n.* 50. & *Tilesius part. III. pag.* 16. Cette Chancellerie fut long-tems gouvernée par l'Archevêque de Vienne (en Dauphiné), Archi - Chapelain du Palais; mais elle fut enfin confiée à *Arnould II, Archevêque de Treves*, vers le milieu du douzieme siecle, comme Primat d'Allemagne. *Browerus l. cit. lib. XVI. pag.* 157. Du tems de *Henri VII.* & de *Louis de Baviere, Baudouin, Archevêque de Treves*, en porta le titre. *Browerus l. cit. lib. XVII. pag.* 225. en rapporte le diplôme. Cette dignité fut ensuite confirmée à l'archevêque par la *Bulle d'or, chap.* I. §. 12.

Celle du Royaume d'Arles.

pire au Royaume d'Italie (*f*). Sa dignité eſt aujourd'hui ſans fonctions, puiſque les archives du Royaume d'Italie ſont réunies à celles de la Chancellerie du Conſeil impérial Aulique, & que conſéquemment l'Électeur de Mayence fait expédier les affaires qui regardent ce Royaume, par ſon Vice-Chancelier (*g*).

Celle du Royaume d'Italie.

(*f*) La Chancellerie du Royaume d'Italie paroît devoir ſon établiſſement à l'Expédition de Rome, & étoit d'abord adminiſtrée par différents Prélats eccléſiaſtiques allemands & italiens; *Malincrot pag.* 34. juſqu'à ce que le titre & les fonctions de Grand-Chancelier d'Italie furent annexées à l'Archevêché de *Cologne*, ce qui paroît être arrivé vers le commencement du douzieme ſiecle. vid. *Chronographus Saxo ad an.* 1132. (*in Leibnitii Acceſſionibus hiſtoricis Tom. I.*) Quoique nous ne connoiſſions point de diplôme ſigné & reconnu par cet Archevêque comme Grand-Chancelier d'Italie avant l'année 1155. vid. *Chapeauville in Scriptoribus Rerum Leodienſium, Tom. II.*

(*g*) Le Vice-Chancelier (𝕽𝖊𝖎𝖈𝖍𝖘-𝕳𝖔𝖋-𝖁𝖎𝖈𝖊-𝕮𝖆𝖓𝖟𝖑𝖊𝖗), nommé par le Grand-Chancelier, dirige la Chancellerie impériale Aulique, à laquelle les archives d'Italie furent jointes. L'Empereur promet dans ſa

IX.

Depuis que la réfidence des Empereurs eft fixée à *Vienne*, toutes les affaires de l'Empire s'expédient à la Chancellerie Aulique, & tous les actes publics doivent fe paffer en latin ou en allemand (*a*). Les

---

Capitulation (voyez celle de *Jofeph II. art. XXV. §. 4.*) qu'il n'attachera point à la Chancellerie de fes pays héréditaires, mais qu'il fera paffer par les mains du Vice-Chancelier de l'Empire, tout ce qui concerne les befoins de l'Empire, les affaires de la Diète, les inftructions pour les Ambaffadeurs impériaux, leurs relations dans les affaires de l'Empire; ainfi que tout ce qui regarde les guerres, les traités de paix & toutes les autres négociations de l'Empire.

L'Empereur & l'Impératrice ont leurs archives particulieres, qui renferment les titres & pieces qui regardent directement leurs perfonnes, leurs droits, ainfi que ceux de leurs Maifons : ils en commettent eux-mêmes les Officiers.

Archives de l'Empereur & de l'Impératrice.

(*a*) Autrefois l'on fe fervoit en Allemagne ordinairement de la langue latine pour la confection d'un acte public ; mais l'Empereur *Frédéric II.* & particuliérement *Rodolph de Habsbourg*, ordonnerent d'employer la langue allemande lors de la paffation d'un acte. vid. *Defing. aux.*

Les actes publics doivent s'expédier en langue allemande.

Officiers de la Chancellerie impériale jouissent de différens droits, priviléges & exemptions, que l'on peut voir dans les Capitulations des Empereurs, & notamment dans celle de l'Empereur *Joseph II.* *art. XXV.* §. 6. 7. & 8. Les plus anciennes & les plus importantes archives de l'Empire rédigées dans un certain ordre depuis l'Empereur *Maximilien I.* se trouvent & se gardent à la Cour Électorale de Mayence.

X.

Grands-Officiers laïcs de la Cour impériale.

Après avoir parlé des *Grands-Officiers ecclésiastiques* de l'Empire, nous allons toucher les séculiers. Le premier en est le *Grand-Echanson* (*Pincerna*, Mundschenk) (*a*);

hist. parte VII. pag. 550. Cette langue devint dans la suite d'un usage universel, ensorte que la langue latine y paroît assoupie. La langue françoise est très-goûtée en Allemagne; cependant elle n'ose point paroître à la Diète, ni dans les lettres de créances des Ministres de France; à moins que l'on y joigne une traduction latine, comme cela fut ordonné & conclu à la Diète de Ratisbonne le 22. Février 1717.

(*a*) La dignité ou la charge de *Grand-*

le *Roi de Bohème* en porte le titre,
& en fait les fonctions lors du couronnement de l'Empereur, en pré-
fentant à l'Empereur affis à la table
impériale un gobelet d'argent rempli de vin mêlé d'eau. Le fecond
en eft le *Grand - Maître d'hôtel*
ou Grand - Écuyer tranchant,
(*Archi - Dapifer* , 𝕰𝖗𝖟𝖙𝖗𝖚𝖈𝖍𝖘𝖊𝖘.)
L'*Electeur Palatin* eft décoré de ce

Echanfon eft fort ancienne. Déja avant
que la loi Salique fut établie, les anciens
Rois des Francs en avoient un à la Cour
fous le nom de Scantie. vid. *Lex fal. tit.
XI. §. 6.* Du tems de *Charlemagne* il
s'appelloit *Buticularius*, *Bouteiller.* vid.
*Hincmar. in Epift. pro Inftit. Caroloman-
ni Reg. ad proceres regni.* Du tems d'*Otton le Grand* cette charge fut portée par
les Ducs de Suabe; enfuite elle parvint
aux Comtes Palatins du Rhin; l'Empereur
Conrad III. la concéda à *Uladislas* , *Roi
de Bohème ;* enfin *Rodolphe I.* attacha
cette dignité à perpétuité au Roi de Bohème par un diplôme de 1290, que rapporte *Goldafte, Tom. II. Conftit. Imperial. pag.* 85. Cette dignité lui fut confirmée par la *Bulle d'or*, qui le difpenfe
de faire fes fonctions avec la couronne
royale fur la tête, lui permet même de
les faire faire par fon *Vice-Echanfon* , aujourd'hui le *Comte d'Althan.* vid. *A. B.
cap.* 4. §. *ult.*

titre (b), & porte aux grandes cérémonies du couronnement la pomme

_____

(b) Cette charge eſt auſſi ancienne que celle du Grand-Échanſon. Le *Grand-Maître d'hôtel* s'appelloit du tems des premiers Roïs des Francs *Infertor* ; vid. *Lex Sal. l. cit.* & du tems de *Charlemagne Seneſcalcus.* *Hincmarus d. l.* & *Dufreſne* in *Gloſſ.* voce *Seneſcaleus.* Son office étoit de mettre le premier plat ſur la table du Roi. Sous *Otton le Grand, Eberhardus Francus, Comte Palatin*, exerça cette charge ; ſous *Otton III.* c'étoit le Duc de Baviere. L'on ne ſait point en quel tems cette dignité fut attachée au Comte ou Électeur Palatin ; quoi qu'il en ſoit, elle lui fut confirmée par la *Bulle d'or, chap. III. §. 4.* & rendue héréditaire. Du tems des troubles de Bohème, arrivés au XVII. ſiecle, l'Électeur Palatin fut dépouillé de l'Électorat & de la charge de Grand-Maître d'hôtel y attachée ; le Duc de Baviere en fut revêtu, mais peu après Charles Louis (fils de Frédéric, Électeur deſtitué & prétendu Roi de Bohème) ayant été rétabli au Bas-Palatinat du Rhin par le *Traité d'Oſnabruck, art. IV. §. 5.* avec une nouvelle dignité électorale, que l'on créa en ſa faveur, prétendit que la dignité de Grand-Maître d'hôtel avoit été attachée au Comté du Palatinat, & non pas à l'Électorat ; & que conſéquemment étant remis dans le Comté, il devoit l'être dans

pomme impériale (*c*), & préſente
à l'Empereur étant à table quatre
plats d'argent remplis de mets (*d*).
Le troiſieme eſt le *Grand-Maréchal:* l'*Electeur de Saxe* en a la dignité (*e*); en vertu de laquelle il

---

la dignité y annexée, provoquant pour preuve de ſon aſſertion à un diplôme de *Charles IV.* accordé au Comte Palatin en 1356,
que l'on trouve dans Lünigs Reichsarchiv,
part. ſpeciali, p. 570; mais voyant toutes
ſes tentatives inutiles, il conſentit enfin en
1651. que l'Electeur de Baviere en fît les
Fonctions. Là-deſſus l'*Electeur Palatin* fut
inveſti de la charge de *Grand-Tréſorier
de l'Empire* en 1652.

(*c*) C'eſt un *Globe d'or* (Reichsapfel)
ſurmonté d'une petite croix du même métal, & de la façon de celle, qui paroît
auſſi au milieu de la couronne impériale.
L'Electeur porte ce globe dans ſes armes
pour marque de ſa charge.

(*d*) *Aurea Bulla, cap. XXVII. §.* 5.

(*e*) La dignité du Grand-Maréchal eſt
d'une égale ancienneté avec les précédentes. vid. *Eduardus ad Leges Salicas,
tit.* 11. *n.* 6. *Dufreſne in Gloſſ. voce Ma-
riscalcus,* eandem derivat a germanica voce
Maries, Marcaß, *Equus,* & Scalich, *Ma-
giſter,* Maitre des chevaux. La charge du
Grand-Maréchal répond à celle du *Comes
Stabuli, Comte d'Etables,* appellé dans la
ſuite par abrégé *Connétable.* vid. *Ferr.*

Tom. II. C

porte l'épée impériale aux cérémonies publiques du Couronne-

---

*Dictionnaire. art. Connétable. & Piganiol
de la Force. Defcript. de la France*, T. I.
p. 571. Cet officier avoit du tems des
premiers Rois de France l'infpection fur
toutes les écuries royales, & même la jurisdiction fur tous ceux qui étoient commis à les foigner Elle devint dans la fuite
la plus importante dignité en France ; mais
elle fut fupprimée fous *Louis XIII.* en
1627. *Henaut Hift. de France*, tom. *II.*
pag 651.

　Obf. Déja du tems d'*Otton I.* nous
voyons que cette charge étoit militaire, &
que le Grand - Maréchal avoit l'infpection
fur la cavalerie la plus importante & presque l'unique milice de ce tems - là), &
que c'étoit à lui à choifir & ordonner le
camp d'une Cour ou affemblée folemnelle. v. *Wittekind. Annal. II init. in Mei-
bomii Scriptoribus Rerum German. Tom.
I. pag.* 643.

　Cette charge a été adminiftrée autrefois
par différens Seigneurs d'Allemagne. Nous
trouvons que lors de la Cour folemnelle
célébrée à Quedlinbourg par l'Empereur
Otton III, Bernard, Duc de Saxe, l'e-
xerça. vid. *Ditmarus lib. IV.* & depuis
ce tems - là elle refta attachée aux Ducs
de cette Maifon. vid. *Mafcovii differt.
de Originib. Archi - Officiorum*, §. 33.
& feqq. & l'Électeur de Saxe porte dans
fes armes (pour marque de cette dignité)

ment & au commencement d'une Diète générale, immédiatement devant l'Empereur (*f*). Le quatrieme est le *Grand - Chambellan* (Erʒkåmmerer); l'*Electeur de Brandebourg* en a le titre (*g*), & porte

---

deux épées croisées. vid. *Imhof Notit. Proc. Imp. lib. IV. cap.* 10. §. 12.

(*f*) Il y eut autrefois une dispute entre le Duc de Saxe & le Duc de Brabant, ou de la basse Lorraine, dont le dernier prétendoit aussi être *Gladiator Imperii*, & en cette qualité avoir le droit de porter l'épée devant l'Empereur. Elle s'échauffa particuliérement lors du sacre de *Wenceslas*, Roi des Romains. *Charles IV.* pour empêcher que ces deux Seigneurs ne vinssent aux mains, fit porter à la cérémonie du sacre l'épée impériale par *Sigismond*, son fils puiné, enfant de dix ans. Voyez les *grandes Chroniques des Pays - Bas*, pag. 326. & il termina ensuite ce différent par la *Bulle d'Or*, *Chap. XXII.* en faveur du Duc de Saxe

(*g*) La charge du *Grand - Chambellan* comprenoit particuliérement les soins des revenus du Roi, de la dépense domestique & de l'entretien du palais: elle est aussi ancienne que les charges précédentes. Vid. *Hincmarus lib. cit.* §. *XXII. pag.* 209. Son possesseur s'appelloit anciennement *Camerarius* vel *Cubicularius. Giselbert Duc de Lorraine* en fit les fonctions du tems

en cette qualité lors du couronnement de l'Empereur le fceptre devant fa Majefté (h). Le cinquieme
eft le *Grand - Tréforier* (𝕰𝖗𝖟-
𝕾𝖈𝖍𝖆𝖟𝖒𝖊𝖎𝖘𝖙𝖊𝖗,) dignité dont l'*É-
lecteur Palatin* de la branche Rodolphine refta décorée depuis la
paix de Weftphalie jufqu'à la mort
de Maximilien Jofeph, (le 30 Décembre 1778) Electeur de Baviere, dernier mâle de la branche
Palatine Guillelmine; lors de laquelle la dignité Électorale de Baviere avec les titres & offices y attachés retourna en vertu du traité

---

d'*Otton I*, & *Conrad Duc de Suabe* du
tems d'*Otton III*; & l'on croit qu'elle fut
attachée aux Marggraves de Brandebourg
fous *Fréderic I.* vers la fin du douzieme
fiécle. Vid. *Ludewig in formula Ducatus
Brandenb. pag.* 66.

(h) Vid. *Aur. B. cap. XXIII.* Ce droit
lui fut auffi une fois contefté par le Duc
de Juliers, fous prétexte que le facre fe
doit faire à *Aix - la - Chapelle*, ville reçue
fous fa protection; mais *Charles IV.* décida cette conteftation par la *B. d'Or l. cit.*
en faveur de l'Electeur de Brandebourg.
Pour marque de fa dignité il porte le fceptre
dans fes armes.

d'Osnabruck (*i*) & de l'inveſtiture
ſimultanée, à Charles Théodore,
Électeur Palatin, ſon couſin (de
la branche Rodolphine.) Depuis
cette mort l'Électorat de Baviere
eſt ſupprimé, en vertu dudit traité
d'Osnabruck ; & le titre & le
grand-office du Grand-Tréforier
annexés ci-devant à l'Électorat Palatin, font aujourd'hui indubitable-
ment attachés à l'Électorat de
Brunswic-Hannovre (*k*).

(*i*) Cette charge, comme nous l'avons
vue, eſt de nouvelle création. L'Électeur
Palatin étant devenu *Grand-Tréforier* de
l'empire, ajouta à ſes armes la couronne
imperiale, laquelle (depuis qu'il eſt ren-
tré dans les titres, dignités & offices du
cinquieme Electorat) paroît devoir en être
exclue.

(*k*) L'Etabliſſement de l'Electorat de
Brunſwic-Hannovre n'a été bien affermi,
que par le réſultat des trois colléges fait
le 30 Juin 1708. Il s'agiſſoit de lui aſſi-
gner après ſon établiſſement un Grand office: on propoſa d'abord celui d'*Archi-Ban-
neret* d'Empire. La maiſon de Würtemberg
étant inveſtie du droit de porter la *Banniere d'Empire* (appellée Sturmfahn) qu'elle prétend être la Grande Banniere de l'Empire, nommée par excellence *la Banniere*

XI.

Diffention entre la Maifon Palatine & celle de Brunsvic-Hanno-vre, levée par la mort de Maximi-lien Jo-feph, Ele-cteur de Baviere.

Pendant la guerre de la fucceffion d'Efpagne l'Électeur de Baviere s'allia avec la France en 1701. On le déclara coupable de félonie, & il fut profcrit par fentence de la Diète de Ratisbonne avec l'agrément des Électeurs, le 29. Avril 1706; & la dignité électorale de Baviere abolie. En conféquence l'Électeur Palatin fut invefti le 23 Juin 1708 par l'Empereur *Jofeph I.* de la cinquieme place dans le Collége électoral, du Vicariat de l'Empire, du Haut-Palatinat, & de la charge de Grand-Maître d'hôtel. En vertu de quoi l'Électeur Palatin abandonna la charge de Grand-Tréforier, fe réfervant (fous l'autorité des Colleges d'Empire & fur le certificat de l'Électeur de Brunfwic - Lunebourg) le droit de la reprendre, en cas que l'Électeur de Baviere

de *l'Empereur.* (Vid. *Albertus Argenti-nenf.*) s'y oppofa. Vid *Obrecht de Vexillo Imperii,* & *Giovanni Germania Princeps,* *lib.* 7. *cap.* 3. *tit.* 2. §. 21.

feroit remis. Là - deffus la Diète
conféra le 3 Avril 1710 la *Charge
de Grand. Tréforier* à l'*Electeur de
Hannovre;* & il en fut invefti folemnellement à Vienne le 12 du
même mois, en renonçant à la
charge de Grand-Banneret. Dans
la fuite l'Électeur de Baviere ayant
été entiérement rétabli par la paix
conclue à Raftadt & achevée à
Baden, ratifiée par l'Empire le
9 Octobre 1714, l'Électeur Palatin reprit fon huitieme Électorat
avec la charge de Grand-Tréforier y attachée. La juftice de ce
retour fut reconnue par les États
& les Empereurs fuivants, qui
tous ont promis depuis, & notamment *Jofeph II, Capitul art. III.*
§. 5 d'employer tous leurs foins
à la Diète de l'Empire pour pourvoir l'Électeur de Brunswic- Lunebourg d'un archi office convenable, & qui foit à fon gré Cependant l'Électeur d'Hannovre ne
fe rendit point à l'évidence du
droit de l'Électeur Palatin, & continua (malgré la proteftation de
cet Électeur) de porter le titre de

Grand-Tréforier & la couronne impériale (marque de cette charge) dans fes armes. vid. *Fabri Staats-Canzley, Tom.* 41. *pag.* 731. La mort de l'Électeur de Baviere Maximilien Joseph, arrivée le 30 Décembre 1778, termina enfin cette diffenfion entre ces deux illuftres Maifons. Elle rend en vertu de *l'art. IV. §. 9.* du traité d'Ofnabruck la dignité de Grand-Maître d'hôtel à la branche Électorale Palatine Rodolphine, & laiffe conféquemment la charge de Grand-Tréforier à l'Électeur d'Hannovre, auquel l'Électeur Palatin n'avoit droit de la reprendre, que parce qu'il fut obligé de remettre celle de Grand Maître d'hôtel à l'Électeur de Baviere. Cet événement éclaircit les publiciftes fur une matiere fort controverfée, & décharge les rédacteurs de la Capitulation, ainfi que la Diète d'un fardeau, qui leur a paru embarraffant. Le lecteur me pardonnera cette digreffion.

XII.

Les Grands-Officiers d'Empire devenant de jour en jour de plus grands Seigneurs, & étant fort souvent retenus chez eux par leurs propres affaires, furent bien des fois dans le cas d'envoyer aux Cours solemnelles, avec l'agrément de l'Empereur, un substitut pour remplir les fonctions de leur charge. Ces substitutions fournissant la plus flatteuse occasion de faire sa Cour à l'Empereur, & de puiser des graces à la source, bien des Seigneurs se donnerent tous les mouvemens possibles pour les rendre héréditaires dans leurs familles. Enfin l'Empereur *Charles IV*. conjointement avec les Grands-Officiers Électeurs, établit & donna à chaque Grand-Officier un substitut ou vicaire héréditaire, dont la charge fut attachée à une certaine maison (*a*).

(*a*) Ainsi en vertu du *Chapitre XXVII* de la B. d'Or la charge de *Vice-Chambellan* fut attachée à la maison des Comtes de *Falkenstein* (lors de son extinction on l'accorda à la maison Princiere de *Hohenzollern*); la charge de *Vice-Grand-Maitre d'Hôtel*, appellée dans la B. d'Or Maitre de Cuisine, fut annexée à la *Maison des Com-* Substitut ou Vicaires héréditaires des Grands-Officiers.

Chaque Grand - Officier choifit lui - même fon Vicaire de la famille, à laquelle cette dignité eft annexée. Il eft donc loifible aujourd'hui aux Grands Officiers de faire leurs fonctions eux - mêmes ou de les faire remplir par leurs Vicaires, lefquels étant empêchés d'y vaquer, ne laiffent pas de jouir

---

tes de Nortemberg; mais cette famille n'exiftant plus, celle des *Comtes de Waldpourg* en occupe aujourd'hui la place, & s'appelle pour cette raifon Truchſeß (*Porte - mets*) de Waldpourg. La *charge de Vice-Echanfon* fut donnée à la Maifon des *Comtes de Limbourg*; mais depuis fon extinction elle eft attachée à celle des *Comtes d'Althán*. La *charge de Vice-Maréchal* fut accordée à la famille des *Comtes de Pappenheim* encore exiftante. Dans la fuite lors de la création du Grand - Office de Grand - Tréforier, on attacha la *charge de Vice-Tréforier* à la Maifon des *Comtes de Sinzendorf*, qui la gardera probablement, quoique la charge de Grand Tréforier foit actuellement tombée à l'Electeur de Hannovre, auquel on donna pour vicaire le *Comte de Strattmann*, en cas que le huitieme Electorat avec la grande charge y attachée euffent continués, & que l'on eût trouvé un grand - office convenable à cet Electeur.

des fruits & émolumens de leurs charges, tout de même, que s'ils en avoient faits les fonctions, sans que les Officiers de la Cour de l'Empereur, qui en auront fait les fonctions, puissent faire la moindre difficulté là-dessus ou même s'en emparer (b).

XIII.

Outre les charges des Grands-Officiers & Officiers où Vicaires héréditaires de l'Empire, dont nous venons de parler, il y a d'au-

_____

(b) Voyez la Capitulation de *Joseph II.* *art. III. §. 23.* Les émolumens annexés aux offices héréditaires établis par la *Bulle d'or* se trouvent dans les derniers §§. *chap. XXVII. de ladite Bulle ;* laquelle ordonne que les Officiers de la Cour de l'Empereur, qui ont fait les fonctions pour les Officiers héréditaires absens ou empéchés, tirent aussi les émolumens annexés aux charges des Officiers héréditaires ; mais la *Bulle d'or* a été corrigée en ceci par les Capitulations de *François I.* & de *Joseph II.*

Obs. Lors d'une solemnelle investiture chaque Officier ou Vicaire héréditaire quoique absent tire 120 écus; cette regle ne souffre d'exception, que touchant l'investiture des Electeurs, qui ne payent rien aux Vicaires héréditaires.

tres charges d'ancien établissement ou nouvellement instituées également attachées à de certaines Maisons illustres. Telles sont I°. celle de *Grand-Veneur* d'Empire, attachée aux *Marggraves de Misnie* (a). II°. Celle de *Grand-Maître de la garde-robe de l'Empereur*, que porte le *Duc de Gueldres* (b).

Autres charges d'honneur attachées à de certaines Maisons illustres.

(a) Cette charge fut accordée à *Frédéric*, surnommé *Strenuus*, *Marggrave de Misnie*, par *Charles IV.* à la Cour de Metz en 1356. Cette charge est fort ancienne; à la Cour de Charlemagne il y avoit quatre Grands-Veneurs. vid. *Hincmarus, loco supra cit.* Le titre & la dignité de *Grand-Veneur* d'Empire furent confirmés à la *Maison de Saxe* par l'Empereur *Joseph I* vid. *Mascov. de Jure feud. cap.* 6. §. 10. Les Ducs de Carinthie & de Poméranie porterent autrefois le même titre : les Ducs de Würtemberg s'en décorent encore aujourd'hui à cause de la possession du Comté d'Aurach, auquel cette dignité fut attachée. vid. Walz, Würtenbergischer Stammes- und Namens-Ursprung, *lib.* I. *cap. X. pag.* 59.

Comté de Gueldre érigé en Duché.

(b) *Louis de Baviere* érigea en 1339 le Comté de Gueldres en Duché, & nommant le Comte *Renaud Duc de Gueldre*, il l'investit en même tems de la charge héréditaire de *Grand-Maître de la garde-robe* :

III°. Celle d'*Ecuyer de l'Empire*, accordée au *Prince de Schwarz-bourg (c)*.

IV°. Celle de *Pêcheur d'Empire*, concédée à la *ville de Basle (d)*. De même les anciens Ducs de Luxembourg possédoient autrefois une charge, qui leur donnoit le droit de conduire le cheval de main de l'Empereur, & de tenir l'étrier droit lors d'une Cour folemnelle, où l'Empe-

---

voyez-en les lettres d'investiture, apud *Leibnitzium*, *Cod. Jur. gent. diplom. n. XXVIII. pag.* 15*. Elle oblige à habiller l'Empereur ou le Roi des Romains lors de fon couronnement, ou d'une autre grande folemnité, & de lui mettre & ôter la couronne & la tenir en mains.

(c) Celle de Grand-Écuyer d'Empire parvint aux Comtes de Schwarzbourg, par droit de fuccession aux Comtes de Kevernbourg, qui en furent ornés autrefois. Ils portent dans leurs armes la fourche & l'étrille pour marque de cette charge. vid. *Spener*, *Oper. Herald. part. fpec. lib. III. cap. XXXI. §.* 7.

(d) Qui pour cette raifon porte un hameçon dans fes armes. vid. *Freherus, in notis ad Petrum de Andlo, cap. XV.* & *Chaubrier*, *Hiftoire du Dauphiné p.* 788.

reur devoit paroître à cheval:
ainfi que de trancher les mets
lorfqu'il étoit à table (*e*). Celle
de *Grand-Maître des portiers de
l'Empereur*, donnée & annexée
à la maifon des *Comtes de Werther* (*f*). Celle de *Grand-Guidon* ou *Porte-Banniere d'Empire*,
attachée à la Maifon Ducale de
Würtemberg g). Celle d'*Archi-*

(*e*) Voyez·en le diplôme, apud *Leibnitz. l. cit. Tom. I. pag.* 208.

(*f*) Cette charge fort ancienne & déja
connue du tems des Francs fut accordée
par l'Empereur *Henri IV.* à *Hermann*,
Comte de Werther, avec quelques biens
annexés à cette dignité. vid. *Struv. Corp.
Jur. publ. cap. IX. §. 47. & Petri Albini*
Hiſtorie der Herren von Werther, *pag.* 7.

(*g*) Lors de la guerre entre *Louis de
Baviere* & *Frédéric le Bel*, *Duc d'Autriche*, fon rival, *Conrad de Scheffel-
bourg*, portant le grand étendart fe fignala
à la bataille de *Muhldorf*, donnée en
1322. En reconnoiffance de fes fervices,
Louis l'inveftit du château de *Grœningen*
en Suabe, & attacha à ce fief la charge
de Grand-Guidon de l'Allemagne. Conrad vendit quelques années après le fief &
la charge à *Olry*, *Comte de Würtemberg*,
qui en reçut l'inveftiture en 1336, & les

tecte de l'Empereur & *de l'Empi-re*, accordée aux *Comtes d'Ol-denbourg* *h*); & enfin celle de *Garde-Feu* d'Empire, concédée en dernier lieu aux nobles *Sei-gneurs de Pleſſé* (*i* . Pluſieurs de ces charges ſont aujourd'hui pu-rement honoraires.

---

transmit l'un. & l'autre à ſes deſcendans. vid. *Abrégé chronologique de l'Hiſtoire d'Allemagne*, pag. 280. Touchant les Bannieres d'Empire, voyez *Struv. l. cit. cap. XXIII. §. XXIX. & cap. XXIV. §. VIII. & ſeqq.*

(*h*) Vid. *Hermannus Hammelmannus, Chron. Oldenburg. pag.* 35.

(*i*) Leur charge les obligeoit à avoir ſoin du feu lors des Cours ou aſſemblées ſolemnelles. vid. *Joachim Melerus, Antiquitat. Pleſſenſibus. P. II. pag.* 143. A toutes ces charges nous pourrions ajouter celle de *Primipilaire d'Empire*, attachée à l'*Archevêché de Cologne*; en vertu de laquelle il a le droit de donner une ſauve-conduite à des troupes qui paſſent entre le *Weſer* & le *Rhin*, & de défendre que l'on y conſtruiſe des forts, ou que l'on y faſſe choſe quelconque pour en empêcher le libre paſſage. L'Archevêque porte dans ſes armes à raiſon de cette charge un aigle ſimple vid. *Ægidius Gelenius de Coloniæ Agrippinæ magnitudine.*

CHAPITRE VIII.

Des Vicaires d'Empire.

I.

Le premier devoir d'un Souverain confifte à veiller fur la confervation de fes États & de fes fujets. Il le doit remplir par lui-même, tant qu'il eft poffible; telle eft la volonté de Dieu, qu'il repréfente fur terre, & du peuple qui l'a choifi, & qui l'a laiffé prendre la domination & cueillir la fucceffion dans fes États. Mais dès qu'il n'eft point en état de fatisfaire perfonnellement à fon devoir, (s'il eft fouverain abfolu) il doit confier fes foins à une perfonne fidele & capable, que l'on nomme d'ordinaire *Régent* ou *Vicaire*; ou bien il doit fe décharger de fon fardeau fur un certain corps de perfonnes, compofé de plufieurs Miniftres d'État éclairés & zélés pour le bien public. Ce corps s'appelle vulgairement *Confeil*

feil de Régence. Si au contraire
fon pouvoir eft borné, & qu'il
n'ofe rien faire d'important fans
l'agrément de fes États, il faut
qu'il les convoque inceffamment
pour prendre avec eux les arrangemens convenables, afin de pourvoir le mieux poffible au falut de
l'État pendant fon empêchement.
Autrefois les Empereurs fortants
de l'Empire, fe conftituoient eux-
mêmes leurs Vicaires; mais ayant
quelquefois abufé de leur pouvoir
en faveur de leurs favoris & au dé-
triment de l'Empire, les États
choifirent le Vicaire, comme cela
eft arrivé du tems de *Wenceslas*,
& déclarerent que le pouvoir de
nommer un Vicaire d'Empire convenoit plutôt aux Électeurs qu'au
Roi (a).

II.

Ce n'eft pas dans le feul cas d'empêchement légitime du Prince regnant & vivant, que l'établiffement d'un Vicaire ou d'un Confeil de Régence eft néceffaire; mais
encore & particuliérement après

(a) V. *Tolneri Codex Palat.* num. 178.

sa mort, si son successeur est mineur, ou si pour-lors il faut procéder à une nouvelle élection ; ce
qui arrive à tous les États éle-
ctifs, tels qu'est l'Empire d'Allemagne (*a*). Aussi n'y a-t-il point
d'État, qui ait mieux senti la nécessité d'établir des Vicaires, qui
seroient autorisés de prendre soin
du gouvernement & de la justice,
pendant tout le tems qui découle

_____

(*a*) Nous avons déja fait voir au chapitre de l'élection, que l'Empire est électif,
& depuis quand il l'est. Les Empires ou Royaumes héréditaires deviennent rarement
vacans ou douteux à l'égard de la succession ; cependant l'un & l'autre peut arriver. Le premier, lors de l'extinction de la
famille royale ou de la branche à laquelle
la couronne auroit été uniquement attachée ;
Le second, par la naissance de deux jumeaux
dont le droit d'ainesse n'auroit point été
décidé & reconnu avant la mort du Roi défunt, arrivée dans un Royaume où l'on ne
veut souffrir qu'un souverain, ou en cas que
les deux jumeaux ne voudroient point gouverner ensemble. Dans tous ces cas il faudroit que les États convinssent d'abord d'un
Vicaire, ou de quelques personnes qui ad-
ministreroient les affaires du Gouvernement
jusqu'à la proclamation du nouveau Roi.

depuis la mort du dernier Empereur jufqu'à la parfaite élection du nouveau ; tems que l'on appelle *Interregne* (b).

III.

Pour prévenir la fuite funefte des interregnes, les États d'Allemagne fe déterminerent enfin conjointement avec l'Empereur *Charles IV*. affemblés à la Diète de Metz, d'établir, affermir & confirmer des Vicaires d'Empire, & d'attacher authentiquement & à perpétuité leur charges & dignités à de certaines illuftres & importantes Maifons. Pour cet effet *Charles IV*. au nom de tous les États établit par fa conftitution, nommée la *Bulle d'or*, & inftitua authentiquement (a) le *Comte Pa-*

Établiffement des Vicaires perpétuels dans l'Empire.

fes droits & prerogatives.

(b) Les troubles ainfi que les triftes effets du grand interregne ont fait voir à toute l'Allemagne, combien un Etat eft malheureux, s'il eft abandonné à lui-même, fans Chef, fans Gouverneur reconnu & obéi.

(a) Il eft vrai que l'on peut dire que *Charles IV*. ne fit que confirmer le Comte Palatin du Rhin dans le droit du Vicariat d'Empire ; vu que ce droit lui étoit déjà dû (comme Charles lui-même l'avoue dans

latin du Rhin, *Vicaire de l'Empire*
dans les parties du Rhin & de la

---

fa *Bulle chap. V.*) en vertu du Palatinat &
d'un privilége fpécial.

Du Comte Palatin du Rhin.

Obf. 1. Le *Palatinat dénote dans cet endroit* de la Bulle d'or , *la charge du Comte du Palais.* Or cette charge donnoit dès fon origine le droit d'exercer la juftice au nom de l'Empereur , préfent ou abfent. A moins qu'il ne voulût lui - même décider les caufes. Et il n'y avoit que les caufes des grands que les Comtes du Palais ne pouvoient terminer fans l'agrément de l'Empereur. Entre ces *Comtes du Palais* (ou Palatins) émina le *Comte Palatin du Rhin,* dont les droits & priviléges furent beaucoupé tendus ; enforte que long-tems avant

Ses droits & prérogatives.

la confection de la *Bulle d'Or* il fut regardé comme le premier Juge de l'Empire, & fa voix (lors de l'élection d'un nouveau Roi) avoit toujours une prépondérance : de même l'Empereur devenant imbécille ou incapable de gouverner, il fit les fonctions de Tuteur , de Vicaire & de prémier Miniftre d'Empire. C'étoit à lui d'appaifer les troubles excités dans l'Empire , & de terminer les différents mus entre l'Empereur & les Etats. En un mot fes droits s'étendoient pour ainfi dire fur le Gouvernement entier de l'Etat. Vid. *Struv. Corp. J. Publ. cap. XXII. §. XII. & feqq.* Il n'eft donc point étonnant, fi *Charles IV.* dit dans fa *Bulle* , que *le droit de Vicariat de*

Suabe, & dans les pays du droit Franconien;

Il inftitua de même le *Duc de Saxe*, *Vicaire d'Empire* dans les terres qui fuivent le *droit Saxon* (b).

---

l'Empire compétoit déja *au Comte Palatin* du Rhin, *en vertu de fon Palatinat.*

Obf. 2. Quand il ajoute : *& d'un privilege*, il paroît faire allufion au diplôme, par lequel *Rodolphe de Habsbourg* affura à ce Comte en 1266. le Vicariat de l'Empire, comme un ancien droit par ces paroles . . . *Dux Bavariæ* (NB. ce Duc étoit pour lors Comte Palatin du Rhin) *inter alias fuorum Principatuum prærogativas hoc infigne jus habet, quod vacante Imperio Principatus, terras & alia jura imperii cuftodire debeat.* Ce diplôme fe trouve *in Leibnitzii Cod. Diplom. Jur. Gentium,* part. II. *pag.* 101. *Tolnerus* dans fon *Hiftoire du Palatinat* prouve l'antiquité du Vicariat Palatin, *chap. IV.*

(b) Nous pouvons dire également en faveur de l'illuftre maifon des Ducs de Saxe, que *Charles IV.* ne fit que confirmer par fa Bulle le droit de Vicariat de l'Empire, compétant déja antérieurement aux Ducs de Saxe en qualité de Juges Palatins de l'Empire, dans les pays & terres où le droit Saxon avoit lieu. Et certes ils exercerent ce droit avant l'exiftence de la *Bulle d'Or,* comme le prouve Schilter, dans fon *corps*

Or ces Vicaires, comme le porte expreſſément la *Bulle d'or (c)*, doi-

du Droit Féodal d'Allemagne, *lib. I. tit.* 18.

Cas, où l'on peut dire que l'Empire vaque.

(c) *Cap. V. ab initio.* L'on demande en conſéquence, quand vaque le St. Empire? à cela je réponds 1°. Que ſi l'on veut prendre le ſens ſtrict du terme *vaquer*, ces paroles, *l'Empire vaque*, ſignifient l'Empire eſt deſtitué ou privé de ſon Empereur, ce qui ne peut guères ſe dire que lors de ſa mort; s'il n'y a point de Roi des Romains, qui dès le moment de la mort de l'Empereur le devient lui-même, ſans qu'il ſoit beſoin d'un nouvel acte d'élection ou d'approbation.

Je dis en ſecond lieu, que ſi l'on veut interpréter ces paroles de la *Bulle d'Or* ſelon l'eſprit & l'intention du Légiſlateur, qui lors de la confection de cette loi, paroiſſent avoir été d'empêcher les troubles & les malheurs, qui d'ordinaire ſuivent un Etat deſtitué d'un Gouverneur autoriſé & reconnu: je penſe qu'elles doivent être étendues à tous les cas auxquels les Electeurs ſont en droit d'élire un Roi des Romains; à moins que l'Empereur n'ait pourvu au Gouvernement de l'Empire avec l'agrément des Vicaires. Tels ſont p. e. les cas de minorité, d'une longue abſence, d'empriſonnement, de maladie traînante &c. Voyez *la Capitul. de Joſeph II. art. III. §. XI. XV. & art. XIII. §. IX. & le Traité ſyſtématique touchant la Connnoiſ-*

vent exercer les fonctions de leurs charges toutes les fois que le St. Empire viendra à vaquer. Les Ducs & Électeurs de Saxe ont joui paisiblement de ce droit jufqu'aujourd'hui ; mais déja avant le grand défastre arrivé au XVII fiecle dans la Maifon Palatine du Rhin au fujet des troubles de Bohème, il y eut une difpute entre la Maifon de Baviere & celle du Bas-Palatinat du Rhin, par rapport au Vicariat de l'Empire, comme la fuite le démontrera.

IV.

Pour voir plus clair dans cette affaire, il ne fera point inutile de commencer par l'origine des deux illuftres maifons (favoir celle du Bas-Palatinat du Rhin & celle de Baviere,) pour-lors en difpute touchant le Vicariat d'Empire. Or ces deux Maifons reconnoiffent pour fouche *Otton IV. de Wittelsbach*, furnommé le *Grand* (a), Origine des Maifons du Palatinat & de Baviere.

---

fance de l'Etat du St. Empire, liv. IV. chap. VI. pag. 255. & fuiv.

(a) Cet *Otton* defcend en droite ligne de l'ancienne maifon de Baviere, que l'Em-

D 4

invefti du Duché de Baviere à Ratisbonne par les mains de l'Empereur *Frédéric I.* en 1180. Son arriere - petit - fils, nommé *Louis II.*
dit *le Sévére*, réuniffant le Palatinat du Rhin avec la Baviere, diftri-
bua ces deux Provinces entre fes
deux fils, & donna le Palatinat
du Rhin à *Rodolphe*, *fon ainé*, &
à *Louis*, *fon puîné*, la Baviere.
Voici donc les deux fondateurs
des deux Maifons en queftion, Rodolphe obtint en même tems la dignité Electorale : cela fit de la peine à *Louis*, qui prétendoit devoir
la partager avec fon ainé *(b)*, *premier fujet de difcorde*. A la mort
de *Henri VII. Louis* chercha à devenir Empereur ; *Rodolphe* lui re-
fufe fa voix & la donne à *Frédéric
III. Duc d'Autriche*, fecond fujet
de diffenfion. *Louis* étant néanmoins devenu Empereur, dépouille
Rodolphe de tous fes biens, & lui
fait prendre la fuite. *Rodolphe*

---

pereur *Otton premier* avoit dépouillé de
ce Duché en 948. Vid. *Defing*, *Supple-
ment. pars I. pag.* 110.

(b) *Defing*, *Auxil. Hift. pars III. pag.*
219. *& feqq.*

meurt en Angleterre cinq ans après en 1319. *Louis* remet fes fils dans la poffeffion de leurs biens paternels, ayant préalablement paffé une transaction avec eux à *Pavie* en 1319, en vertu de laquelle la dignité électorale devoit entrer alternativement dans ces deux Maifons. Après la mort de *Robert I.* dernier fils de *Rodolph*, *Etienne*, *Duc de Baviere*, prétendit que conformément à ladite tranfaction c'étoit à lui à devenir Électeur. L'affaire eft portée à la Diète de *Nuremberg* en 1356; mais *Etienne* étant fils de *Louis* de Baviere, ancien rival de *Charles IV*, ne put aucunement faire valoir fa caufe: au contraire *Charles IV*, conjointement avec les États affemblés à *Metz*, affecta à perpétuité la dignité Electorale, ainfi que le Vicariat de l'Empire, au Comté Palatin du Rhin (c); & ces dignités

_____

(c) V. La *Bulle d'Or* chap. *V. & chap. VII.* Il eft vrai que la Maifon de Baviere protefta folemnellement contre la *Bulle d'Or* à ce fujet: *Defing*, *Aux. Hift. pars III. pag.* 221.

y resterent depuis constamment attachées jusqu'aux troubles de Bohème.

V.

Par-là nous voyons que depuis *Rodolphe, Comte Palatin du Rhin*, le possessoire de la dignité électorale resta toujours dans la Maison Palatine, nonobstant toutes les prétentions de la Maison de Baviere. Quant au Vicariat de l'Empire, je pense que dans les onze & douzieme siecles le Duc de Baviere l'exerça dans le *Haut - Palatinat*, appellé fort souvent dans l'histoire la *haute Baviere* (a), & le

---

(a) Les Comtes Palatins doivent être considérés comme Magistrats suprêmes & comme Gouverneurs des provinces domaniales des Empereurs. Sous les Carlovingiens, le Comte Palatin étoit Juge de la cour Impériale; à son tribunal ressortissoient les appels des sentences rendues par les Comtes & les Juges particuliers. Il n'y eut d'abord qu'un seul Comte appellé le Palatin des Francs: mais la trop grande étendue de l'Empire, & la diversité des droits & coutumes sur-tout à l'égard des Saxons, obligerent les Empereurs d'établir un Comte Palatin particulier indépendant de l'autre pour les provinces du droit Saxon. Le res-

Comte Palatin du Rhin dans les terres immédiates du *Bas - Palatinat* (*b*). Au commencement du

---

fort de ces deux Palatinats fe trouve dans le *Droit Féodal de l'Allemagne*, chap. 42. §. 6. Ces deux Comtes fuivans d'ordinaire la Cour, qui étoit ambulante pour ainfi dire jufqu'à l'Empereur *Louis de Baviere*, & fe trouvoit prefque toujours le long du Rhin; on étoit fort fouvent expofé à des dépenfes extrêmes de voyages, pour faire juger un procès. Cela donna lieu à l'établiffement de plufieurs Palatins fubalternes dans les Grands Duchés d'Allemagne, & fit naître le *Palatinat du Duché de Baviere*, qui devint héréditaire dans la Maifon de *Scheyren* & de *Wittelsbach*, la même qui parvint en 1180. au Duché de Baviere. Ces Comtes Palatins provinciaux décidoient les caufes de la Nobleffe, & des Etats des Duchés, mais on pouvoit en appeller aux Grands Palatins des Francs & des Saxons. Ces Comtes Palatins étoient en même tems les Gouverneurs nés de leurs Provinces respectives & les dirigeoient en Chef pendant l'abfence de l'Empereur. Touchant les Comtes Palatins de Baviere, *voyez Struv. Corp. Jur. publ. cap. XXI. §. XXVI.*

(*b*) Le Comte Palatin du Rhin ou des Francs, étoit le Juge fuprême, le Gouverneur du domaine provincial & originaire de l'Empire d'Allemagne, qui s'étendoit Reffort du Comte Palatin du Rhin.

treizieme fiecle, en 1215, le Palatinat provincial de Baviere fut réuni au Palatinat du Rhin dans la perfonne de *Louis I*, *Duc de Baviere*, fils d'*Otton-IV. de Wittelsbach*, & par-là les droits appartenants à ces deux Palatinats furent confondus (*c*). En 1294. la Baviere fut de nouveau féparée du Palatinat du Rhin fous les deux fils de *Louis le Sévére* (voyez le § précédent); alors un ufage mal interprété conferva au *Comte Palatin du Rhin* les droits du Vicariat fur la Baviere. La Baviere fe

---

fur les deux rives du Rhin jufqu'au deffous de *Cologne:* ce qui s'exprime en partie dans le lieu cité du droit féodal d'*Allemagne* par ces paroles. . . „ Comes Palatinus „ ad Rhenum jus habet Bannum conceden-„ di (c'eft-à-dire rendre la juftice) trans „ Rhenum ufque ad miliare à Metis & ad „ Oceanum ufque ad per Flandriam."

(*c*) Et pour ainfi dire abforbés, enforte que dans la fuite des tems les Ducs de Baviere n'exercerent plus les droits attachés au Haut-Palatinat (c'eft-à-dire au Palatinat de Haute-Baviere). Au fujet du Haut-Palatinat divifé en ancien & nouveau, voyez *Hübner*, *Géographie tom. III. pag.* 206. & *fuiv.*

recria contre, mais vainement (*d*). Différents
Le *Comte Palatin* fut raffermi dans entre ces
fes droits par la *Bulle d'or* (*e*); la deux Mai-
Baviere protefta contre cette con- fons.
ftitution: cependant après coup
les deux Maifons parurent tran-
quilles jufqu'en 1614, que cette
difpute fe réchauffa de nouveau,
& fit fuer à groffes gouttes les
favans de *Heidelberg* & de *Munich* (*f*). Pendant que les deux
Maifons fe repofoient au fujet du
Vicariat d'Empire fur les plumes

_____

(*d*) Les Ducs de Baviere avoient trop
d'ennemis dans ces tems là pour être écou-
tés favorablement des États. Voyez *L'Abrégé chronologique de l'Hift. d'Allemagne.
pag. 291, & fuiv.*

(*e*) *Cap. V. Aur. Bulla.* Déja du tems
de Louis de Baviere les États affemblés à
la diéte de *Francfort* en 1339. déclarerent,
que c'étoit un ancien ufage approuvé par les
Princes, que lors de la vacance de l'Empire,
le Comte Palatin du Rhin devoit gouverner l'État, donner les Fiefs, & admini-
ftrer la Juftice. Vid. *Goldaft, Conft. Imper. tom. III. pag.* 411.

(*f*) Le Duc de Baviere chargea cette
année fes Jurisconfultes de mettre au jour
fes droits fur la dignité Electorale, ainfi
que fur le Vicariat de l'Empire.

des Docteurs, les Bohémiens, se révoltant contre *Ferdinand II*, leur Roi légitime, offrent la couronne à *Frédéric V*, Électeur Palatin. *Frédéric* instigué par l'Électrice, son épouse, l'accepte; mais incapable de la soutenir, *Ferdinand* le chasse de tous côtés, & lui rend sa couronne si pesante, qu'il eût été charmé de s'en décharger, si *Ferdinand* s'en eû voulut contenter. *Ferdinand* enfin le met au ban de l'Empire en 1621, & à la Diète de Ratisbonne, tenue en 1623, il le dépouille de l'Électorat, en investit ensuite *Maximilien*, *Duc de Bavière*, & eut grand soin de mettre dans les lettres d'investiture les droits du Vicariat en 1638; ainsi la Diète mit les plumes des savans aux arrêts, & *Frédéric* privé de tous ses biens, erra & mourut banni à *Mayence* le 19 Novembre 1632, âgé de 36 ans. *Charles Louis*, son fils, fut remis en possession de tout le *Bas-Palatinat*, & des autres terres & droits y attachés. En conséquence il prétendit à la mort de l'Empereur *Fer-*

dinand III., arrivée en 1657, exercer le Vicariat dans la partie que
la *Bulle d'or* lui affigne comme
Comte Palatin (*g*); mais l'Électeur

(*g*) Après la mort de *Ferdinand III.*
en 1657. il y eut un interregne de 15 mois,
pendant lequel le droit du Vicariat fut de
nouveau difputé. Il fortit cette année à
Heidelberg un ouvrage intitulé. . . Bericht
daß das Reichsvicariat in Landen des Rheins,
Schwaben und fränkischen Rechts, des Herrn
Pfaltzgrafen Carl Ludwig Churfürstlichen
Durchleucht zustehn thuet. Auquel on oppofa la même année un autre intitulé: Chur-
bayerischer Gegenbericht. *Conring* écrivit
un autre ouvrage anonyme fous le titre. . .
Vicariatus Imperii Palatinus defenfus.
Freinshemius foutint la caufe Palatine
par un ouvrage intitulé. . . Schediafma
de Vicariatu Palatino anno 1658. Vid.
Limnæus ad Cap. 7. Aureæ Bullæ obfer-
vat. 5.

Voici les principales raifons que les deux Raifons
Maifons alléguerent pour foutenir alléguées
leurs caufes refpectives. par les
L'Électeur Palatin pretendoit que le Vi- Electeurs
cariat de l'Empire étoit attaché au Comté du Palati-
& terres du Palatinat; & cela 1°. parce nat & de
que la rubrique du titre V. de la *Bulle* eft Baviere,
de Jure Vicariatus Comitis Palatini & pour fou-
non Electoris Palatini. II°. Parce que les tenir leurs
termes mêmes du texte de la *Bulle d'or* caufes ré-
le prouvent . . . *ratione Principatus feu* ciproques.

de Baviere le prévint adroitement,
s'en

Comitatus Palatini. III°. Parce que les
Comtes Palatins ont exercé cette charge
avant l'établissement du College Électoral.
IV°. Parce que depuis l'institution du Collége des Electeurs, certains Comtes Palatins ont exercé le Vicariat avant d'être
Electeurs. V°. Parce que le traité de
Westphalie l'avoit rétabli dans la possession du Palatinat, avec tous les droits en
dépendants. VI°. Parce que dans les lettres d'investiture obtenues en 1652 par
Ferdinand Marie, *Electeur de Baviere*,
il n'est fait aucune mention du Vicariat,
ce qui le privoit au moins du possessoire.

L'Electeur de Baviere au contraire allé-
guoit en sa faveur I°. la transaction passée avec lui lors de la proscription de *Frédéric V*, par laquelle il obtint aussi - bien
la dignité électorale du Palatinat, que celle
du Vicariat. II°. Les lettres d'investiture
à lui accordées en 1638, que l'on trouve
dans *Londorp*, *Tom. 2. pag. 798.* qui
lui donnent nommément le Vicariat &
l'Électorat, & l'Archi - Office de Grand-
Maître d'hôtel d'Empire, auquel ainsi qu'à
l'Électorat, le Vicariat étoit attaché; &
qu'ayant conservé ce Grand - Office, ainsi
que l'Electorat, par le traité de Westphalie, il avoit nécessairement aussi conservé
le Vicariat. Ceux qui sont versés dans le
droit public, sentent la foiblesse de ces
argumens.

s'en faifit & fit afficher fes patentes par-tout, en faifant notifier
aux États, qu'il fe chargeoit du
Vicariat. Il convint en même
tems avec l'Électeur de Saxe du
fceau commun du Vicariat pour
les expéditions de la Chambre impériale. L'Électeur Palatin en ayant
eu avis, protefta formellement
contre cet attentat, & fit afficher
fes patentes le 16 Avril de ladite
année (l'Empereur étant mort
le 2,) mais c'étoit trop tard:
l'Électeur de Saxe, ainfi que la
Chambre impériale, avoient déja
reconnu l'Électeur de Baviere; cela fit renaître l'ancien différent,
qui dura jufqu'après la mort de
Charles VII. Enfin les deux Électeurs convinrent en 1748 d'exercer le Vicariat alternativement;
& l'Empereur *François I.* fit rati-
fier ce projet à la Diète de Ratisbonne le 7 Août 1752. Cette alternative ceffe depuis la mort de
*Maximilien Jofeph, Electeur de Ba-
viere,* par laquelle la branche Palatine de Baviere fut éteinte; & la

Tom. II.   E

dispute de ces deux Maisons ensevelie dans son tombeau.

VI.

Droits des Vicaires d'Empire.

Charles IV. ne se contentoit point d'avoir affermi & attaché les Vicariats d'Empire à de certaines terres & familles; mais il détermina en même tems leurs droits (*a*,), dont le premier est celui d'administrer la justice (*b*), le second, de

---

(*a*) Chap. V.

(*b*) Chacun dans son ressort par un tribunal particulier établi dans sa cour, nommé le *Conseil de Régence du Vicariat.*

Ressort de chaque Vicaire d'Empire.

Obs. I. Les lettres patentes de notification, pour être affichées dans les provinces respectives, font voir ce que l'un & l'autre prétend être de son Vicariat. Les Cercles du Rhin, de la Suabe (excepté ce que les Archiducs d'Autriche y possédent) & le Cercle de Franconie (à l'exception de la Westphalie, au sujet de laquelle les deux Vicaires sont en dispute) sont du ressort du Vicaire Palatin; les Cercles de la Basse- & de la Haute-Saxe, sont du ressort du Vicaire de Saxe. Vid. *Ludwig ad A. Bull.* Cap. ç. §. 1.

II. La Régence du Vicariat fait les fonctions du Conseil Aulique, suspendu par la mort de l'Empereur; mais la Chambre Impériale continue ses fonctions au nom des deux Vicaires, & se sert du sceau de leurs

nommer aux bénéfices eccléfiaftiques (c), le troifieme, de percevoir les revenus de l'Empire (d),

---

armes pour fceller fes expéditions. Et le
Confeil de Rothweil en Suabe continue
de juger au nom du Vicaire Palatin.

. III. Les Vicaires font en droit d'évo-
quer à leurs Régences refpectives les caufes
pendantes au Confeil Aulique, & fe faire
remettre aux dépens des parties tous les
actes originaux dreffés auparavant par le
Confeil Aulique & dépofés en la Chancellerie de l'Empire, à charge d'en donner
leur récépiffe, & en outre une déclaration
au fujet de la reftitution de ces mêmes
actes aux archives de l'Empire auffi-tôt
après l'interregne. Cela eft conforme à
*l'art. III. §. 16. de la Capitulation de
Jofeph II.*

(c) Ce droit fut beaucoup diminué par
les Concordats de 1448, & prefque réduit
aux bénéfices appellés *Prébendes royales*
(Königs = Pfründen), comme il y en a à Prében-
Spire, Cologne, Aix-la-Chapelle, Bam- des roya-
berg & à *Rome*, auxquels l'Empereur les.
nomme comme Patron. Quant à la
*Prébende royale de l'illuftre Chapitre
de Strasbourg*, qui n'eft plus à la difpofition de l'Empereur, l'on peut voir *la
14me obfervation de Schilter, à la Chronique de* Königshoven.

(d) Ces revenus ont été prefque réduits
à rien par les libéralités & aliénations faites par les anciens Empereurs. Vid. *Inftit-*

le quatrieme, de donner l'inveftiture des fiefs d'Empire & de recevoir la foi & hommage des vaffaux (e). Outre ces droits à eux

---

tutions au Droit Publ. d'Allemagne, liv.
IV. chap. 9. & fuppofé qu'ils foient de
quelque confidération, il eft très-probable,
& il paroît même conforme à la Bulle d'Or,
que les Vicaires nommés dans ladite Bulle
Chap. V. Pourvoyeurs ou Adminiftrateurs
de l'Empire durant l'interregne, en foient
comptables, & que conféquemment, dédu-
ction faite des dépenfes légitimes du Vicariat, ils doivent reftituer le reliquat à l'Empereur. Vid. Stryck in Comment. ad. §. I.
Cap. V. Aur. B.

(e) La Bulle d'or excepte les fiefs des Princes, c'eft-à-dire les fiefs Principautés d'Empire, ou qui donnent aux inveftis la dignité de Princes d'Empire; & enfuite les Fahn=

Fiefs d'é- lehn, (Fiéfs d'Etendart) c'eft-à-dire ceux
tendart. dont l'inveftiture fe donnoit du tems de
Charles IV. par l'Etendart. Tels étoient
les Duchés, Marggraviats & quelquefois les
Comtés. Vid. Mafcov. de Jure feud. cap.
3. §. 20. De même les Vicaires ne confé-

Fiefs de rent point les Fiefs de Sceptre, comme
fceptre. font tous les grands Fiefs eccléfiaftiques, p.
e. Electorats, Principautés. Autrefois les
Princes eccléfiaftiques étoient inveftis par
le fceptre ou la croffe, & les Princes féculiers par l'Etendart; mais aujourd'hui
ils le font tous indifféremment par l'Épée de

exprefſément accordés par la *Bulle d'or* & les Capitulations (ƒ), ils en exercent d'autres : p. e. ils annobliſſent, accordent des priviléges. donnent des lettres de légitimation & de répit, réhabilitent, font battre monnoie à leurs coins,

---

l'Empereur. Les Princes & quelques anciens Comtes reçoivent l'inveſtiture du trône & de l'Empereur en perſonne, les autres États de l'Empire ſont inveſtis du Conſeil Aulique. Les Allemands debout, les Italiens à genou. *Maſcov. de Jure feud. Cap.* 7. §. 15. *& ſeqq.*

Obſ. Les inveſtis par les Vicaires d'Empire ſont tenus en vertu du *Chap. V. de la B. d'or*, de renouveller l'inveſtiture par-devant l'Empereur. Cette obligation n'exiſte plus, & la *Bulle d'Or* a été corrigée & infirmée à cet égard par les Capitulations de *François I.* & de *Joſeph II. Art. XI.* §. 7.

(ƒ) En vertu de la Capitulation de *Charles VII.* & les ſuivantes *art. XIII.* §. 9. lors du décès de l'Empereur, ou pendant ſa minorité, ou même dans le cas d'une longue abſence, (& dans les autres cas, exprimés dans *l'art. III.* §. 15. des *Capit.* de *François I. & de Joſeph II.*) les Vicaires ſont en droit de convoquer une Diéte, ou de continuer ſous leur autorité celle qui eſt déja commencée. Voyez Johann Jacob Moſers Betrachtungen über die Wahl-Capitulation Kayſer Joſephs II.

accordent les premieres prieres &c. (*g*).

(*g*) L'auteur du droit public du St. Empire, *liv. IV. pag.* 244. dit … Le droit des premieres prieres, étant attaché immédiatement à la perſonne de l'Empereur, ne peut être exercé par lui qu'une ſeule fois, & comme les Jurisconſultes François en font une eſpece de joyeux avénement, il tire probablement ſon origine de l'avénement à la couronne; ce qui n'eſt pas applicable aux Vicaires de l'Empire, lesquels, s'ils l'ont quelquefois exercé de fait, n'ont pourtant pas été, à ce qu'il ſemble, fondés en droit. Vid. *Schilter, Inſt. Jur. publ. tit.* 8. §. 3. & *le Maitre, Plaidoyé XXIII.*

Pouvoir des Vicaires.　*Obſ.* Bien des publiciſtes prétendent que les Vicaires d'Empire ont le même pouvoir que l'Empereur en tout ce qui n'eſt point ſpécialement excepté. Cette opinion paroît être fondée dans la pratique. Vid. Pfeffinger *ad Vitriar. lib.* 3. *tit.* 7. §. 10. J'en laiſſe la déciſion aux États de l'Empire: il me ſemble que les Vicaires ne ſont en droit de faire que ce que la conſervation ou le bien-être de l'Empire exige, & qu'ils n'ont d'autres prérogatives que celles, que les loix conſtitutives du Vicariat, ou les États d'Empire leur ont expreſſément ou tacitement accordé. Je ſuis auſſi d'avis, que les Vicaires ſont tenus de ſe conformer dans léur adminiſtration aux Capitulations (& particuliérement à celle du dernier Empereur); parce que les Capitu-

VII.

Outre les deux Vicaires d'Empire, dont nous venons de faire
mention, il y en a *un troisieme*,
savoir le *Duc de Savoie* (*a*), qui
est *Vicaire d'Empire d'Italie*, &
en vertu de cette dignité reconnu
par l'Empereur & les États d'Empire. Il exerce les droits & fonctions de Vicaire d'Empire dans
toutes les terres de Savoie & dans
quelques cantons d'Italie y abou-
tissans, marqués par les lettres patentes (*b*) A l'exception de ces
terres, les deux autres Vicaires ex-

Duc de Savoie, Vicaire d'Empire en Italie.

---

lations sont censées être la volonté expres-
se de l'Empire (dans tous les articles non
protestés) dont les Vicaires ne sont qu'administrateurs : or cette volonté lie le chef
même de l'Empire, pourquoi ne lieroit-
elle pas aussi ses Vicaires ? n'est-ce point là
l'intention des États ? l'Empire a-t-il jamais exempté les Vicaires de la Capitulation ? ou peut-on raisonnablement présu-
mer qu'il l'ait jamais voulu faire ?

(*a*) Voyez les *Capitulations de Léopold*, *art. IV. de François I*, *art. XXVI.
§. IV. & de Joseph II*, *art. XXVI. §. 2.*

(*b*) Ces lettres patentes se trouvent dans
Leibnitz, *Cod. Jur. Gent. part. I. n. 124.
pag.* 305.

E 4

ercent leurs droits dans tous les autres États d'Italie dépendants de l'Empire. Il y a des États d'Empire, qui prétendent être exempts de la jurisdiction de ses Vicaires, p. e. les Archi-Ducs d'Autriche.

VIII.

Tems, où le pouvoir des Vicaires cesse. Le pouvoir des Vicaires paroît devoir continuer jusqu'à ce que le nouvel Empereur ait prêté personnellement son serment au sujet du maintien de sa Capitulation ; vu que depuis *Charles VI.* (a) les Empereurs ont promis par leurs Capitulations, de ne point toucher au

---

(a) Cet Empereur fut le premier, auquel les Electeurs jugerent à propos de le faire promettre; voyez l'*art. III. & XXX. de sa Capitul. Charles V.II. & François I.* répéterent la même promesse; voyez la *Capitul. de ce dernier, art. III. §. 19. & 20. & art. XXX. §. V.* On n'avoit pas besoin de faire faire la même promesse à *Joseph II*, vu qu'il n'y avoit point eu d'interregne entre la mort de son pere & son couronnement comme Empereur; puisqu'ayant juré sa Capitulation comme Roi des Romains, il étoit Empereur immédiatement après le décès de son pere.

gouvernement & de laiſſer continuer aux Vicaires l'adminiſtration
de l'Empire juſqu'à ce moment.
L'Empereur avenant à la couronne
doit confirmer par un acte en forme, généralement tout ce que les
Vicaires ont fait & octroyé, ſelon la
teneur de la Bulle d'or & des con-
ſtitutions de l'Empire (*b*).

_____

(*b*) Tous les Empereurs élus après un
interregne ont été obligés de le promettre dans leur Capitulation; voyez celle de
François I. art. III. §§. 19. & 20. ſans
doute pour obvier à toute diſpute au ſujet
de l'exercice de quelques droits, qui ne
leur ont point été accordés ni par la *Bulle
d'or*, ni par d'autres loix Impériales.

LIVRE IV.

CHAPITRE I.

Des États d'Empire en général.

I.

Le mot *Etat* signifie d'ordinaire le rang, la condition, la situation, ou la circonstance, dans laquelle un corps, une personne, ou de certaines choses se trouvent. Dans ce chapitre il *désigne de certains membres ou personnes de l'Empire, qui conjointement avec leur chef tiennent & gouvernent les rênes de l'État (a)*, & dont la plu-

---

Différence entre les Etats d'Empire & les Etats de France.

(a) De-là nous voyons combien ces États different des États de France, qui font de certaines classes de sujets également soumis à leur Roi, n'ayant aucun droit de Majesté. Tels font l'État militaire, l'État ecclésiastique. Du tems des anciens Francs, long-tems avant *Charlemagne*, la France étoit divisée en trois États, savoir le Clergé, la Noblesse & le Peuple. Les assemblées, où se trouvoient les députés de ces trois Etats, s'appelloient Etats généraux.

part participants aux droits de Majesté, gouvernent leurs Provinces en leur propre nom, n'y reconnoiſſant l'autorité du chef que ſous de certaines conditions.

II.

Le nom d'*Etat d'Empire* déſigne un membre immédiat de l'Empire (a), qui a voix & ſéance à la

---

Vid. *Piganiol de la Force, nouvelle deſcript. de la France*, 2. edit. tom. *I.* pag. 226.

(a) La *marque* la plus infaillible *de l'immédiateté* d'un membre de l'Empire, eſt la *paiſible jouiſſance de la ſupériorité territoriale*, qu'il ne faut pas confondre avec les droits Régaliens. La médiateté d'un membre d'Empire ſe prouve I°. par le ſerment d'obéiſſance & de ſoumiſſion, qu'il prête en qualité de ſujet à un autre; II°. par l'exemption volontaire de ſes droits; III°. par l'obligation de ſe conformer à ſes loix; IV°. par le payement des amendes &c. V°. par la comparution devant ſon tribunal y ayant été aſſigné comme ſujet, ou par la comparution aux aſſemblées provinciales comme Landſaß.

Obſ Un membre immédiat de l'Empire peut devenir médiat, ſoit volontairement, en ſe mettant de ſon propre mouvement ſous l'obéiſſance d'un autre, ſoit de force, étant réduit par la voie d'armes au nombre médiat.

Marque de l'immédiateté.

Un membre immédiat peut devenir médiat.

Diète (*b*). Or pour obtenir ce

---

des sujets de quelqu'un, ou le devenant
par la voie de justice. Dans ce dernier
cas, de même que dans celui d'exemption
volontaire, le Procureur fiscal de la Chambre impériale doit faire assigner ceux qui
s'avisent de la faire, pour se voir con-
damner à remettre les choses dans leur
premier état ; ou quant à la volontaire,
pour obliger du moins celui auquel l'autre se seroit ainsi soumis, à remplir en sa
place les charges dues à l'Empire. Voyez
les *Capitul. de Charles VII.* & de *François I. art. V.* §§. 7. 9. & 10. & celle de
Joseph II. art. V. §. 6. & *Müller de Prin-
cipat.* & *Statib. Imperii*, *part. 4. cap.*
103. & 104.

(*b*) Pour être Etat d'Empire, il n'est
point nécessaire que l'on soit actuellement
en exercice de ce droit, il suffit d'avoir
une éspérance fondée en titre d'y parvenir; ainsi le nom d'Etat d'Empire fut aussi
accordé par le Récès d'Empire de 1570,
§. 63. à ceux qui n'étant que désignés,
n'avoient pas encore la séance. De-là
l'auteur du *Traité du Droit public du
St. Empire*, *liv. V. chap. 1. pag.* 267.
conclut . . . qu'à plus forte raison cette
qualité ne sauroit être disputée aux cadets
d'une Maison qui en jouit déja, ni à leurs
descendans, & encore moins aux Princes
d'une Maison, qui exercent dans leur
pays les droits de la supériorité territoriale,
quoique l'exercice actuel de la voix &

droit aujourd'hui, il faut se conformer à la Capitulation de *Jo-*
seph II, où il est dit . . . "Nous
„ ne recevrons aucuns Princes,

Ce qu'il faut pour le devenir.

---

séance à la Diète n'y soit point particuliérement attachée. Il y a long-tems que le
Duc de Savoie n'use plus de son droit de
suffrage à la Diète ; cependant personne
ne doute qu'il ne soit un Etat d'Empire.

Obs. Une terre immédiate est celle qui
ne dépend que de l'Empereur & de l'Empire.

Anciennement le droit de suffrage étoit
personnel, compétant pour raison de la
dignité ou de l'office que l'on exerçoit à
la Cour ; & chaque Etat n'avoit qu'un suffrage à y donner. Ce suffrage valoit à
proportion de la grandeur & de la dignité
de son auteur ; vid. Speners Staatsrecht,
lib. 2. cap. XI. §. 3, mais aujourd'hui,
sur-tout depuis la Capitulation de *Char-*
les VI, le droit de suffrage est devenu réel
& fut attaché au territoire, ensorte qu'un
même & seul Etat possédant plusieurs territoires, à chacun desquels le droit de
suffrage est annexé, a en même tems plusieurs suffrages à donner. Il y a quelques
Etats, qui ont négligé leur droit de multiplier leur suffrage, & qui sont déja in-
tervenus auprès de la Diète pour le récupérer. Vid. *Gribneri dissertatio de Jure*
suffragandi Principum Imperii, usu in-
termisso non pereunte.

*Terre im-
médiate,
& suffrage
y atta-
ché.*

„ Comtes & Seigneurs, à moins
„ qu'ils ne fe foient au préala-
„ ble fuffifamment qualifiés à cet
„ égard, par l'acquifition refpective
„ d'une Principauté , Comté ou
„ Seigneurie immédiate (c), &
„ qu'ils ne fe foient, moyennant
„ une cotifation convenable à un
„ État d'Empire, (au fujet de la-

(c) Il n'eft point requis que cette terre immédiate foit précifément un fief d'Em-pire; elle peut être un allodial, pourvu qu'elle foit immédiatement foumife à l'Em-pire & à l'Empereur; p. e. le Duché de Würtemberg eft une terre immédiate, fans être un fief d'Empire. Ce Duché étoit autrefois un fief de la Maifon d'Autriche; mais *Rodolphe II.* en releva le Duc de Würtemberg, ne fe réfervant que le droit de fucceffion en cas d'extinction de fa Maifon. Ce droit de fucceffion paroît éteint depuis la mort de *Charles VI*, der-nier rejetton de la Maifon d'Autriche.

Obf. 1. Lorfque les *Comtes de Portia* & de *Lichtenftein* ont été créés Princes, il fut ftipulé dans leurs lettres d'admiffion au Collége des Princes, qu'ils ne joui-roient eux & leurs defcendans du droit de féance & de fuffrage audit Collége, qu'a-près avoir obtenu des terres érigées en Principauté immédiate, & reconnue pour telle par les Electeurs, Princes & Etats

Duché de Würtem-berg.

„ quelle il fera fait promptement
„ à la Diète les réglemens à ce né-
„ ceffaires) faits recevoir & agré-
» ger par quelque Cercle, & qu'ou-
„ tre le confentement du Collége
„ électoral, ils aient encore obte-
„ nu dans les formes celui du col-

---

d'Empire. Vid. Herdens Grundveſte des Römiſchen Reichs, part. 2. cap. 5.

Obſ. 2. Le cens ou la cote matriculaire que payent les Princes nouvellement créés, pour fournir aux befoins de l'Empire, s'appelle le *cens de Lobkowitz*, parce que les Princes de ce nom l'ont payé les premiers. Il confifte en treize cavaliers montés & équipés, & dix fantaſſins, ou foixante-feize florins d'Empire pour chaque mois Romain, & feize florins pour chaque quartier Caméral. Il y a encore aujourd'hui d'anciens Etats d'Empire, qui ne poffé-dent point de terre immédiate; lesquels font maintenus dans leur droit de féance & de fuffrage à la Diète en vertu de la Capitulation des Empereurs. Voyez celle de *Jofeph II. art. I. §. 3.*

Obſ. 3. Les Etats peuvent poff'éder des terres immédiates, & les tenir immédia-tement de l'Empereur ou d'un autre Sei-gneur en fief. Ceux qui en tiennent d'un autre Etat, doivent néanmoins être inve-ſtis de l'Empereur des droits Régaliens at-tachés à leurs arriere-fiefs. Vid. *Limnæus, J. publ. lib. I. cap. 7. §. 101.*

Cens de Lobko-witz.

„ lége ou du ban, auquel ils doi-
„ vent être admis (*d*). ” S'il s'agit
de créer un nouvel Électorat en
faveur d'un État d'Empire, il faut
le confentement de tout le corps
de l'Empire (*e*).

III.

Les Etats
fe divifent
en Ecclé-
fiaftiques
& Sécu-
liers.

L'on peut divifer les États d'Allemagne de deux manieres. La
premiere fe fait en États *Eccléfia-*
ftiques & Séculiers. Les premiers
font Électeurs, Archevêques, Évêques ou Abbés & Abbeffes princieres; les féculiers font Électeurs,
Archi - Ducs ou Grands - Ducs,
Ducs, Princes, Landgraves, Marggraves,

(*d*) Il y a cependant des Etats d'Empire,
qui l'étoient déja avant la Capitulation de
Jofeph II. & de toutes les précédentes,
qui exigent la même chofe; lesquels ne
contribuent point aux befoins de l'Empire,
& ne ceffent pas pour cela d'être *Etats*
d'Empire; p. e. les *Archi-Ducs d'Au-*
triche.

(*e*) Voyez le *Décret de commiffion de*
l'Empereur Jofeph I, communiqué par
fon commiffaire principal à la Diète le
21 *Juillet* 1706.

graves , Bourggraves , Comtes,
Barons & Villes libres impériales (a). La feconde divifion fe fait
en États Catholiques & États Pro-
teftans.

IV.

L'agrandiffement des États,
ainfi que l'ampliation de leurs
droits, n'étoit point l'affaire d'un
moment; il falloit plufieurs fiecles pour les élever au pole de la
grandeur où ils font aujourd'hui,
& il ne faut point s'imaginer, que
tous s'éleverent en même tems &
de la même vîteffe. Ceux qui con-

(a) Dans les premiers tems les titres de
Ducs, Comtes, Marggraves & autres étoient
des dignités perfonelles révocables au gré
du fouverain ; leurs titulaires étoient des
efpeces de Gouverneurs, Juges, Garde-
Frontieres, ou Généraux d'armées. Enfuite ces titres furent relevés en Fiefs, s'at-
tacherent aux familles & pafferent aux
enfans mâles. Déja au commencement du
dixieme fiécle le droit de fucceffion fut
étendu par une conftitution de l'Empereur *Conrad I.* aux petits-fils. Vid. 1. *f.* 1.
§. 1 & 2. enfin ce droit parvint au point,
où nous le voyons dans le Corps des Coutumes féodales. 2. *f.* 31 & 50.

noiſſent les viciſſitudes de ce monde, & l'hiſtoire des révolutions de
l'Empire, ſe formeront une idée

Diverſes
cauſes de
l'agran-
diſſement
des États.

plus nette de cette élevation des
États, que je ne ſuis à-même de
la leur dépeindre : cependant je
veux bien en produire au moins
les cauſes principales. La *premiere*
eſt le gouvernement, l'adminiſtration de la juſtice & la défenſe
de l'État, confiée à de certaines
perſonnes & à leurs enfans préfé-
rablement à d'autres. La *ſeconde*
eſt l'admiſſion des mêmes perſonnes aux aſſemblées impériales, en
leur accordant d'abord une voix
délibérative, & enfin une voix
déciſive. La *troiſieme* eſt le domaine, & enſuite le droit de ſuccef-
ſion dans les provinces, terres &
châteaux accordés à ceux & aux
enfans de ceux qui auparavant
n'en étoient que les adminiſtra-
teurs. La *quatrieme* eſt la pieuſe li-
béralité des Empereurs envers les
Évêques & autres Eccléſiaſtiques.
La *cinquieme* les grandes diſſenſions entre le St. Siege & les Empereurs. La *ſixieme* les guerres in-

teftines & les défis particuliers,
que les troubles du grand interregne firént naître. La *feptieme* le
changement de la forme du gouvernement héréditaire en électif.
La *huitieme* l'inftabilité de la réfidence de l'Empereur. La *neuvieme*
la grande dépenfe & le peu de revenus de certains Empereurs. La
dixieme la non-vigilance de quelques-uns fur l'Empire. Je pourrois auffi produire des caufes particulieres concernant certains États
feulement; mais ce détail ne doit
point trouver place dans un chapitre qui traite des États en général: je le rejette donc aux chapitres fuivans.

V.

Ainfi nous voyons que l'accroif-
fement des droits & prérogatives
des États a diverfes caufes pour
bafe & fondement; cependant il Le grand
faut convenir que le grand inter- interregne en eft la principale fource. regne y a
Rodolphe mettant fin à cet inter- contri-
regne, & fes fucceffeurs ayant laif- bué.
fé jouir paifiblement les États du
pouvoir acquis dans ces tems

de troubles, mirent l'Empereur *Charles IV.* dans la trifte néceffité de confirmer ces droits au moins aux États les plus puiffans de fon tems. C'eft ce qu'il fit à l'égard des Électeurs par la *Bulle d'or; Maximilien I.* confirma enfuite la majeure partie de ces droits aux autres États; on les affermit enfuite par les Capitulations; enfin tous les droits & prééminences des États d'Empire ont été confirmés d'une maniere folemnelle par le traité de Weftphalie Pour ne point faire ici une répétition des droits compétants aux États d'Empire en général, je renvoie mon lecteur au chap. V. du I. liv. Dans la fuite chaque Empereur promit dans fa Capitulation de maintenir ces droits (*a*).

_____

(*a*) Voici les paroles de la *Capitul. de Jofeph II.* à ce fujet, *art. I.* §. 2. "Nous ,, voulons pareillement conferver de toute ,, maniere en leur fupériorité, leurs digni- ,, tés eccléfiaftiques & féculieres, droits, ,, pouvoir & puiffance, la nation alleman- ,, de, le St. Empire Romain, les Electeurs ,, comme fes premiers membres & fes co-

VI.

Le nombre des États d'Empire s'eft beaucoup accrû du tems de la profcription de *Henri le Lion*, Duc de Saxe, en 1180, de même qu'à la mort de *Conradin*, dernier Duc de Suabe & de Franconie, décapité à *Naples* en 1268; puifque plufieurs Villes & États provinciaux auparavant foumis à ces Ducs, devinrent pour-lors Villes impériales ou États immédiats de l'Empire.

Obf. L'Empereur peut faire des membres de l'Empire & conférer la dignité de Prince, Comte ou Baron fans l'agrément des États; mais il ne peut faire un État d'Empire qu'avec le confentement de tous les Colleges à la Diète.

„ Ionnes fondamentales, particuliérement
„ les Maifons Electorales féculieres, pour
„ ce qui eft du droit de Primogéniture,
„ à elles affuré par la *Bulle d'or*, notam-
„ ment par l'*art*. 13. fans permettre qu'il
„ y foit portée aucune reftriction; comme
„ auffi les autres Princes, Prélats, Comtes,
„ Seigneurs & Etats (y compris la Nobleffe
„ libre immédiate de l'Empire), que Nous
„ laifferons tous & un chacun dans leur
„ état & conftitution. ”

F 3

CHAPITRE II.

Du College Electoral, & des dignités & prérogatives des Electeurs en général.

I.

Ce mot *College* dénote ici le Corps des Électeurs. Ce Corps illustre est sans contredit le plus respectable de la nation germanique : ses membres sont appellés les *Colonnes fondamentales* de l'Empire (a) ; cette dénomination

---

(a) Voyez la *Bulle d'Or*, *chap. I.* où ils sont nommés les *Lustres*, les *plus proches Membres*, & les *Colonnes de l'Empire*, par l'éclat desquels le St. Empire doit être éclairé comme par sept flambeaux, dont la lumiere est fortifiée par l'union des sept dons du St. Esprit.

Différens noms & titres des Electeurs.   *Obs.* Tout cela est dit ainsi, parce qu'il n'y avoit que sept Electeurs lors de la confection de la B. d'Or. Voyez les Capitul. de *François I.* & de *Joseph II. art. I. §. II.* Ils sont en même tems les *premiers Conseillers nés de l'Empereur & de l'Empire* ; & pour cette raison la B. d'Or veut qu'ils soient instruits de différéntes langues, afin

nous fait naître la plus haute idée
à leur égard. Ce qui a précédé,
nous a déja inftruit de l'origine de
ce College, du nombre de fes
membres & du tems de leur création. Nous avons même déja an-
ticipé une partie de leurs droits
& prérogatives , en parlant des
Grands-Officiers de la Cour impériale. Conféquemment pour ne
point mériter le reproche de la
redite, je ne toucherai que ceux
qui reftent encore intacts; ou fi

---

de pouvoir fe faire entendre & négocier avec
les différentes nations qui font partie de
l'Empire : voyez *les chap.* 12. & 30. *de la
dite B. d'Or.* L'Empereur appelle les Electeurs eccléfiaftiques , *Coufins* , en allemand 𝕭𝖊𝖙𝖙𝖊𝖗𝖓, & les Séculiers, *Oncles*, en
allemand , 𝕺𝖍𝖊𝖎𝖒𝖊. L'origine de ces déno-
minations eft inconnue : voyez *l'auteur du
Droit Publ. du St. Empire, liv.VI. chap.
II.* Leur titre ordinaire eft... *leur Altef-
fe Séréniffime.* Vid. *Wenker de Pfalbur-
geris, pag.* 64. & 79. Le Roi de France
les appelle communément, *Nos Amés Freres.* Vid. *Pfeffinger ad Vitriar. lib.* 3.
tit. 8. §. 7. & le *Traité de Paix de* 1679.
conclu entre les Rois de France & de Suéde, avec l'Electeur de Brandebourg.

j'en amene d'autres, ce ne fera
que par néceſſité.

II.

Les Electeurs peuvent être regardés comme les Plénipotentiaires de l'Empire : cependant ce pouvoir ne doit point préjudicier aux
autres États dans les cas, où ils
ſont en droit de concourrir aux
délibérations ſur les affaires communes ; & l'autorité des Électeurs à
cet égard ne doit pas páſſer les bornes qui lui ſont preſcrites par les
loix fondamentales de l'Empire.
Les droits & prérogatives des
Électeurs, qui leur appartiennent
par excellence ou privativement
aux autres États, ſont fondés dans
la *Bulle d'or* & dans l'exercice continuel, de même que dans les déclarations faites ſucceſſivement par
les loix & les Réſultats de l'Empire.

III.

Droits
propres
aux Éle-
cteurs.

Voici les droits, dont jouiſſent
les Electeurs excluſivement à tout
autre État d'Empire : I° Ils ont le
droit d'élire l'Empereur & le Roi
des Romains, ainſi que de leur
preſcrire la Capitulation & de re-

cevoir leur réfignation volontaire.
II°. (a) Ils font un Corps & College entier, & féparé de ceux des
autres États, à toutes les affemblées
de l'Empire même hors de la Diète (b), lequel College a part aux
délibérations fur toutes les affaires
publiques de l'Empire. III°. Ils
ont le droit de s'affembler tous les
ans & autant de fois qu'ils le ju-
gent à propos fuivant l'état & la
fituation des affaires du St. Empire, pour leurs néceffités, & lorsqu'ils auront quelques affaires,
qui les touchent, même à l'infu
de l'Empereur, fans qu'il ofe pour
cela leur témoigner aucune indi-
gnation ou mécontentement ni

(a) Il eft vrai que le droit de faire feuls
les Capitulations leur eft contefté par les
États en vertu de l'article VIII. §. 3. du
Traité d'Ofnabruck: qui veut que l'on
doit dreffer du confentement de tous les
Etats de l'Empire une Capitulation perpétuelle. Mais cette conteftation ne les a
point empêché de la faire feuls, jufqu'aujourd'hui.

(b) Malgré la proteftation des Etats, qui
prétendent que dans des affemblées hors de
la Diéte ils ne font pas un Corps féparé.

envers tous en général, ni envers
un chacun en particulier (c). IV°.
Ils ont le droit de confeiller à
l'Empereur la convocation de la
Diète & d'y confentir (d). V°. Il
leur eft permis de faire des délibérations préliminaires fur les affaires les plus importantes de l'Empire, ou entre eux feuls, ou avec
l'Empereur. VI°. L'Empereur doit
demander leur confentement, lorfqu'il veut accorder des péages &
donner le privilége des monnoies
(e). VII°. Ils ont le droit d'acquérir indiftinctement des terres, avec
des droits Régaliens, des biens

(c) Voyez la *Bulle d'Or*, *chap.* 12. §. 1.
& la *Capitul. de Joseph II. art.* 3. §. 12.
Dans ces fortes d'affemblées les Electeurs
ne pourroient rien conclure au préjudice
de l'Empire & contre les droits des Etats.

(d) Leur confentement eft tellement néceffaire, que fans lui la convocation de la
Diète feroit nulle. Voyez le *Récès de*
l'Empire de 1654. §. 19?.

(e) Cependant pour que le privilege des
monnoies fortiffe fon entier effet, il faut
que les Etats du Cercle, dans lequel l'Etat,
qui demande, eft fitué, y confentent. voyez
la *Capitul. de Joseph II. art.* IX. §. 6.

immédiats , & même des fiefs
d'Empire (*f*), fans le confentement de l'Empereur (*g*). VIII°.
Chacun des Électeurs a le droit de
préfenter à la Chambre Impériale
deux affeffeurs (*h*). IX°. Et enfin
ils ont le droit d'ambaffade même
à la Cour Impériale.

IV.

Il y a des publiciftes , qui prétendent que les Électeurs ont le
droit de dépofer l'Empereur, lorsqu'il ne gouverne point l'Empire
fuivant fes conftitutions (*a*),ou que

***

(*f*) Voyez la *Bulle d'Or* , *chap. X.* §. 2.

(*g*) Tandis qu'une pareille aliénation
faite à tout autre Etat feroit une félonie
capable de faire perdre le Fief acquis ; ce
qui fut indroduit afin que le feigneur ne
foit point obligé de recevoir indifféremment & malgré lui tel Arriere - Vaffal qu'il
plairoit à fon Vaffal de lui donner.

Obf. Ce privilege accordé aux Electeurs
les égalife en ce point à l'Empereur même.

(*h*) Au lieu qu'il y a des Cercles , dont
tous les Etats enfemble n'en peuvent pas
nommer davantage. Voyez *Art. V.* §. 57.
du Traité d'Ofnabruck , & *le Récés
d'Empire de* 1654. §. 169.

(*a*) Certes les publiciftes fe trompent en

ſa conduite le rend incapable **ou**
indigne de porter la couronne.
Ils fondent ce prétendu droit ſur
l'uſage, & en font une ſuite du
droit d'élection (*b*). *L'auteur du*

---

ce point & ne ſuivent aucunement l'intention des Electeurs, qui n'ont jamais voulu s'arroger d'autre pouvoir ſur l'Empereur
par la Capitulation à lui preſcrite, que celui de rendre nul & ſans effet tout ce qu'il
pourroit faire au contraire. Voyez la Capitul. de *Joſeph I. art. XXXVII.* & celle de *Charles VII.* de *François I. art.*
XVI. & de *Joſeph II. §. XI.*

(*b*) Il eſt vrai que les Electeurs ſe ſont déja trois fois aviſés de dépoſer les Empereurs.
Henri IV, *Adolphe de Naſſau*, & *Wences-*
las ont été la victime d'une tumultueuſe &
arrogante rébellion. Mais ceux qui connoiſ-
ſent l'hiſtoire d'Allemagne, ſavent combien
ces dépoſitions étoient injuſtes. Voyez
l'Auteur du Droit Publ. du St. Empire,
tom V. liv. IV. chap. IV. pag. 220.

Obſ. Le droit d'élection n'a point de
connexion avec celui de la dépoſition.
L'élection eſt un acte volontaire, tant de la
part des Electeurs, que de la part de celui
qui eſt élu: la dépoſition au contraire eſt un
acte de force & un acte de juſtice en matieres criminelles, dont l'exercice n'a jamais
été accordé aux Electeurs à l'égard de l'Empereur, ni par lui-même, ni par les Etats
de l'Empire.

Droit public du St. Empire dit,
qu'il n'y a que le cas de tyrannie,
qui pourroit fuffire pour la dépo-
fition d'un Empereur, & que même dans ce cas les Électeurs ne feroient point en droit de dépofer
l'Empereur fans l'intervention des
États (*c*).

V.

Je me fuis faite une loi de paffer ici fous filence d'autres droits
compétants aux Électeurs, mais
qui leur font communs avec les
autres États, p. e. le droit de recevoir les Juifs, celui d'avoir des
mines, de percevoir des péages,
de battre monnoie, de juger en
dernier reffort &c. (*a*), desquels
je ferai mention dans les chapitres
fuivants. Il me fuffit de dire à mon
lecteur, que tous les droits dont
jouiffent les États comme tels,
conviennent également aux Électeurs.

(*c*) Voyez *le dit Auteur au lieu cité.*
(*a*) Voyez la *Réforme de la Police de*
1584. & le *Traité d'Ofnabruck art. X. §.*
12. & le *Récès d'Empire de* 1654. §. 112.

VI.

Outre les droits, dont nous venons de faire l'énumération, les Electeurs ont de très-grandes prérogatives, dont les unes sont attachées à leur College, d'autres à leurs personnes. Les premieres consistent I°. en ce que leur College est le premier à la Diète, tant à l'égard du rang, que par rapport à l'autorité. II°. Que les huit suffrages du College électoral donnent autant de poids, que la moitié de toute l'assemblée des États de l'Empire. Les prérogatives personnelles aux Electeurs sont I°. qu'ils ne payent rien pour l'investiture (*a*), ni pour la confirmation de leurs droits à la Cour impériale. II°. d'être seuls revêtus des offices qui concernent le gouvernement réel de l'Empire (*b*). III°. d'être assis sous des dais en la présence de l'Empereur, quand

_____

(*a*) Bulle d'Or, *chap. XXIX.* §. 1. au lieu que les autres Princes & Vassaux sont taxés suivant leur dignité.

(*b*) p. e. celui d'*Archi-Chancelier* ou de Vicaire de l'Empire.

ils font en cérémonie. IV°. d'avoir chacun fa table à part aux cérémonies publiques, ornée & fervie de la même façon, que celle de l'Empereur, & dans la même falle (c). V°. d'être majeurs à l'âge de 18 ans accomplis, en vertu d'une loi fondamentale de l'Empire (d). VI°. d'avoir en Allemagne le pas devant les Cardinaux (e),

---

(c) Au lieu que les autres Princes font tous à la même table, ou restent de bout.

(d) En vertu de la Bulle d'Or *chap. VII.* §. 4.

(e) J. *Freinshemius* fit un traité intitulé : *Diatribæ quinque, de S. R. I. Electorum S. R. Ecclefiæ Cardinalium, præcedentia. Argentinæ* 1663. *in 4to.* où il prouve cette prééminence des Electeurs par plufieurs arguments dont voici les plus folides. I°. Parce que le droit d'élire un Pape, ne peut pas être mis en parallele avec celui d'élire un Empereur, auquel les Papes ont été foumis autrefois & dont ils devroient dépendre encore. II°. Qu'il y a un grand nombre de Cardinaux; au lieu que celui des Electeurs est petit, ce qui rend cette dignité d'autant plus illuftre, moins elle est commune. III°. Que les Electeurs approchent beaucoup plus de l'Empereur par rapport à leur dignité, que les Cardinaux n'approchent de celle du

Raisons de prééminence des Electeurs fur les Cardinaux, apportées par Freinshemius, auxquelles je réponds en paffant.

les Archi-Ducs & les Ambaſſadeurs

Pape. IV°. Que la dignité Electorale eſt
attachée à la poſſeſſion de grandes Provinces, au lieu que celle des Cardinaux eſt
purement perſonnelle : à ces argumens
l'Auteur du Droit Public du St. Empire
ajoute celui-ci, parce qu'ils ſont la plupart de véritables ſujets du Pape auxquels
il peut faire faire le procès, & que le Pape
s'en ſert en qualité de miniſtres publics.

Obſ. Tous ces argumens pris ſéparément
ou conjointement, ne me paroiſſent pas bien
pondérans & encore bien moins convain-
quans.

Je réponds au premier, qu'on a raiſon
de dire que le droit d'élire un Pape ne peut
être mis en parallele avec celui d'élire un
Empereur. Parce que la grandeur du prémier droit ſurpaſſe le ſecond à proportion
que le Pape eſt au-deſſus de l'Empereur.
Or le Pape ſurpaſſe l'Empereur en dignité
& cela pour pluſieurs raiſons. La premiere, parce que le Pape eſt un Souverain ſpirituel & temporel en même tems: l'Empereur au contraire, n'eſt qu'un Souverain
temporel. La ſeconde, parce que le Pape eſt un Souverain abſolu dans ſes Etats:
ce que l'on ne ſauroit dire de l'Empereur,
dont la puiſſance eſt limitée par la Capitulation. La troiſieme, parce que la puiſſance ſpirituelle du Pape (déja en elle-mê-
me plus reſpectable & plus relevée, que
la temporelle de l'Empereur) la devient

encore davantage par son étendue : vû
qu'elle s'étend sur toute la Chrétienneté,
tandis que la puissance de l'Empereur se
borne à une portion de l'Europe.

Obf. I. Il est faux que jamais le Pape ait été
soumis à l'Empereur d'Allemagne, soit en
qualité de sujet, soit en qualité de vassal: mais
il est est sûr & constant que les Empereurs
juroient autrefois l'obéissance aux Papes,
& qu'ils ne se qualifioient du nom d'Empereur, qu'après avoir été couronnés par le
Saint Siége., ce qui certainement marquoit
une dépendance. Vid. *Conradus Ursper-
gensis ad ann.* 1105. & *Annales Baronii
ad d. Ann. Struv. Corp. Jur. Publ. cap.
XI. §. II. & seqq. & Christianus Gottlieb
Buderus, in suis Delegationibus obedientiæ
Romani missis, libro singulari, Jenæ* 1737.
quem *Struv.* quoad hanc materiam ple-
rumque secutus.

Obf. Il est étonnant que *Freinshemius*
ait poussé sa partialité au point de dire: que
les Papes devroient encore dépendre des
Empereurs. En quoi? Seroit - ce dans le
temporel, & pour raison de l'abus que le
St. Siége peut faire de l'exercice de son
pouvoir? Certes la même raison devroit
faire dépendre l'Empereur du Pape. Seroit - ce dans le spirituel? *Freinshemius*
trouve-t-il convenable que le Chef de l'E-
glise dépende d'un membre d'icelle? J.
Christ n'a point vu cette convenance, lorsqu'en fondant son Eglise sur St. Pierre, il
lui en donna les clefs.

Tome II.   G

Je réponds au second argument. Que proportion gardée de l'étendue de l'Eglise Catholique Romaine & de l'Empire d'Allemagne, je ne vois pas que le nombre des Cardinaux excéde celui des Electeurs. D'ailleurs ce n'eft point le grand nombre des dignitaires, qui en avilit le brillant & qui en diminue le refpect, mais l'excès & l'inutilité de ce nombre, ainfi que l'incapacité, ou l'indolence des dignitaires; de même que ce n'eft pas le petit nombre des dignitaires, qui fait l'importance & la grandeur des dignités, mais les fonctions qui y font attachées & les qualités des perfonnes que l'on y emploie. En un mot le nombre des dignitaires n'eft que l'acceffoire de la dignité.

Je réponds au troifieme argument, que *Freinshemius* prouve feulement par fa fuppofition, que l'Empereur doit plus de confidération aux Electeurs, que le Pape n'en doit aux Cardinaux. Comme cela n'avance pas fa thefe, je ne me donne pas la peine de le réfuter. Si *Freinshemius* eût prouvé auparavant la fupériorité, ou l'égalité de l'Empereur en dignité avec, ou fur celle du Pape; fon argument pourroit paffer pour concluant.

Je réponds au quatrieme argument: que ce ne font pas les provinces qui relevent la dignité Electorale, mais c'eft bien la dignité qui releve les provinces auxquelles elle fut attachée. Certes le propriétaire de la moitié du globe terreftre, qui d'ailleurs feroit fans titre & fans pouvoir n'auroit pas plus de dignité qu'un favetier fans

terre. D'ailleurs un enfant fçait, que le titre annoblit les terres, qui d'elles-mêmes
ne le font nulle part. Je ne nie pourtant
point, qu'une grande dignité prenne de
l'apparence à proportion des revenus y annexés. Mais auſſi l'on ne me diſputera
point, qu'un pauvre Chevalier ne vaille un
riche quant à leurs titres ſuppoſés égaux.

Au dernier argument dudit auteur, je
réponds: I°. Que les Electeurs s'ils ne
font point ſujets de l'Empereur) peuvent
cependant être regardés comme ſujets de
l'Empire juſticiables par la Diéte, au moins
dans le cas de félonie, de maniére que là
ſentence puiſſe porter confiſcation de biens
& banniſſement, ou proſcription de leur
perſonnes. Les Electeurs de Saxe, de Baviere & du Palatinat nous en ont fournis
de frappans exemples. Je dis II°. que le
miniſtere, que les Cardinaux prêtent au
Pape, pour l'ordre ou la pacification de
l'égliſe, ou pour d'autres négociations publiques, ne les ravale pas autant, ou certainement pas davantage, que celui que
les Electeurs exercent en perſonne, ou par
leur repréſentans officiers héréditaires, à
l'égard de l'Empereur lors de ſon élection.

Obſ. Ce n'eſt qu'en Allemagne que les
Electeurs puiſſent prétendre le rang devant
les Cardinaux: par-tout ailleurs il leur ſeroit diſputé. Au reſte je ne me ſens point
aſſez d'autorité, ni aſſez de talens, pour
prendre dignement leur défenſe: ce n'eſt
pas non-plus ici le lieu de le faire.

deurs des Rois (*f*), même étant hors de fonction. VII°. de précéder les Rois étant en fonction.

VII.

Autre prérogative du Collège électoral. L'on pourroit aussi mettre parmi les prérogatives du College électoral celle d'être muni d'une alliance très-ancienne & fort souvent renouvellée par les Électeurs, par laquelle ils s'obligerent de se secourir mutuellement contre toutes les insultes, & de maintenir leurs droits & prérogatives. Le premier ciment de cette union se fit par un traité conclu entre eux en 1338 (*a*) à *Renfé* (bourg près

---

(*f*) Les Electeurs ont refusé jusqu'à-présent d'accorder la main aux ambassadeurs des Rois, même lorsqu'ils se trouvent à leur Cour électorale : cela est cause que les Rois ne leur envoyent ordinairement que des Envoyés, & non des Ambassadeurs avec caractere représentatif.

(*a*) Ce traité d'union s'appelle . . . Die gemeine Rheinische Verein. La cause & les motifs de cette ligue se trouvent dans un ouvrage de *Moser*, intitulé . . . *Syntagma differtationum Jur. publ.* pag. 381. Vid. *Schilter. Inflitut Jur. publ.* tom. II. pag. 122.

du Rhin), pour s'oppofer à *Bé-* Les diver-
noît XII. & à *Jean XXII*, qui fes unions
alloient s'approprier le droit d'é- & ligues
lection. Le fecond traité aux mê- des Ele-
mes fins fe fit à *Mayence* en 1399 pour la
(*b*), dont le principal motif étoit conferva-
de s'oppofer aux aliénations du leurs
domaine impérial faites par l'Em- droits &
pereur *Wenceslas*, ou qui pour- prérogati-
roient fe faire à l'avenir par lui ou ves, ap-
par fes fuccesseurs (*c*). Le troifie- prouvées
me traité d'union fe conclut à *Bin-* mées par
gen (ville fituée à l'embouchure les Capi-
de la *Nabe* dans le *Rhin*) en 1424 tulations.

(*b*) Vid. *Lunig*, *Part. fpecial.* des Reichs-
Archivs, 2te Abtheil.

(*c*) *Jean Galeace Vifcomti*, *Gouver-*
neur du Milanez, venoit d'être créé en 1397
par *Wenceslas*, Duc de Milan & Comte de
Pavie moyennant cent-mille florins d'or.
Par-là ces biens domaniaux de l'Empire
en devinrent un fief, & ne lui rapportoient
plus que la foi & hommage du Vassal &
les droits du Domaine direct.

Obf. Le motif fecondaire de cette union
étoit de faire cesser le Schifme de l'Eglife
& les troubles excités à cette occafion en
Allemagne. Vid. *Abrégé Chronol. de l'Hift.*
& *du Droit publ. d'Allem.* pag. 308. &
fuiv.

G 3

(*d*), à l'occasion des Huſſites ; le Roi de Bohême n'y fut point compris. Le quatrieme ſe fit à *Francfort ſur le Mein* en 1438, principalement pour conſerver l'union de l'Égliſe, & pour terminer le ſchiſme qui regnoit entre le Pape *Eugene IV.* & le Concile de *Basle* (*e*). Le cinquieme fut conclu à *Francfort* en 1446 (*f*), pour obliger Eugene, qui avoit dépoſé les Archevêques de *Cologne* & de *Treves* comme fauteurs du ſchiſme & partiſans de l'*Anti-Pape Felix V,* à caſſer ſa ſentence & à ſatisfaire les États d'Allemagne ſur leurs griefs. Cette union fut renouvellée peu de tems après, & l'on y ajouta, qu'à l'avenir on ne decideroit rien ſur les affaires de l'Empire, que du conſentement des

----

(*d*) Voyez-en la copie à la fin d'une nouvelle *traduction allemande de la Bulle d'Or*, faite à *Frankfort* en 1741. *pag.* 278.

(*e*) Voyez *Goldaſt*, politiſche Reichs-Händel. *part.* 8. *pag.* 214.

(*f*) V. *Abrégé Chronol. de l'Hiſt. & du Droit publ. d'Allemagne*, *pag.* 346.

Electeurs. Le sixieme se fit à *Geln-haufen* en 1502 (*g*); où ils s'at-tribuerent pour la premiere fois le droit de tenir des Diètes électo-rales pour la manutention de leurs dignités, rangs & prérogatives. Le septieme fut conclu à *Wefel* (en 1519) lors de la mort de *Ma-ximilien I.* (*h*), entre les quatre Électeurs du Rhin, pour s'oppo-fer aux efforts de *François I. Roi de France*, qui aspiroit à l'Empire. Enfin en 1521 ils renouvellerent folemnellement à *Worms* les an-ciens traités d'union, & en dreffe-rent un nouveau, qui passe aujour-d'hui pour le fondement de cette alliance (*i*). Il y a été stipulé en-

(*g*) Voyez le *même ouvrage pag.* 176.
(*h*) Voyez l'*Auteur du Droit publ. du St. Empire, tom. I. liv. XI. chap. II. pag.* 8. Ce traité s'appelle *l'union du Rhin*, die Rheinische Verein.
(*i*) On trouve la copie de tous ces trai-tés d'union (à l'exception du sixieme) dans la *traduction allemande de la Bulle d'Or*, à l'endroit cité ci-devant.

Obf. Cette alliance, tant générale, que particuliere (c'est-à-dire celle du Rhin) est approuvée & confirmée, par les Em-

G 4

tre autres chofes: I⁹. que s'il s'é-
levoit entre eux quelques troubles
ou diffentions, ceux qui n'y feroient point compris, fe donneroient toutes les peines pour les
terminer à l'amiable, & qu'au cas
d'impoffibilité d'y réuffir, ils pro-
nonceroient comme juges une
fentence définitive; II°. que dans
toutes leurs délibérations on feroit obligé de s'en rapporter à la
pluralité des voix de leur College;
III°. qu'au cas qu'un Électeur vînt
à mourir, celui de Mayence fera
au fucceffeur du défunt la propofition d'entrer dans cette alliance,
& fur cela il fera le ferment au
plus proche des Électeurs voifins.

VII.

Les digni-
tés, les
droits &
les préro-
gatives
des Ele-
cteurs
font réels,

Pour affermir le College électoral, ainfi que pour éternifer fon
luftre, *Charles IV*, conjointement
avec les États de l'Empire, voulut
& ordonna I°. que les droits, les
fonctions, la dignité & le fuffrage

pereurs. V. *les Capitul. de François I.
& de Jofeph II. art. III. §. 6.*

électoral fuffent & reftaffent perpétuellement attachés au territoire électoral (*a*), & non à la perfonne, ni à la famille, ni à l'inveftiture (*b*); II°. que le territoire éle-

----

(*a*) Dans la *Bulle d'Or, chap. XX. §. 2.* il eft dit . . . "Nous ordonnons par le „ préfent Edit impérial, perpétuél & irré- „ vocable, qu'à l'avenir chacune des dites „ Principautés (Electorats) demeurera & „ fera fi étroitement & indivifiblement con- „ jointe & unie avec le droit & la voix de „ l'Election, l'office & toutes autres dignités, „ droits & appartenances, concernant l'E- „ lectorat ; que quiconque fera paifible pof- „ feffeur d'une desdites Principautés, joui- „ ra auffi de la libre & paifible poffeffion, „ du droit de la voix, de l'office, de la „ dignité & de toutes autres appartenances „ qui la concernent, & fera réputé de tous „ vrai & légitime Prince Electeur.

Obf. Chaque Electeur poffede un certain diftrict de terre, appellé *Territoire*, ou *Principauté électorale.* En cette qualité l'Electeur de Saxe poffede le *diftrict de Wittemberg* appellé le Cercle Electoral ; celui de *Brandebourg*, le diftrict de la ville de ce nom ; l'Electeur d'Hannovre, le Duché de *Lunebourg* ; & l'Electeur Palatin, le diftrict de *Heidelberg.*

(*b*) Comme le prouve le *chap. fusdit de la Bulle d'Or.* Ainfi fi l'Empereur ve-

ctoral ne puiffe point être partagé entre les héritiers du défunt Electeur *(c)*; II°. que l'ainé de la branche du défunt *(d)* foit le feul

---

La légitime poffeffion donne droit de fuffrage avant l'inveftiture.

noit à mourir avant qu'un Electeur eût reçu l'invefiture, la légitime poffeffion de l'Electorat lui fuffit pour concourir avec les autres à l'élection du nouvel Empereur. Voici les paroles de la *B. d'Or . . .* „ Les autres Princes Electeurs feront tenus „ à le recevoir (ceft-à-dire le paifible poffeffeur „ de la Principauté Electorale) „ & admettre comme tel & non autre, aux „ élections des Rois des Romains & à toutes „ les autres affaires qui concernent l'honneur „ & le bien du St. Empire." La légitime poffeffion d'un Electorat laïque s'acquiert par le droit de fucceffion établi & confirmé par les loix de l'Empire, & celle d'un Electorat eccléfiaftique, par la légitime élection du chapitre: enforte que la confirmation du St. Siége n'eft point requife pour cet effet. Vid. *Thulemarius, de Octoviratu, cap.* 24. §. 17. & 21.

(c) La *B. d'Or, chap. XXV.* §. 2. porte: nous ordonnons que . . . „ ces grandes „ Principautés, les terres, jurifdictions, „ hommages & vaffelages, avec leurs appartenances „ & dépendances, ne puiffent „ être partagées, en quelquefaçon que ce „ foit."

(d) La *B. d'Or, à l'endroit cité*, nomme expreffément le fils ainé & à fon défaut

héritier préfomptif du fief électoral, à moins qu'il ne foit inhabile

le puîné laïque de fes freres ; fi le défunt
n'a point de defcendans mâles , elle nomme pour fucceffeur l'ainé de fes freres &
à leur défaut un parent paternel laïque,
qui fe trouvera être le plus proche en ligne directe & mafculine. Par là nous voyons que le droit d'aineffe, à l'égard de la
fucceffion aux Electorats , eft formellement
tiré de la Bulle d'Or.

Obf. I. Non feulement le droit de primogéniture, mais auffi la fucceffion linéale,
non feulement à l'égard des defcendans du
défunt, mais encore touchant les collatéraux, fe trouvent formellement dans *ladite Bulle:* yoici les paroles du §. *3. chap.
VII*. . . „Si le fils ainé venoit à mourir,
„fans laiffer d'enfans mâles légitimes laï-
„ques, le droit, la voix & le pouvoir de
„l'élection fufdite feront dévolus, en ver-
„tu du préfent Edit impérial, à fon frere
„puîné defcendu en ligne directe légiti-
„me paternelle, & enfuite au *fils ainé* laï-
„que de celui-ci." Voyez *l'Auteur du
Droit publ. du St. Empire, tom. II. liv.
6. chap. III.*

II. Conféquemment à cette conftitution, *Philippe Guillaume, Comte Palatin
de Neubourg* (chef de la branche des
Deux-Ponts), fuccéda en 1685. à *Charles*
Electeur Palatin, dernier mâle de la branche de Simmern, à l'exclufion de *Léopold
Louis,* Comte Palatin de Veldentz, quoi-

Marginal notes:

Droit d'aineffe

& de fuc-ceffion li-néale éta-bli parmi les Ele-cteurs.

Chef de la branche des Deux-Ponts.

à y fuccéder ; IV°. qu'au cas que
ce dit ainé fût mineur, il foit fous
la tutele légitime du plus âgé frere
du défunt (e).

---

que d'un degré plus proche parent du défunt, que *Guillaume*, mais d'une ligne
plus éloignée : vu que la ligne de Neubourg fuivoit immédiatement celle de Simmern, pour lors éteinte. Vid. *Goldaſt*,
Conſtitut. Imper. part. 2. & *Schilteri*
tractatus de paragio.

Tutele des Electeurs mineurs.

(e) *Le §. IV. du chap. VII. de ladite*
Bulle porte . . . „Si le Prince Electeur
„laiſſe des héritiers mâles légitimes laïques
„mineurs, le plus âgé des freres de ce dé-
„funt fera tuteur desdits mineurs & ad-
„miniſtrateur, jufqu'à ce que l'ainé d'en-
„tre eux ait atteint l'âge de dix-huit ans
„accomplis. Et lorfque l'Électeur mineur
„aura atteint cet age, fon tuteur fera te-
„nu de lui remettre incontinent & entié-
„rement le droit, la voix & le pouvoir
„avec l'office de l'Electeur & généralement
„tout ce qui en dépend. ”

Obſ. Ce texte n'établit formellement
la tutéle légitime qu'à l'égard du frere ainé du défunt: de-là il me femble qu'on
pourroit dire, qu'au défaut de freres le
défunt auroit pû nommer un tuteur à fes
enfans par fon teſtament. Cependant il
fuffit que l'Empereur fe tût en confidération des autres degrés de tutéle agnatique,
pour en faire naître une matiere litigieu-

VIII.

Le droit de fucceffion aux Electorats laïques n'eft dû en vertu de

---

fe entre les publiciftes, dont les uns prétendent, que l'Empereur *Charles* à voulu in-
troduire dans cet endroit la tutéle agnatique felon la proximité de dégrés, fans égard
à la ligne; d'autres veulent, qu'il y établit
la tutéle linéale; cependant ils fe réünif-
fent tous dans l'opinion, que l'Empereur
vouloit par-là exclure la tutéle teftamentaire. Les plus fages concurrens dans cette
matiere s'oppofent aux préeédens, & fou-
tiennent que la Bulle d'Or n'a établi la tutéle agnatique, que pour prévenir des diffentions qui pourroient naître au fujet des
fonctions, droits & prérogatives attachées
aux terres Electorales, & que conféquemment il n'eft point défendu à l'Electeur
mourant de nommer un tuteur teftamentaire uniquement chargé de l'éducation du
pupille & de l'adminiftration des biens, pourvu qu'il laiffe au plus proche agnat les fonctions, les prérogatives & la dignité Electorale. Ils ajoutent pour étançonner leur
fyftême, qu'il n'eft point jufte que les Electeurs aient moins de droit que les particuliers, auxquels il eft loifible de confti-
tuer un tuteur teftamentaire à leurs enfans
mineurs. Vid. *Mafcov, Princip. Jur. publ.
lib.* 4. *cap.* 2. §. 18. & *feq. Ludwig, in
Comment. ad Aur. B. pag.* 721. & *Coc-
cejus, de Tutela illuftrium, fect.* 3. §. 9.
& *feq.* Un feul Récés d'Empire tranche-

Qualités requises dans les héritiers aux Electorats laïques, & le droit de suffrage.

la Bulle d'or, qu'aux héritiers mâles, légitimes & laïques (*a*); de-là il suit que ces Electorats sont tous fiefs masculins, & que les offices des Electeurs, ainsi que le suffrage électoral, sont absolument réservés aux mâles nés d'un légitime mariage (*b*) & laïques (*c*).

---

roit ce nœud gordien; n'ayant point le glaive d'Empire, pour oser le faire, j'aime mieux me taire humblement, que de décider témérairement.

(*a*) *Chap. VII. §. IV. de la Bulle d'or.*

(*b*) Conséquemment les enfans, qui auroient seulement été légitimés (même par subséquent mariage), n'y ont aucun droit.

Obs. Les Princes États d'Empire, pour être légitimes à l'effet de succéder aux fiefs d'Empire de leurs parents, doivent être nés d'une Princesse ou Comtesse; & ceux qui sont nés d'un mariage inégal, appellé à la main gauche (c'est-à dire d'une personne de moindre condition, que celle que nous avons nommées), en sont pleinement exclus. vid. *Mascov, l. cit. lib. 6. cap. 5. §. 20. & Jus feud. cap. 10. §. 6. & seq.*

(*c*) En Allemagne les Ecclésiastiques ne succédent pas dans les *fiefs Régaliens* (tels sont les *Electorats, Duchés, Principautés & Comtés d'Empire*), à moins qu'ils n'aient été sécularisés avant l'ouverture des dits fiefs, ou au moins avant que la suc-

Un seul Electeur peut avoir plusieurs suffrages au Collége électoral, soit parce qu'il est constitué
par un autre pour assister en sa
place à l'élection; soit parce qu'é-
tant Electeur, il se trouve en même tems être tuteur d'un Electeur
mineur (*d*); soit qu'un Electeur
donne une voix surnuméraire (*e*;
soit parce qu'un seul Electeur réu-
nisse en lui plusieurs Electorats (*f*).

cession auxdits fiefs ait été appréhendée
de droit & légitimement par un autre,
Mascov, *l. cit. lib.* 6. *cap.* 5. §. 25. &
de Jure feud. cap. 10. §. 15. & *seq.*

(*d*) Parce que le tuteur peut exercer en
vertu de la *Bulle d'or*, *chap. VII.* §. 4.
tous les droits & prérogatives de son pupille.

(*e*) Ce qui pourroit avoir lieu au cas que
la dignité Electorale Palatine tomberoit à
un Prince de la Confession d'Augsbourg,
tandis que la branche électorale d'Hannovre subsisteroit encore. Voyez le *Corps
de Droit publ. de Schmauss*, *pag.* 1160.

Obs. Il faut remarquer que la dignité
électorale de Brunswic - Lunebourg - Hannovre est bornée aux descendants mâles de
l'acquéreur, & qu'à leur défaut el'e doit
cesser, sans passer aux successeurs collatéraux, ni être conférée à quelqu'autre.

(*f*) Ce qui pourroit arriver avec l'agré-

CHAPITRE III.

De chaque Electeur en particulier.

I.

Dans ce chapitre nous traiterons particuliérement du rang des Electeurs entr'eux ; & en mettant un chacun en fa place, nous toucherons en même tems fes droits & prérogatives, defquels nous n'avons jufqu'à préfent faits aucune mention, ou auxquels il faut ajouter quelque chofe.

II.

Il y a aujourd'hui huit Electeurs, dont trois font eccléfiaftiques, favoir celui de *Mayence*, celui de *Treves* & celui de *Cologne* ; & cinq laïques, favoir le Roi de *Bohème*, l'Electeur *Palatin*, l'Electeur de *Saxe*,

---

ment de l'Empereur & du Collége électoral. vid. *Limnæus*, Tom. I. Addit. ad Jus publ. lib. 3. cap. 7. 351. *& Pfeffinger*, in Vitr. pag. 664.

Saxe, l'Electeur de *Brandebourg* & l'Electeur de *Brunſwic-Lunebourg-Hannovre*. Les Electeurs eccléſiaſtiques précedent inconteſtablement les laïques (*a*). Entre les eccléſiaſtiques celui de *Mayence* tient le premier rang (*b*); l'Electeur de

Rang des Electeurs.

(*a*) Ce rang leur eſt dû en vertu de leur caractere; auſſi la *Bulle d'or*, autant de fois qu'il eſt queſtion de tous les Electeurs, les nomme les premiers, ou avec diſtinction.

Obſ. Leurs Ambaſſadeurs cédent le pas aux Electeurs laïques dans les cérémonies publiques; mais lors de l'élection, les Ambaſſadeurs donnent la voix, chacun ſuivant le rang de ſon Principal.

(*b*) La charge de Grand-Chancelier paroît être le fondement des Electorats eccléſiaſtiques; & comme la Métropole de *Mayence* fut la premiere, à laquelle cette qualité fut annexée à perpétuité du tems d'Otton, comme nous le fîmes voir ailleurs, ſon rang paroît conforme au droit d'ancienneté. Ce rang lui convient auſſi en qualité de *Primat de Germanie*, & déja du tems de *Bénoit XII.* les Electeurs le reconnurent pour leur *Doyen*. Vid. *Epiſt. Electorum ad Benedictum XII. apud Leibnitz. Cod. diplom. part. I. pag.* 149. Auſſi *Innocent III.* dit dans une de ſes lettres à l'Archevêque de Mayence . . . " Sicut frequenter tibi propoſui

Treves le fecond (*c*) , & l'Electeur

„ mus viva voce, non eft, qui poft Ro-
„ manum Pontificem vel in Ecclefia Ro-
„ mana , vel in Imperio Romano tantum
„ locum obtineat, quantum obtines in utro-
„ que. " Vid. *Wittekindus* , *Lib.* 2. *ab
initio; & Lambertus Schaffnaburg. ad
an.* 1073.

(c) Le rang de cet Electeur varie dans
la *Bulle d'or* par rapport à l'ordre, dans
lequel il eft nommé en quelques endroits ;
mais il paroit, que ce rang doit fuivre l'ordre,
dans lequel il donne fa voix à l'élection de
l'Empereur, enforte qu'il eft conftant en
vertu de la *Bulle d'or*, que l'Electeur de
Treves précede celui de *Cologne* par-tout,
où fa place n'eft pas réglée expreffément.
Vid. *cap. III. IV. & XXI. Aur. B.* Mais
par un réglement fait à la Diète de Ratisbonne en 1654 il prend avec l'Electeur de
Cologne la feconde & la troifieme place
alternativement.

Obf. I. Il n'y a pas de principe plus
fûr , pour déterminer leur rang, que l'ordre dans lequel ils donnent leur voix lors
de l'élection, & celui, fuivant lequel ils
fe rangent eux - mêmes dans la derniere
Capitulation de *Jofeph II.* Cet ordre eft
décifif, & n'eft fujet à aucune difcuffion,
vu qu'il a été formé par les feuls intéref-
fés & fans aucune proteftation. Voyez l'*Introduction de ladite Capitul.*

II. L'Electeur de *Mayence* , conformément à la *Bulle d'or, chap. IV.* cueillit
les voix, & donne la fienne le dernier,

de *Cologne* le troifieme (*d*). Parmi
lès féculiers, le Roi de *Bohème* occupe la premiere place (*e*), l'Electeur *Palatin* la feconde (*f*), l'E-

---

fans que cela préjudicie à fon rang. Il a
fans contredit le droit de donner le premier fuffrage. *Aribon*, *Archevêque de
Mayence*, exerça déja ce droit à l'élection de *Conrad II.* vid. *Abrégé de l'Hift.
& du Droit public d'Allemagne*, p. 116.
(*d*) Au refte la *Bulle d'or*, chap. III.
veut qu'il foit placé à la droite de l'Empereur, quand la Cour impériale fe trouve
dans fon diocefe & hors de l'Allemagne,
en Italie, ou en France : alors il précé-
deroit même celui de *Mayence*, qui feroit à la gauche de l'Empereur. Hors ces
cas, fon rang eft après celui de l'Electeur
de *Treves*.
(*e*) La *Bulle d'or*, chap. IV. §. 4. en
donne la raifon par ces paroles . . . "Le
,, Roi de Bohème tient la primauté entre
,, les Electeurs laïques par l'éminence de fa
,, dignité royale."
Obf. Depuis la confection de la *Bulle
d'or*, la dignité royale ne donne plus de
rang diftingué au College électoral; mais
on y eft placé fuivant l'ordre de fa réception; ainfi le Roi de la Grande Brétagne,
Electeur de Hannovre, étant le dernier
reçu dans ce college, y occupe auffi le
dernier rang, & cede le pas aux autres
Electeurs non Rois.
(*f*) Cela fut ainfi réglé par le traité de

lecteur de *Saxe* la troisieme (*g*)，
l'Electeur de *Brandebourg* la quatrieme (*h*), & l'Electeur de *Hannovre* la cinquieme.

III.

L'histoire des premiers Evêques
de *Mayence* est fort obscure jusqu'à *St. Boniface*, Anglois de nation, envoyé en Allemagne par
le Pape *Zacharie* vers l'an 715.
Pépin, pour lors Maire du Palais
à la Cour de France, se servit fort
souvent de ses conseils, & le nomma Evêque de *Mayence*. Pépin devenu Roi de France le fit son Grand-
Chancelier, & érigea son église
en Métropole (*a*).

_____

paix de Westphalie, & ne souffre plus
aucune difficulté depuis la suppression de
l'Electorat de Baviere.

(*g*) V. la *Capitul. de Joseph II. Introduction; & la Bulle d'or*, cap. *IV.*
§. 4.

(*h*) V. *l. dit Chap. au lieu cité*.

(*a*) V. *Malincrot, de Archi-Cancellariis*,
p. 198. Delà *Marianus Scotus* à l'année
750 dit... " Pepinus in civitate succes-
„ sionum (Soissons) a *St. Bonifacio Ar-
„ chi - Episcopo* in Regem unctus, regni
„ honore sublimatus est, & deinde ob id post

IV.

L'Electeur de *Mayence* a le droit de convoquer les Electeurs pour se rendre à l'élection, & de leur en indiquer le lieu & le tems : il préside à l'assemblée des Electeurs, y prend la premiere place (a), & fait la proposition des matieres, sur lesquelles on doit délibérer ; il reçoit le serment des autres, (& prête le sien à l'Electeur de *Treves*) recueillit les voix, fait la conclusion, & prononce le résultat de l'élection. Il dresse la Capitulation, & la fait rédiger par écrit.

En qualité d'Archi Chancelier de l'Empire, il signe lui-même ou par son Vice-Chancelier, & met le sceau aux Décrets de l'Empereur & de l'Empire & à tous autres actes publics au nom de l'Empire. Il garde les sceaux de l'Em-

Droits des Electeurs de Mayence.

» Papam secundus habetur Moguntinus
» Archi-Episcopus, usque in hodiernum
» diem."

(a) V. la *Bulle d'or*, ch. 1. §. 18. & ch. 4. §. 3. & le *Réglement fait à la Diete de Ratisbonne en* 1653.

pire; il a feul le pouvoir de convoquer l'affemblée des députés de l'Empire; il exerce la direction à la Diète générale & à toutes les autres affemblées des États. Les lettres de l'Empereur, par lesquelles il demande l'avis des Electeurs, s'adreffent à lui feul; il parle feul à la propofition impériale à la Diète, & répond à l'Empereur au nom des Electeurs & des autres États. C'eft à lui que les Ambaffadeurs des Electeurs & Envoyés des autres États préfentent leurs lettres de créance, ainfi que les Ambaffadeurs, Réfidens & Agens des étrangers. On préfente à lui ou à fon Miniftre dirigeant les mémoires des États, les réquifitions, les monitoires, & en général toutes les requêtes, de qui que ce puiffe être (b).

V.

En qualité de Patron & de Surintendant général des poftes de

_____

(b) Voyez les *Remarques de Bæcler*, *fur les Mémoires manufcrits du Baron de Boinebourg*, *Confeiller de Mayence*; & *l'Auteur du Droit publ. du St. Empire*, *Tom. II. Liv. VI. chap. V.*

l'Empire il est exempt, ainsi que fes premiers Ministres, du port de lettres (a). Il jouit du droit de juger souverainement & sans appel (b); mais afin d'en éviter l'abus & le préjudice qui en pourroit résulter à l'égard de ses sujets, il a bien voulu établir un Conseil de révision. Il a le droit de visiter la chambre impériale, conjointement avec des députés de tous les ordres des États de l'Empire (c); mais la visite du Conseil impérial Aulique se fait par lui seul (d). Continuation de ses droits.

VI.

A tous ces droits nous allons encore ajouter celui du sacre de l'Empereur, qui lui est commun avec l'Electeur de Cologne, mais qu'il exerce seul, lorsque le sacre se fait dans son Diocèse, de même que l'Electeur de Cologne, s'il se fait dans le sien; & au cas qu'il ne se Le droit de sacrer l'Empereur.

(a) Ludwig, de Jure postarum. §. 13. Bæcler, Notitia Imperii l. VI. c. 5. Europäischer Herold, t. I. pag. 197.

(b) Aur. B. c. III.

(c) Vid. Ordin. Cam. P. I. tit. 64.

(d) Vid. Ordinat. Conf. Imper. Aul. tit. 7. §. 25.

H 4

fait ni dans l'un, ni dans l'autre, ils exercent ce droit alternativement (*a*), en vertu d'une transaction paſſée entre eux en 1657, & confirmée par les Capitulations.

VII.

L'Electeur & Archevêque de Mayence d'aujourd'hui eſt le *Baron d'Ertbal*, nommé *Frédéric Charles Joſeph*, né le 3 Janvier 1717. Les Grands-Officiers de la Cour électorale ſont I°. les *Land-*

(*a*) Ce droit étoit litigieux autrefois entre ces deux Electeurs. Celui de Cologne le prétendoit, parce que la *Bulle d'or* le lui accorde expreſſément, *ch. IV. §. 4.* & que les Electeurs de *Cologne* l'avoient preſque toujours exercé. L'Electeur de *Mayence* vouloit ſe l'approprier comme Primat d'Allemagne, provoquant à une pratique preſque générale dans tous les Royaumes, & en vertu d'une ancienne coutume, ſelon laquelle l'Archevêque de Mayence avoit ce droit, que les Electeurs de *Cologne* n'avoient exercé que par ſa conceſſion; & que la *Bulle d'or* ne leur avoit accordé que parce que le ſacre de l'Empereur ſe faiſoit dans ce tems-là à *Aix-la-Chapelle*, ville du Dioceſe de *Cologne*. Vid. *Diarium Europæum de* 1658. *p.* 948. & *Capitul. Joſeph. II. Schmauſs, Corp. J. publ. pag.* 1048.

graves de Heſſe, Grands-Maréchaux; les *Comtes de Heiſenſtein* ſont les *Maréchaux héréditaires.* II°. Les *Comtes de Veldenz, Grands-Maîtres d'hôtel;* les *Maîtres d'hôtel héréditaires* ſont les Seigneurs *Greiffenclau de Vollrath.* III°. Les *Comtes de Schœnborn, Grands-Echanſons;* les *Comtes de Cronberg* ſont *Echanſons héréditaires.* IV°. Les *Comtes de Stolberg, Grands-Chambellans;* les *Comtes de Metternich in Winnenberg & Beilſtein* ſont *Chambellans héréditaires.* Les armes de cet Electeur ſont une roue à ſix rayons d'argent dans un champ de gueules ʿ*).

VIII.

On prétend que la dignité d'Archi-Chancelier de l'Empire au Royaume de Bourgogne, ainſi que la dignité électorale, ne furent attachées à l'Archevêché de *Treves* que vers la fin du treizieme ſiecle (*a*). L'Evêché de *Treves* eſt le

---

(*) Voyez *Droit publ. de l'Empire d'Allemagne*, T. I. p. 387.

(*a*) V. *Broveri Annal. Trevir. l.* 16. p. 945. & 946.

plus ancien de l'Allemagne; il fut érigé en Métropole fous fon Evêque *Agricus*, qui devint *Primat de la Gaule Belgique* par le Pape *Sylveſtre* en 327 (*b*). Son territoire ayant toujours été inſuffiſant pour ſoutenir avec honneur la dignité électorale, on incorpora à la manſe archi-épiſcopale deux Abbayes princieres, ſavoir celle de *St. Maximin* près de *Treves* en 630 (*c*), & celle de *Prum* en Ardennes en 1575 (*d*).

IX.

L'Electeur & l'Archevêque de *Treves* d'aujourd'hui eſt le Prince *Clément Wenceslas de Saxe*, né le 27 Septembre 1739. Il a pour *Officiers de Cour héréditaires* I°. les *Comtes & nobles Seigneurs d'Eltz*, *Grands-Ecuyers*. II°. Les *Barons de Leyen, Grands-Maîtres d'hôtel*. III°. Les *Seigneurs de Keſſelſtadt*, *Grands-Chambellans*. IV°. Les *Sei-*

(*b*) idem. *l. cit. L. IV, ineunte.*

(*c*) V. *Nicolai Zylerii defenſio Abbatiæ St. Maxim. fol.* 1638.

(*d*) V. *Deſing. Aux. Hiſt. part. III.* p. 212.

gneurs de *Schmideberg*, *Grands-Echanfons*. Entre fes privileges par- Ses privi-
ticuliers les plus remarquables leges.
font les deux que l'Empereur *Charles IV*. accorda à l'Electeur *Cuno*:
le premier en 1374, en vertu duquel tous les privileges accordés
par cet Empereur & fes prédéceffeurs à fon préjudice font nuls &
de nulle valeur. Le fecond en 1376,
par lequel tous les fiefs vacans dans
fon Archevêché lui parviennent
de même maniere qu'ils tomberoient à l'Empereur ou à l'Empire (a). Son droit de juger fouverainement étoit autrefois limité à
la fomme de 500 florins ; mais
l'Empereur *Charles VI*. lui accorda
en 1721 le privilege de juger fouverainement & fans appel en tout
cas & pour fomme quelconque (b).

(a) V. *Kyriander*, *Annal. Auguſtæ
Trevir. P. XV. p.* 199. & *l'Auteur du
Droit publ. du St. Emp. t. II. l. IV. ch.
VI. p.* 59.

(b) V. *Maſcov, Princip. J. publ. L.
IV. c. III. §. V*. Ce privilége n'a été enregiſtré à la chambre Impériale qu'en 1727.
touchant les terres & pays de l'Electeur de

X.

De l'Ele-
cteur de
Cologne.

Il feroit fort difficile de prouver, qui fut le premier Evêque de
Cologne. On attribue communément cet honneur à *St. Materne*;
mais il eft conftant que fon premier Archevêque étoit *Agilolphus*,
nommé par *l'épin d'Hériftel* Maire
du Palais vers la fin du feptieme
fiecle (*a*). L'Archevêque de *Cologne* ne devint Archi-Chancelier
pour l'Italie que vers les tems de
Henri V. (*b*). Il jouit des prérogatives de *Légat né du St. Siege de
Rome*, & il a été créé par le Pape
Léon IX. en 1049 Archi-Chance-

Treves. Vid. Europäifcher Herold, *T. I.*
p. 207. & *Ludovic.* Wiederhold, *de præ-
rogativis Electoris Trevir. Herbonæ*,1715.

(*a*) V. *Ægidius Galenius*, in *Sacrario
Agrippinæ. Defing. l. cit. pag.* 201.

(*b*) Vid. *Struv. Corp. J. publ. c. IX.
§ XVI*, où il apporte plufieurs diplômes
qui conftatent la vérité de mon affertion.
Ainfi il paroît que l'*auteur du Droit publ.
du St. Empire* fe trompe, lorfqu'il récu-
le l'époque de l'origine du Cancellariat de
Cologne en Italie, au tems de l'Empereur
Frédéric I. ou *Henri VI.* Vid. *Baronii
Annal. tom. XII. ad a.* 1122.

lier de l'Églife Romaine (c). Il eft
fans contredit le plus riche & le
plus puiffant des Electeurs eccléfiaftiques. Parmi fes titres fe trouve celui de... *Duc de Weftphalie &
d'Angrivarie* (d).

(c) Le Pape *Léon IX.* auparavant *Evê-* Léon IX.
que de Toul (de la maifon d'Égisheim le nom-
dans la Haute. Alface) créa *l'Archevê-* ma Grand-
que de Cologne, nommé *Hermann, Car-* Chance-
dinal & Grand - Chancelier de l'églife de lier de
Rome, par ces paroles . . . ,, Confirma- l'Eglife de
,, mus tibi fanctæ & apoftolicæ fedis Can- Rome.
,, cellaturam & Ecclefiam St. *Johannis*
,, *Evangelifta* ante Portam Latinam ut Pe-
,, trus Cancellarium habeat, Joannes ho.
,, fpitium præbeat:" dans la fignature de
cette Bulle, l'Archevêque eft nommé *Ar-*
chi-Cancellarius. Vid. *Bullarium ma-*
gnum. tom. IX. lit. E.
(d) Cet Archevêché reçut un accroiffe-
ment fort important lors de la profcription
de *Henri le Lion,* par les Duchés de
Weftphalie & d'Angrivarie, dont l'Archevêque *Philippe* fut gratifié en partie par
l'Empereur *Frédéric* en 1180. Voyez-en le
diplôme dans *Lunig* Reichs - Archiv, *P.*
fpecial. p. 434. de même que par l'acquifition du *Margraviat de Franchimont* &
du *Comté d'Aremberg* après la mort de
Godefroi II. en 1368. Europäifcher Herold, *p* 1. P. 211.

XI.

Maximilien Frédéric , Comte de Königsegg - Rothenfels , né le 13 Mai 1708, occupe aujourd'hui le siege électoral. Les *Officiers héréditaires de sa Cour* sont I°. le *Prince d'Aremberg , Grand - Echanson ;* le *Comte de Manderscheid , Grand-Maître d'hôtel ;* le *Comte de Salm-Reiferscheid in Blankenhaym, Grand-Ecuyer ;* le *Chevalier de Frenzraitzen, Grand - Chambellan.* Une des singulieres prérogatives de cet Electeur est le droit d'exercer la jurisdiction criminelle dans la ville libre & impériale de Cologne (a), quoiqu'il n'ose point y fixer son siege.

XII.

De l'Electeur de Bohème.

Charlemagne soumit les Bohémiens & le fit gouverner par des Ducs; ses successeurs en firent de même jusqu'à l'extinction de sa race. Ensuite leur pouvoir s'augmenta de jour en jour; ils rendirent d'insignes services aux Em-

---

(a) *Hübner Géographie, tom. III. L. VIII. ch. X. art. II.*

pereurs, & furent toujours très-consédérés en Allemagne, dont ils étoient membres & États admis à ses assemblées générales, même à celles de l'élection des Rois des Romains; long-tems avant que le nombre des Electeurs fut rédigé à sept par la *Bulle d'or* (*a*), on eut mille égards pour eux. L'Empereur *Frédéric I*, conjointement avec les premiers Seigneurs de l'Allemagne, créa leur Duc *Uladislas*, *Roi de Bohème* en 1158 (*b*); & l'Empereur Frédéric II. leur accorda le 26 Septembre 1212 un privilege spécial, qui les exempta de comparoître aux Diètes de l'Empire, à l'exception du cas où elles se tiendroient à *Bamberg*, à *Nuremberg*; ou à *Merfebourg* (*c*). Enfin *Charles IV.* nomma le Roi

Ses préro-gatives.

(*a*) *Mafcov. Princip. J. publ. l. IV. c. III. §. VIII. & Struv. Corp. J. publ. c. XVIII. §. XII.*

b) *Radevicus, de rebus geft. Freder. I. l. I. c. XIII.*

(*c*) On en trouvera le diplôme dans *Goldaft. Append. docum. p. 21.* Reichs-Satzungen. *p. 30.*

de Bohème le premier Electeur
parmi les laïques (*d*), & lui donna voix & féance à l'élection du
Roi des Romains, difant.. "qu'il
„ eft manifefte & notoire à tout
„ le monde, que *les illuftres ... le*
„ *Roi de Bohème ...* en vertu de
„ fon Royaume, a droit, voix &
„ féance en l'élection du Roi des
„ Romains, futur Empereur (*e*).

§. XIII.

(*d*) *A. B. cap. VII. §. II.*

(*e*) Ces paroles de la *Bulle d'Or* font
fort remarquables & décident clairement,
que la voix & la féance, lors de l'élection de l'Empereur, compéte au Roi de
Bohème en vertu de fon Royaume. Ainfi
la feule qualité requife de la part de l'Electeur de Bohème, eft celle d'être Roi de
Bohème, vu que le droit électoral eft attaché au Royaume. Cela étant, il faut
donc dire que *Charles IV.* conjointement
avec les États ait dérogé au droit provincial d'Allemagne qui dit: que les quatre
Electeurs féculiers doivent être Allemands
au moins d'un côté (c'eft-à-dire du pere ou de la mere.) Vid. *Jus Provinc. Allem. c. XXIX.* On pourroit dire la même chofe à l'égard des autres Electeurs
dont la voix & la féance ont été affectés
à leur principautés & non pas à leur per-

L'Electo-
rat de Bo-
hème eft
attaché au
Royaume.

XIII.

Après la *Bulle d'or* les Rois de Bohème ne continuerent pas long-tems d'exercer leurs droits ; *Wenceslas*, *fils de Charles IV*, déplut aux Electeurs & Etats d'Allemagne, tant pour raifon de fa nonchalance, que pour fes débauches. Ils le dépoferent & convoquerent des Diètes, fans lui en faire part ; *Sigismond*, fon fuccefleur & fon frere, n'y fut point appellé non plus. Les troubles des *Huffites*, qui bouleverferent la Bohème, furent caufe que les Rois de Bohème ne faifoient plus d'attention à ce mépris de la part des États d'Allemagne. La chofe fut enfin pouflée au point, qu'on n'appelloit même plus le Roi de Bohème à l'élection de l'Empereur. Cela choqua infiniment *Uladislas*, qui pour n'avoir point été appellé à l'élection du Roi des Romains, *Maximilien I*, s'y oppofa, & prétendit l'annuller. Les Electeurs voyant

fonne. Ainfi la qualité nationale de leur perfonne n'y doit rien faire.

qu'*Uladislas* parloit de maniere à se faire entendre, lui donnerent des réverfales ou lettres d'affurance, que cette omiffion ne préjudicieroit pas à fes droits, & pafferent une tranfaction en 1489 avec lui, en vertu de laquelle ils promirent, qu'on lui payeroit à l'avenir une amende de 500 marcs d'or, toutes les fois qu'on manqueroit à l'inviter aux élections des Empereurs & Rois des Romains (*a*). Certes par-là ils reconnurent leur obligation de l'y appeller, & fon droit d'y affifter. Quelque tems après les Rois de Bohème s'abfenterent d'eux-mêmes (quoiqu'appellés) de la Diète, & refuferent de payer la cote électorale (*b*). Cela fit que les Ele-

_____

(*a*) *Goldaft*, Reichs-Satzungen. tom. II. pag. 178. & *Müller*, Reichstags-Theatrum und *K.-Maximil.* P. II. c. II.

(*b*) La cote Electorale du Roi de Bohème pour l'expédition de Rome, a été fixée à 300. cavaliers, dans le *diplôme de Frédéric II.* de 1212. duquel nous avons parlé au §. *précédent.*

Obf. déja au commencement du feizieme fiécle l'Empire regarda le Roi de Bo-

cteurs ne vouloient point admettre leurs Ambassadeurs aux délibérations sur la Capitulation ; mais
ils la leurs envoyoient toute faite
deux jours seulement avant l'élection, pour y joindre sans délai
leurs remontrances & leurs avis (c).

XIV.

La Maison d'Autriche, qui avoit
acquis le Royaume de Bohème
par le mariage de *Ferdinand I*,
frere de *Charles V*, avec *Anne*,

---

hème comme une puissance, qui n'est point
obligée par devoir de l'assister. Cela paroît
par le Résultat de l'Empire de l'année 1500.
qui porte, que l'on traitera avec le Roi de
Bohème pour l'engager à prêter du secours
contre les Turcs. Et par celui de 1530.
qui range ce Roi parmi les puissances étrangéres. En cette considération il protesta
en 1548. à la Diéte contre la taxe de la
matricule de l'Empire de 1521. Les États
aquiescerent à cette protestation & omi-
rent la taxe du Roi de Bohème dans la
derniere matricule, que le procureur-fis-
cal de la chambre Impériale présenta en
1654. à la Diète.

(c) Voici la raison de ce que l'on ne
trouve le nom de l'Electeur Roi de Bohème dans aucune introduction, ou préface
de Capitulation, jusqu'à celle de *Charles VI.*

sœur & héritiere unique de *Louis,
Roi de Hongrie & de Bohème*, étouf-
fé dans un marais à la bataille de
Mohatz en Hongrie en 1528,
voyant que cette négligence pourroit dans la suite porter un préjudice irréparable au Roi, fit tous
ses efforts pour rentrer dans les
droits & prérogatives attachés à
l'Electorat de Bohème (*a*). Enfin
par le Résultat du 30 Juin 1708 les
Etats de l'Empire consentirent au
rétablissement du Roi de Bohème
dans tous les droits comitiaux,
dont les anciens Rois avoient
jouis (*b*). Ensuite de quoi se fit

(*a*) Les différentes négociations de l'Empereur *Léopold*, avec les Etats assemblés
à la Diète, ainsi que les grands mouvemens
que se donna *Joseph I.* (tous les deux
Empereurs & Rois de Bohème) jusqu'à
stipuler, à l'occasion de l'établissement de
l'Electorat de Brunswic - Lünebourg, que
le nouvel Electeur appaiseroit cette affaire,
autant qu'il le pourroit, sont connus & se
trouvent dans la dissertation de *Hertius
de Renovato R. G. Imp. & Regn. Bo-
hem. nexu.*

(*b*) En vertu de ce Résultat le Roi de
Bohème est admis aujourd'hui à toutes les
délibérations de la Diète, & concourt avec

l'introduction folemnelle du Plé-
nipotentiaire de Bohème dans le
College électoral à la Diète le 7
Septembre de ladite année (c). Depuis le Roi de Bohème a toujours
fon Ambaffadeur à la Diète.

XV.

En vertu de la *Bulle d'or* (a) la
fucceffion linéale agnatique doit
avoir lieu à l'égard du Royaume
& Electorat de Bohème, comme
dans tous les autres Electorats établis ou confirmés par cette bulle;
avec cette feule différence, que fi
ce Royaume devient vacant par
l'extinction des mâles agnatiques
de la famille royale, les États de
Bohème, en vertu des anciens

---

les autres Electeurs à dreffer le plan de la
Capitulation impériale, à condition néanmoins de contribuer aux charges de l'Empire.

Obf. Il eft tenû de contribuer aux néceffités de l'Empire & des Cercles, de même
qu'aux autres frais publics & impofitions,
au moins le contingent d'un Electeur, &
annuellement ȝoo. florins pour l'entretien
de la chambre Impériale. V. Staats-Can-
ley. *tom. XIII. p.* 410. & 413.

(c) Vid Hertius l. cit.
(a) *Bulle d'Or. ch. VII.* §. 2. ȝ. & 4.

droits & coutumes de ce Royaume, éliront le nouveau Roi ; tandis que c'eſt l'Empereur, qui dis-
poſe des autres Electorats vacans
(*b*). Mais depuis que la Maiſon
d'Autriche s'appropria ce Royaume par la voie d'armes pendant la
guerre de trente ans, il lui appartient de plein droit, & ſuit les loix
que ſes poſſeſſeurs lui préſcri-
vent (*c*). Or en vertu d'une pareille loi faite par *Charles VI.* (*d*),

---

(*b*) *B. d'Or. l. cit. §. dernier.* Aujour-
d'hui l'Empereur ne peut diſpoſer d'un Electorat vacant, qu'avec l'agrément du Collége Electoral. V. *la Capitul. de Joſeph
II. art. I. §. 5. & 6.*

(*c*) Si ces loix ne regardent que les ſujets, elle ne ſouffrent aucune difficulté,
vu que c'eſt un Royaume conquis, dont
le poſſeſſeur a un pouvoir abſolu à l'égard
de ſes ſujets. Mais ſi elles ſont relatives
à un autre Etat, avec lequel ce Royaume a une connexion, elles ne peuvent
ſortir leur effet, que lorſqu'elles ont été
ratifiées par l'autre Etat intéreſſé. Telle
étoit la loi appellée, *Pragmatique - Sanction.*

Pragmati-
que - ſan-
ction de
Charles
VI.

(*d*) Par cette loi, ou *Pragmatique-San-
ction, Charles VI.* établit l'ordre de la
ſucceſſion dans les pays héréditaires d'Autriche : parmi lesquels ſe trouve le Royau-

reconnue & approuvée par les États d'Empire, & garantie par

---

me de Bohème. V. *le traité d'Ofnabruck.* *art. IV. §. 6.*

Obf. I°. En vertu de cette loi, le Prince ainé du défunt regnant, fuccede feul à l'exclufion de tous les autres, jusqu'à l'extinction de fa lignée mâle.

II°. S'il ne fe trouve point d'héritiers mâles dans fa lignée, la fucceffion tombe à fon frere ainé, & enfuite toujours à l'ainé de fa ligne mafculine, jufqu'à fon extinction. Enfuite la fucceffion tombe au frere fuivant, & après lui toujours à l'ainé de fa lignée. Ainfi des autres.

III°. S'il n'y a point de Prince héritier mâle d'aucun frere, la fucceffion tombe à la princeffe ainée du dernier defunt regnant. En vertu de cet article, Marie-Thérèfe, Princeffe ainée de *Charles VI*, fuccéda dans tous les pays héréditaires d'Antriche (& après elle, toujours l'ainé de fes defcendans mâles. A leur défaut fuccedent les femelles dans le même ordre que les mâles, jufqu'à l'entiere extinction de fa lignée; après laquelle la fucceffion tombe à fa fœur ainée & à fa lignée, dans le même ordre que ci-deffus, & ainfi fucceffivement à toutes fes fœurs & leurs lignées, (en donnant toujours la préférence à la mafculine;) jufqu'à leur entiere extinction.

IV°. S'il n'y a plus de fœurs, ni de defcendans de leur part, la fucceffion

I 4

plusieurs puissances de l'Europe
(*e*), l'illustre Marie-Thérèse, sa fille

---

tombera à la sœur ainée de *Joseph I.* &
à ses descendants mâles & femelles dans le
même ordre que ci-dessus ; & au défaut
de descendants, à la sœur puînée de *Joseph I*, & ses descendants, de la même
maniere.

V°. Et en cas qu'elle n'en laisse point,
ou qu'ils ou elles soient éteints, la succession tombe aux filles de *Léopold* & à leurs
lignées dans l'ordre susdit.

VI°. Le dernier héritier de la Maison
d'Autriche pourra disposer librement & en
faveur de quiconque de tous les pays &
provinces héréditaires d'Autriche.

NB. En cas qu'il n'en disposeroit point,
il me paroît que le Royaume de Bohème
redeviendroit électif, & que l'élection du
Roi réappartiendroit aux Etats de Bohème
selon leur ancien privilege, & conformément au *chap. VII. de la Bulle d'or*, de
façon cependant que le nouveau Roi auroit besoin de l'agrément du College électoral, pour jouir des droits & prérogatives attachées à l'Electorat de Bohème, conformément aux dernieres Capitulations.

(*e*) L'Espagne en 1725, l'Angleterre
en 1731, & la Hollande la même année,
garantirent cette loi, à laquelle accéda
l'Empire, qui se chargea par un arrêté du
11 Janvier 1732. de la garantie de cette
sanction pragmatique. *Desing, Aux. Hist.
part. VII.* p. 758.

ainée, l'obtint par droit de fucceffion en 1740, & il fera tranfporté
à fes enfans tant mâles que femelles, conformément à ladite
loi (ƒ).

XVI.

Ce Royaume & l'Electorat y attaché, ci - devant poffédés par
la plus grande & la plus vertueufe
Reine, morte le 29 Novembre
1780, appartiennent aujourd'hui à
l'Empereur Jofeph II, fon fils ainé.
L'Europe retentit encore de fa
gloire & de fa piété; elle eft le
premier exemple d'une femme
Electeur, reconnue par le College électoral (a). La dignité éle-

-----

(ƒ) Cette loi fit beaucoup de bruit en
Europe; les Maifons de Baviere & Palatine, & l'Electeur de Saxe protefterent contre: touchant les différentes prétentions
de ces Maifons & autres, v. *Schwederi
Theatrum prætenfionum*, nouvelle édition de 1727. *Defing, Auxil. Hift. part.
VII. p. 755. part. III. p. 445. & Sup-
plément part. I. p. 321. & feq.*

(a) V. *l'Introduction de la Capitul.
de Jofeph II*, où elle eft appellée Reine
& Electeur de Bohême, & non pas Ele-

I 5

Droits & prérogatives de l'Electeur de Bohème.

ctorale avec les droits & prérogatives y attachées, de même que l'office de Grand-Echanson, conftituent un fief d'Empire, qui rendent le Roi de Bohème fon vaffal, & l'obligent à en prendre l'inveftiture, laquelle cependant en vertu d'un privilege accordé par *Frédéric III.* en 1442, il peut recevoir dans fon Royaume, ou dans un endroit voifin, qui ne foit pas éloigné de fes frontieres de plus de dix lieues d'Allemagne (*b*). Tou-

___

ctrice ; de même qu'on l'appelle Grand-Echanfon de l'Empire, & non pas Grande-Echanfonne, pour faire voir que cette dignité, ainfi que l'office y attaché, en tant qu'ils font perfonnels, font purement virils, & ne peuvent point être exercés par des Princeffes, mais par leurs Ambaffadeurs au nom de leurs principales, États de l'Empire. Ainfi quoiqu'elle n'affifta point perfonnellement au College électoral, foit pour dreffer la Capitulation, ou pour procéder à l'élection de l'Empereur ou du Roi des Romains, ou pour autres affaires quelconques, elle n'étoit pas moins Electeur.

(*b*) V. *Limnæus, Jur. publ. L. 3. c. 8. §. 26. & L. 13. c. 7. §. 22. Thulemarius, c. XIV. §. XXVII.*

tes les fois que les Electeurs marchent proceſſionnellement avec l'Empereur ou le Roi des Romains, le Roi de Bohème le ſuit immédiatement, même avant l'Impératrice (c). Les *Grands-Officiers héréditaires* de ſa Cour ſont les *Barons de Lippe, Grands-Maréchaux*; les *Seigneurs de Wartenberg, Grands-Echanſons*; les *Seigneurs de Haſenbourg, Grands-Maîtres d'hôtel*, & les *Seigneurs de Sezymai, Grands-Chefs de cuiſine* (d).

XVII.

L'Electeur Palatin occupe la ſeconde place parmi les Electeurs ſéculiers. Cet Electorat eſt poſſédé aujourd'hui par *Charles Théodore, Comte Palatin du Rhin*, né le 11 Décembre 1724, marié à *Marie Eliſabeth Aloïſe de Sulzbach* le 17 Janvier 1742, couſin de feu *Maximilien Joſeph*, dernier mâle de la branche Guillelmine, décédé le 30 Décembre 1778. Par cette mort l'Ele-

De l'Electeur Palatin.

_____

(c) *B. d'or, ch. XXII.*
(d) Vid. *Paulus Stransky, de Republiča Boema, c. XIV.*

ctorat de Baviere eſt éteint (*); &
l'Electeur Palatin étant Comte Palatin *du Rhin* & Duc de Baviere,
reſte paiſible poſſeſſeur du Vicariat de l'Empire, & toutes les anciennes diſputes entre la Maiſon
Palatine & celles de Baviere ſont
levées.

XVIII.

Cet *Electeur* eſt aujourd'hui un
des plus importans Princes d'Allemagne, *réuniſſant* à la Baviere
le *Haut-* & le *Bas-Palatinat du
Rhin*, le *Landgraviat de Leuchtenberg* (a), le *Comté de Schwab-
eck*, la *Principauté de Mindelheim*
& la *Seigneurie de Wieſenſteig*.
Outre le ſuffrage électoral, il
a ſix voix dans le College des
Princes pour raiſon du Duché
de *Baviere*, du Landgraviat de

(*) V. le *Traité d'Oſnabruck*, *Art. IV.*
§. 9. & ce que j'en ai dit au *chap. VIII. du
III. Liv.*

(a) Ce Landgraviat fut acquis par la
Maiſon de Baviere en 1646, après la mort
de *Maximilien Adam*, *dernier Landgrave de Leuchtenberg*; il eſt au milieu
du Haut- Palatinat. V. *Droit publ. de
l'Empire d'Allem. T. I. pag.* 422. *& ſuiv.*

Leuchtenberg, & des Comtés de *Lautern*, de *Simmern*, de *Neu-bourg* & de *Veldenz*. Son privilege de juger fans appel fut auffi étendu au Haut-Palatinat par *Ferdinand III.* en 1638 (*b*). Les *Officiers hé-réditaires* de fa Cour font : les *Gentilshommes de Hirzhorn*, *Maîtres d'hôtel* ou *Ecuyers tranchants* ; les *Comtes d'Erbach*, *Echanfons* ; & les *Rhingraves*, *Maréchaux*.

XIX.

En qualité de Comte Palatin il jouit de grands droits, dont le premier eft celui d'être juge de l'Empereur (*a*). Le fecond eft le

Principaux droits du Comte Palatin.

(*b*) Voyez ce privilege in *Ludolphi Catalogo privilegiorum*. L'Electeur Palatin, Duc de Baviere, a un privilege illimité de juger fans appel. V. *Khevenhüller Annal. Ferdin. T. III. pag.* 716. & la *Bulle d'or*, tit. *XI.* §. 3. Il jouit du même droit à l'égard du Bas-Palatinat, accordé en 1652 par *Ferdinand III.* à l'Electeur Palatin *Charles*.

(*a*) Dans le *Droit féodal Allemannique* Ch. 42. §. 8. nous lifons ces paroles traduites en françois . . . ,,Lorsque les Princes ,, veulent fe plaindre du Roi (ceft-à-di- ,, re de l'Empereur) ils doivent le faire

droit du Wildfangiat, qui confifte en ce que les batards & les
vagabonds, qui naiffent ou fixent
leur domicile dans les cantons
marqués dans fon diplôme, deviennent gens propres de l'Electeur (*b*); & s'ils meurent ab in-

---

,, affigner pardevant le Comte Palatin du
,, Rhin, il jouit de cette prérogative à
,, l'exclufion de tous les autres Princes."
Dans la *Bulle d'or, Ch. V. §. III.* il eft
dit . . . ,, Qu'en vertu d'une ancienne
,, coutume, l'Empereur eft obligé de ré-
,, pondre dans les caufes intentées contre
,, lui, pardevant le Comte Palatin du
,, Rhin".. Le Comte Palatin ne peut exercer cette jurifdiction, qu'à la Cour Impériale, où l'Empereur fera en perfonne. V.
*Senkenberg, Tabula Judicii Palatini in
Cæfarem. Francofurti* 1731. *in* 4to. &
not. ad *Aur. B. C.* 5. §. 3.

Obf. Cette jurifdiction ne regarde point
les actions morales de l'Empereur, dont
il n'eft refponfable qu'à Dieu, mais feulement les caufes civiles intentées; p. e. au
fujet d'un contrat, ou d'une autre préten-
tion. Ce privilege, quoiqu'il n'ait point
été exercé depuis long-tems, ne doit pas
être regardé comme expiré.

(*b*) Ce privilège accordé aux Comtes &
Electeurs Palatins par *Maximilien I.* 1518.
& confirmé par plufieurs Empereurs, fe
trouve dans *Thulemarius*, *de Octovira-*

teftat, fans defcendans, leur fucceffion échoit au Comte Palatin (c).
Le troifieme eft celui des Hagen-
ftolz (vieux garçons), en vertu
duquel les garçons de cinquante
ans font obligés de lui payer un
tribut annuel; & il leur fuccede à
l'exclufion de leurs parens (d).

---

tu, c. V. Il s'étend au territoire de plufieurs Seigneurs & Etats voifins, qui ne
voulant point le reconnoître, employe-
rent la voie d'armes contre l'Electeur Palatin, pour l'y faire renoncer. Enfin ce
différend fut levé le 11 Novembre 1666
par les Rois de France & de Suede, nommés arbitres dans cette affaire, dont le
jugement fut publié à Heilbronn le 17
Février 1667, en faveur de l'Electeur Palatin, fous condition néanmoins, qu'il ne
paffera pas les bornes de fon droit, & ne
l'exercera que lorfqu'il pourra prouver,
que les perfonnes dont il s'agit, font dans
le cas. V. c. III. Tractatus . . Juftitia
caufæ Palatinæ, vel defenfio Juris Re-
galis Palatini in homines proprios; &
Wachter, Gloffar. voce Wild.

  (c) Senkenberg l. cit.

  (d) Schottelius, de Singularibus Ger-
manorum Juribus, c. 1. Cette fucceffion
regarde feulement les acquêts & conquêts,
& non pas les biens paternels ou mater-
nels, ni les fiefs. Ce droit étoit auffi in-
troduit dans le Duché de Brunfwic; mais

Droit du
Wildfan-
giat.

Le quatrieme eſt celui de s'approprier les isles formées dans le Rhin
le long du Palatinat, à l'exclufion
des Seigneurs, dont les terres avoi-
finent le Rhin (e). Le cinquieme
eſt le droit de racheter les fiefs
d'Empire hypothéqués (f). Le
fixieme eſt le droit de péage réduit
aux grands chemins & au paſſage
des Princes & des troupes, des
marchands, des Juifs & des Egy-
ptiens (g). Le feptieme, celui de
conférer la Nobleſſe en fon propre nom (h). Le huitieme eſt le
droit d'avouerie ou de protection
(Schutz-

---

il fut aboli en 1730. Ceux qui veulent ſavoir quelque choſe de la dérivation du
nom *Hagenſtolz*, peuvent voir *Hübner*,
Geogr. L. X. à la fin, où il y a un ap-
pendix de pluſieurs articles. Voyez-en
l'*Art. LVIII.*

(e) *Thulemarius*, *de Octoviratu*, c. 18.
§. 42. Voyez Meurer, *du Droit des eaux*
(vom Waſſer-Recht) P. 1. *fol.* 7. n. 9.

(f) *Freherus*, Orig. Palat. L. I. c. XVI.

(g) *Burgold.* P. 1. *diſc. ad inſtr. pacis*
M. §. 13. *pag.* 473.

(h) *Struv. Corp. Jur. publ. cap. XIII.*
§. XIII. Pendant l'interregne il le fait en
qualité de Vicaire de l'Empire.

(Schußherrn-Recht) des musiciens, chaudronniers & autres ouvriers en cuivre, dans de certains départemens auprès du Rhin en Alsace (i), en Suabe & en Franconie; & d'autres pareils droits moins importans, que cet ouvrage ne supporte point.

XX.

L'*Electeur de Saxe* tient le troisieme rang parmi les Electeurs laïques. La Saxe a déja été gouvernée par quatre Maisons, savoir celle de *Billung*, celle de *Welph* ou *Wolf*, celle d'*Ascanie* & celle de *Misnie*. Les Ducs de la premiere étoient déja fort considérés en Allemagne, & leurs voix à la Diète des États étoient de grand poids. Celle de *Bernard*, Duc de

De l'Electeur de Saxe.

(i) *Thulemarius, l. cit. c. XVIII. §. 45. & seq.* rapporte plusieurs prérogatives attachées à cette avouerie. Dans notre Province d'Alsace les Seigneurs de Rathsamhausen ont été subinféodés de cette avouerie par le Comte Palatin. Un des beaux droits de ce fief c'est d'être fourni gratis en ustensiles de cuivre, selon l'exigence de sa domestication.

Saxe - Billung, donnée à la Diète de *Vérone* en 982 en faveur d'*Otton III*, qui par-là emporta la couronne impériale fur *Henri, Duc de Baviere*, nous en eft une preuve (*a*). Ce même *Bernard* fit les fonctions de Maréchal à la Cour pléniere de *Quedlinbourg*, tenue après le facre d'*Otton* en 984 (*b*). Ainfi nous ofons prefqu'affurer, que l'archi-office du *Grand-Maréchal*, ainfi que le fuffrage & la dignité électorale de Saxe, ont jetté leur premiere racine dans ce fameux *Bernard*. Cette Maifon s'éteignit à la mort du Duc *Magnus* en 1106, qui laiffa deux filles: *Wulfilde*, mariée à *Henri* (dit le *Superbe*), *Duc de Baviere*, de la Maifon de *Welph*; & *Eiligne*, mariée à *Albert, Marggrave de Brundebourg. Lothaire, Comte de Supplinbourg*, obtint le Duché de Saxe vacant par l'Empereur *Henri V.* Ce *Lothaire* devenu Empereur en

_____

(*a*) Abrégé de *l'Hiftoire & du Droit public d'Allem.* pag. 96.
(*b*) *Idem.*

inveftit *de.Welf*, *Henri le Superbe*, qui avoit prit en fecondes nôces une de fes filles (c). Son fils *Henri*, furnommé *le Lion*, racheta les prétentions du Marggrave de Brandebourg fur ce Duché, par un traité d'accommodement fait à *Francfort* en 1142. Ce Henri fut profcrit pour crime de félonie & tous fes fiefs confifqués au profit de l'Empereur, qui conféra la Haute-Saxe à *Bernard d'Anhalt* (de la Maifon *d'Afcanie*), fils puîné d'*Albert l'Ours*, *premier Marggrave Princier de Brandebourg*; *d'Afcanie* ou *d'Anhalt*. *Bernard* mort en 1212 laiffa deux fils, favoir *Albert I*, *Duc de Saxe*, & *Henri le Gras*, tige des Princes d'Anhalt (d). Al-

---

(c) *Droit publ. Germanique. Tom.* 1; p. 431.

(d) Ses defcendans s'appellerent *Comtes d'Afcanie*; ou *d'Afcherfleben* & *Princes d'Anhalt*, jufque fous l'Empereur Louis de Baviere, vers 1320, qu'ils mirent le nom de *Princes d'Anhalt* devant le titre de *Comtes d'Afcanie*. Ils fe fervent du titre de Duc, pour raifon de leurs prétentions fur les terres du Duché de Saxe-Lauenbourg; & font majeurs à vingt & un an.

bert I. décédant en 1260 laiffa également deux fils, favoir *Jean*, qui fixa fa réfidence à *Lauenbourg*; & *Albert*, qui tìnt fa Cour à *Wittenberg*. On ignore lequel des deux fut l'ainé (*e*). Cette incertitude fit naître des difputes dans la fuite, touchant le fuffrage électoral; & lors de l'élection de l'Empereur *Henri VII.* en 1308, & de celle de *Louis de Baviere* en 1313, les Ducs de *Saxe-Lauenbourg* s'arrogerent le droit de fuffrage; les Ducs de *Wittenberg* protefterent contre (*f*). Enfin *Charles IV.* décida ce différend par la Bulle d'or en faveur du Duc de *Wittenberg*, & annexa le droit de fuffrage à fon territoire (*g*), appellé depuis *Cercle Electoral*; & confirma enfuite fa décifion par une conftitution expreffe portée en 1376 (*h*).

Droit de fuffrage annexé au Duché de Wittenberg.

Struv. Corp. J. publ. C. XII. §. 7. & 8. C. XX. §. 11. & C. XXI. §. 56.

(*e*) *Struv. l. cit. C. XVIII. §. 24.*

(*f*) *Idem, ibid.*

(*g*) *Bulle d'Or Ch. XX.*

(*h*) *Goldaft. Conftit. Imper. Tom. I. p.* 371. depuis ce tems là, la voix Electorale

Leurs defcendans en ligne directe jouirent de la dignité électorale, & de tous les droits & préroga- tives y attachées jufqu'en 1422, qu'*Albert III, dernier Électeur, Duc de Saxe de la Maifon d'Anhalt*, mou- rut fans enfans mâles. Alors *Eric, Duc de Saxe-Lauenbourg*, préten- doit lui fuccéder comme fon plus proche parent defcendant de *Jean, Duc de Lauenbourg, fils d'Albert I*, Electeur de Saxe; mais on lui re- pliqua, qu'il avoit perdu les droits acquis à fes ayeux, en négligeant de mettre la main à l'étendart de Saxe, lorfque l'Electeur *Rodolphe* fut invefti (*i*); raifon qui fit décla- rer cet Electorat vacant. *Sigismond* le vendit à *Frédéric le Belliqueux, Maggrave de Mifnie & Landgrave de Thuringe*, pour la fomme de cent mille florins d'or, & l'en in- veftit deux ans après à Bude en Hongrie le 1 Août 1426, du con-

---

refta toujours attachée aux terres de *Wit- tenberg.* v. *Æneas Sylvius, Hiftoria Euro- pæ, C. XXI.*

(i) *Mafcov. de Jure feud. C. VIII.* §. 3. *& feqq.*

K 3

fentement des autres Electeurs (*k*).
Son fils ainé, *Frédéric*, furnommé
le *Pacifique*, lui fuccéda en 1428,
& après un regne de 36 ans il
laiffa de *Marguerite*, *fille d'Ernefte*, *Archi-Duc d'Autriche*, deux
fils, *Ernefte & Albert*, *fondateurs
des deux branches Ernefiine & Albertine.* Ernefte, l'ainé, eut la
Mifnie & l'Electorat (*l*); il épou-

*Souche
des deux
branches
Erneftine
& Alber-
tine.*

(*k*) *Krantzius Saxoniæ L. II. C. X.
Eric* protefta hautement contre cette inveftiture, & en porta fes plaintes au Concile
de *Bâle*; mais fans effet. Ses defcendans
rafraîchirent de tems à autres leur prétentions, & pour ne point être cenfés y avoir
renoncé, ils porterent toujours le titre d'E-
lecteur. Enfin *George III.* Electeur de Saxe fit un pacte de confraternité avec *Jules François*, *dernier Duc de Saxe-Lauenbourg*, & lui permit de porter dans fes armes deux épées en fautoir. *Spener, oper.
Herald. lib. I. C. V. §. IX. Ludwig, ad
Aur. B. p. 644.* La branche de *Saxe-Lauenbourg* étant éteinte, fes prétentions font
au tombeau.

(*l* Ceux qui font curieux de voir le
fingulier accident arrivé à ces deux Princes dans leur jeuneffe, peuvent lire *Defing*; *Aux. Hift. part. III. p.* 120. &
Müller, *Annal. Sax. ad ann.* 1455.

Obf. Ces deux Princes poffédoient leurs

fa *Elifabeth*, *fille d'Albert III*, *Duc de Baviere*, dont il eut deux fils, *Frédéric*, furnommé *le Sage*, & *Jean*, dit *le Conftant*. Ces deux freres prirent le gouvernement conjointement à la mort de leur pere *Ernefte* en 1486. *Frédéric* étant mort garçon le 5 Mai 1525, *Jean* refta le feul héritier de fon pere. Il laiffa un fils, *Jean Frédéric*, dit *le Magnanime*, lequel portant les armes contre l'Empereur *Charles-quint*, fut fait captif à *Mühlberg*; Ayant été déclaré coupable de félonie, il fut condamné à mort, & conféquemment dépouillé de

---

terres par indivis & vivoient dans une parfaite communauté de biens, depuis la mort de leur pere, 1464 (cependant *Ernefte*, comme l'ainé, tenoit les rênes du gouvernement, & jouiffoit feul des droits & prérogatives attachés à l'Electorat) jufqu'à l'année 1485. Alors ils partagerent toutes leurs terres (à l'exception de l'Electorat, qui appartenoit de droit & en vertu de la *B. d'Or*, *chap. XXV.* à *Ernefte*) felon cette regle reçue en Saxe: *Major dividit*, *Minor eligit*. Ce partage fe fit à *Leipfic*. *Weck*, Befchreibung von Dresden. *p.* 121. & *Lunig*, *P. Special. contin. II. p.* 236.

l'Electorat & du Duché de Saxe, dont l'Empereur inveſtit en 1548 à la Diète d'*Augsbourg* le Duc *Maurice*, ſon couſin, petit-fils d'*Albert*. Ainſi paſſa l'Electorat de Saxe avec tout ce qui en dépend, à la branche Albertine (*m*). *Maurice* fut tué à la bataille de *Severshouſen*, qu'il livra à *Albert*, *Marggrave de Brandebourg*, le 11 Juillet 1553; & n'ayant point laiſſé de poſtérité, *Auguſte*, ſon frere, lui ſuccéda. C'eſt de celui-ci que deſcend en droite ligne Frédéric Auguſte, Electeur de Saxe d'aujourd'hui, né le 23 Décembre 1750, marié à Marie Amélie de Deux-Ponts le 17 Janvier 1769.

L'Electorat paſſe à la branche Albertine.

(*m*) Dans laquelle il devint plus brillant que jamais, par la couronne de Pologne, que quelques Electeurs de cette branche ont porté.

Obſ. La ligne *Albertine* eſt *diviſée en trois branches*, ſçavoir l'*Electorale*, celle de *Weiſſenfels* & celle de *Merſebourg*. La *ligne Erneſtine comprend ſix branches*, ſçavoir celle de *Weimar*, celle d'*Eiſenach*, celle de *Gotha*, celle de *Meinungen*, celle de *Hildbourghauſen* & celle de *Saalfeld*.

XXI.

L'*Electeur de Saxe* jouit de plufieurs droits & prérogatives, tant
en qualité de *Grand - Maréchal*,
qu'en qualité de *Vicaire d'Empire;*
comme Grand - Maréchal il fait
marquer par fes Maréchaux de lo-
gis les maifons, où doivent loger
ceux qui affifteront à la Diète d'é-
lection, ou à la Diète générale, &
tâche de faire enforte que les denrées fe vendent à un prix convenable (a). Pendant la Diète tous
les domeftiques & officiers des
Electeurs, Princes & États font
fous fa jurifdiction en toutes matieres civiles ou criminelles (b).
S'il y a garnifon dans la ville, où
fe tient la Diète, lui ou le *Comte
de Pappenheim*, fon Vicaire héréditaire, donne le mot du guet;

Droits de l'Electeur de Saxe.

(a) *Struv, C. VII. §. XIV.* autrefois
les Empereurs en donnoient quelquefois
commiffion à d'autres. Oefterr.Ehrenfpiegel,
l. V. C. XXI. p. 765. *Werlich,* Augfpurgi-
fche Chronick, *P. II. p.* 226.
(b) *Thulemarius de Octoviratu, C.
XXI. §. XXVI. Wagenfeil, de Summis
Imp. Officialib. & Subofficial. C. IX.*

K 5

il prétend auſſi le droit d'appoſer
le ſcellé aux effets délaiſſés par les
Ambaſſadeurs, Envoyés ou Réſi-
dens morts à la Diète (c). Dans
toutes les expéditions de guerre,
où l'Empereur ſe trouve en perſonne, il a le droit de porter la
grande banniere de l'Empire (des
Reichs Hauptfahne); de même la
banniere d'aſſaut (das Renn-Ban-
nier) (d). Autrefois perſonne
n'oſoit jouer au camp que ſur la
banniere du Grand-Maréchal (e).
Il jouit du droit de protection des
timbaliers & trompettes de camps

(c) *Struv. l. cit. c. XVIII. §. XXVIII.*

(d) Europ. Herold, *P.* i. *p.* 251.

(e) Les joueurs étoient tenus de racheter cette permiſſion du Maréchal héréditaire, en lui payant une certaine ſomme.
Pour cette raiſon, lorſque l'Empereur *Si-*
gismond défendit ces jeux, il indemniſa
le Maréchal, en lui aſſignant une penſion
annuelle de deux cent florins ſur la ville
de *Nördlingue*, & la moitié du cens que
les Juifs de *Nuremberg* payent chaque année à cette ville. L'*ainé des Comtes de*
Pappenheim, en qualité de Maréchal héréditaire de l'Empire, en jouit encore
aujourd'hui. Europ. Herold, *p.* 251. &
ſeq.

& de la Cour impériale (*f*). A la
Diète (en l'abſence de l'Ambaſſadeur de *Mayence*, ou ſon ſiege
étant vacant), il prétend en être
Directeur (*g*). Il eſt Directeur du
Corps desÉtas Évangéliques & Réformés, qui continuent à lui confier ce directoire, quoiqu'il ſoit
Catholique (*h*). Il juge ſans ap-

_____

(*f*) Europ. Herold, *p.* 253. *Fabri*
Staats-Canzley, *T. IV. p.* 845.

(*g*) Les Electeurs de *Cologne* & de *Treves* proteſtent contre. *Pfeffinger ad Vitriar. L. III. T. X.* § *XIII.*

(*h*) *Droit publ. du St. Empire*, *L. V.
ch. IV.* §. l'un & l'autre a ſon directeur &c.

Obf. Les matieres principales, ſur leſquelles roulent les conférences des États
Évangéliques & Réformés, ſont I°. les
griefs & torts à eux faits par les Catholiques contre la paix de religion & celle
de Weſtphalie, de même les contraven-
tions auxdits traités par rapport aux Catholiques mêmes; II°. les griefs de religion contre des puiſſances étrangeres;
III°. de tels griefs contre les Cours ſouveraines de juſtice; IV. les arrangemens pour
les affaires eccléſiaſtiques des ſujets proteſtans, dont les maîtres ſont catholiques,
quand elles ſont de nature, qui ne leur
permet pas d'y mettre ordre; V°. le ſe-
cours & les ſoins des exilés pour cauſe de

pel, ainſi que tous les Ducs de Saxe en général (*i*); & en qualité de *Marggrave de Miſnie*, il eſt Grand-Veneur de l'Empire (*k*); & en qualité de Grand-Maréchal il ſe ſert du *grand ſceau de la Majeſté* (𝖉𝖊𝖘 𝖌𝖗𝖔𝖘𝖊𝖓 𝕸𝖆𝖏𝖊𝖘𝖙𝖆̈𝖙𝖘-𝕴𝖓-𝖘𝖎𝖊𝖌𝖊𝖑𝖘) (*l*). Les droits, dont il jouit comme Vicaire d'Empire, ſe

---

religion; VI°. le précis d'un ſuffrage commencé à la Diète de l'Empire pour l'oppoſer à l'avis général des Catholiques dans les cas, ou (ſelon la teneur du traité de paix d'Oſnabruck) les Proteſtans ſont regardés comme formants un Corps ſéparé.

(*i*) Ce privilege leur fut accordé par les Empereurs *Sigismond* en 1423 & *Ferdinand I.* en 1559. *Ludolph., Catalog. Privileg. n.* 5. Cependant les États ci-devant eccléſiaſtiques des trois Duchés ſécularisés, ſavoir *Miſnie*, *Merſebourg* & *Naumbourg*, ſe ſont réſervé le droit d'appeller au Conſeil Aulique ou à la Chambre de *Wetzlar. Carpzov. de Jure & Privilegio Elector. Ducumque Saxoniæ de non appellando, C. V.* §. 56. *& ſeq.* 𝕰𝖚𝖗𝖔𝖕. 𝕳𝖊𝖗𝖔𝖑𝖉, *P. I.* p. 249.

(*k*) Office & dignité confirmés en 1708 par *Joſeph I. Struv. l. cit. C. IX.* §. *XLVI.*
(*l*) *Idem eod. c. VIII.* §. *XXIII.*

trouvent au *chap VIII. L. III.*
des Vicaires d'Empire.

XXII.

L'Electeur de Saxe poſſede une **Ses terres.**
des plus belles & des plus feitiles
contrées d'Allemagne; les terres
du Cercle électoral en font la plus
importante partie; *Wittenberg* en
eſt la capitale. Ses *terres héréditai-*
res font le *Landgraviat de Thu-*
ringe, les *Marggraviats de Miſnie*
& de *Luſace,* & une partie du
Comté de Henneberg. Il forme des
prétentions conjointement avec
les Ducs de Saxe fur les Duchés
de Juliers, de Cleves & de Berg.
Ferdinand II. accorda en 1625 à
Jean George I, Electeur de Saxe,
une expectative fur le Duché de
Wolfenbüttel, & fur les Comtés
de *Hanau* & de *Schwarzbourg,* en
tant qu'ils font fiefs d'Empire (*a*).
En 1724 l'Electeur de Saxe vendit
fon expectative au Landgrave de
Heſſe-Caſſel, moyennant une fomme de quatre cent mille écus &

(*a*) Le diplôme s'en trouve dans *Lü-*
nig, contin. II. p. 411.

quelques terres limitrophes de la Thuringe, à charge de tenir le Comté de Hanau en arriere-fief de la Maison électorale de Saxe sous la directe de l'Empire (*b*). Entre les *Officiers héréditaires* l'ainé des Seigneurs de *Löser* comme Maréchal tient la principale place (*c*).

XXIII.

L'Electeur de Brandebourg.

L'Electeur de Brandebourg tient le quatrieme rang parmi les Electeurs laïques. Son Electorat est

(*b*) *Abrégé chronol. de l'Hist. & du Droit publ. d'Allem. p.* 664. *Hübner, Géographie, L. VI. art. VI. & VII.*

Dernier Comte de Hanau.

Obf. En 1736 mourut *Jean Reinhard,* dernier *Comte de Hanau.* Le Landgrave de Hesse-Cassel prit auffi-tôt poffeffion du Comté de Hanau, fitué le long du Mein, & de tous les fiefs mafculins du défunt, fans s'arrêter aux proteftations & oppofitions, que fit le Landgrave de Hesse-Darmstadt, époux de la fille unique du défunt, qui s'empara de la Seigneurie de Lichtenberg, fituée en Alface, appuyée de lettres patentes de 1717, accordées par le Roi de France, fans cependant renoncer à fes autres droits. La difpute fut portée à la Diète, dont on attend la décifion.

(*c*) Gottlob, in Sächfifcher Hand-Biblio- thek, *p.* 71. *& feq.*

attaché au Marggraviat de Brandebourg, établi par *Henri I*, furnommé l'*Oifeleur*, en 928; afin
de le mettre en garde contre les
Efclavons qu'il venoit de fe fou-
mettre (*a*). Le *premier Marggravé*
fut *Siegfried*, de la Maifon de *Rin-
gelheim*. Ses fuccefleurs devinrent
Grands - Chambellans d'Empi-
re (*b*) fous *Conrad III.* & *Frédéric I*, & s'arrogerent infenfible-
ment le droit d'élection, qu'ils exercoient dans les commencemens,
ou tous enfemble ou alternativement, ou par l'ainé de la famille,
jufqu'à ce que *Charles IV.* ordonna par la *Bulle d'or*, que la poffeffion des terres électorales, ainfi
que le fuffrage y attaché, foit laiffé
à l'ainé du défunt. *Charles IV.* en
fut lui-même poffeffeur en ce tems
là (*c*); fon fils *Sigismond* vendit
cet Electorat en 1415 à *Frédéric*

_____

(*a*) *Abrégé Chronol. de l'Hiftoire d'Allem. p. 76.*,

(*b*) *Petrus Ludwig, Forenf. Ducat.
Brandenb. p. 66.*

(*c*) *Droit publ. de l'Empire d'Allem.
T. I. p. 455.*

VI, *Bourggrave de Nuremberg*, de la Maison de Zollern, pour quatre cents mille écus d'or, avec l'agrément des Electeurs & sous condition que les héritiers mâles de *Sigifmond* & de *Wenceslas* pourroient toujours racheter les terres de cet Electorat pour la fomme convenue (*d*); *Frédéric* ne fut invefti de fon Electorat qu'en 1417 (*e*) à *Conftance*. Le bonheur & la prudence de fes fucceffeurs contribuerent à l'envi à l'agrandiffement de cet Electorat (*f*). *Albert,*

Marg-

(*d*) Idem *eod. Abrégé Chronol. de l'Hift. d'Allem:* p. 322.

(*e*) Idem *eod.* p. 456. comme Electeur il s'appelle Frédéric I.

(*f*) Le même *Auteur du Droit publ.* de l'Empire d'Allem: fait au *lieu cité* p. 457. *& fuiv.* l'énumeration de toutes les terres acquifes & conquifes par fes fucceffeurs. Il fait en même tems mention du traité de Ganerbinat, ou pacte de Confraternité, que fit *Albert*, furnommé *l'Achille Germanique*, fils de *Frédéric I.* & frere de *Frédéric II.* Electeur de Brandebourg, avec les Maifons de Saxe & de Heffe; & qui a été renouvellé & confirmé dans la fuite.

Marggrave de Brandebourg devint *Grand-Maître de l'Ordre Teutonique* (qui dans ce tems là possédoit une partie de la Prusse), & n'ayant point prêté foi & hommage au Roi de Pologne selon le traité de *Thorn* de 1466, il fut obligé de subir une guerre sanglante, où l'Ordre Teutonique succomba. Cette guerre fut terminée par la paix de *Cracovie*, conclue le 8 Avril 1525 entre *Sigismond, Roi de Pologne*, & *Albert*. Par ce traité la partie de la Prusse, qui avoit obéi jusqu'alors aux Chevaliers Teutoniques, fut érigée en Duché séculier & héréditaire en faveur du Marggrave Albert, de ses freres & de tous ses descendans mâles, pour la tenir en fief sous la mouvence & directe de la Couronne de Pologne. Peu après *Albert* se fit Luthérien, & épousa la même année *Dorothée, fille de Frédéric I, Roi de Danemarc* (g). Son fils, *Albert II*, mourut en 1618 sans

La Prusse devient un Duché séculier héréditaire.

(g) *Desing, Aux. Hist. part. VII. p.* 533.

Souche
de la Mai-
fon Roya-
le- Electo-
rale de
Pruffe.

enfans mâles. Alors *Sigismond*, Electeur de Brandebourg, qui avoit époufé l'ainée de fes filles (*h*), & obtenu du Roi & de la République de Pologne, que le droit de fuccéder au Duché de Pruffe fût étendu jufqu'à fa femme, fuccéda dans ce Duché (*i*). *Frédéric Guillaume*, fon petit-fils, rendit de fi grandes fervices à *Sigismond III*, Roi de Pologne, en guerre contre *Charles Guflave*, *Roi de*

(*h*) *Droit publ. de l'Empire d'Allem.* L. I. p. 461. La femme de *Sigifmond*, fille ainée de *Frédéric*, avoit pour mere *Eléonore*, fille ainée de *Guillaume*, Duc de *Juliers*, de *Cleves* & de *Berg*. Ce Duc étant mort en 1609. ne laiffant que des filles, *Jean Sigifmond* forma fes prétentions fur ces Duchés. Il y avoit d'autres Princes defcendans des filles de *Guillaume*, qui formerent leur demande à ce fujet. Enfin *Sigismond* & le *Comté Palatin de Neubourg*, pafferent une tranfaction en 1616, en vertu de laquelle *Sigifmond* obtint *Cleves* & *Ravensberg*. V. *l'Hifloire de la fucceffion aux Duchés de Cleves, de Berg & de Juliers ; par Rouffet*.

(*i*) *Abrégé Chronol. de l'Hifl. d'Allem.* p. 507. De ce *Sigismond* defcend toute la Maifon Royale Electorale d'aujourd'hui.

Suede, qu'en reconnoiffance il renonça à la Seigneurie directe fur la Pruffe par un traité tramé à *Velau* en 1657, & conclu en 1659 à *Bydgoft* (*k*). Ainfi ce Duché affranchi du vaffelage de la Pologne, devint un allodial indépendant. Son fils, *Frédéric III*, fe voyant poffeffeur d'un domaine abfolu, s'achemina à grands pas vers la Royauté: pour y parvenir avec moins d'embarras, il offrit des troupes & de l'argent à *Charles VI*, qui le reconnut pour Roi de Pruffe, & lui promit de le faire reconnoître pour tel par fes alliés. Il traita enfuite à *Utrecht* en 1713 en qualité de Roi & d'allié de l'Empereur avec les Rois de France & d'Efpagne, qui par ce traité le reconnurent Roi de Pruffe fous le nom de *Frédéric I*, & lui accorderent le titre de Majefté (*l*). Le bonheur

Duc de Pruffe reconnu Roi.

(*k*) *Struv, Corp. Jur. publ. Cap. IV.* §. 15. *Droit publ. de l'Empire d'Allem.* T. I. p. 462. *Ludwig*, vertheidigtes Preuffen wider den Anfpruch des teutfchen Ritter-Ordens. Mergentheim 1703. 4to.

(*l*) *Droit publ. de l'Emp. d'Allem.* l. cit. p. 464.

L 2

du Duc de Prusse, Marggrave, Electeur de Brandebourg, reconnu Roi par les plus grandes puissances de l'Europe, ne s'arrêta point ; ce titre fut ensuite affermi par l'acquisition de plusieurs terres & provinces, qui le rendent très - respectable. Par la paix de *Stockholm*, conclue le 21 Janvier 1720, la ville de *Stettin* & les isles d'*Usedom* & de *Wollin* resterent à la Prusse (*m*). En 1732 le Roi de Prusse en qualité d'héritier des droits de son ayeule, *Louise Henriette*, *fille de Guillaume III, Roi d'Angleterre, Statthouder des Provinces - Unies & Prince d'Orange*, fit un traité de partage & une transaction avec le *Prince de Nassau-Dietz*, son neveu (à la mode de Bretagne) & de *Guillaume III*, en vertu desquels il obtint la *Principauté d'Orange* (qu'il avoit déja cédé au Roi de France) & la Principauté de *Mœurs*, le Comté de *Lingen*, la Seigneurie de *Turn-*

____

(*m*) *Abrégé Chronol. de l'Hist. d'Allem. p.* 650.

hout & d'*Heerenthal*, & toutes les autres terres fituées dans le *Brabant Autrichien* (*n*). Par le traité de *Berlin*, conclu le 28 Juillet en 1742, confirmé par la paix de *Dresde* le 25 Décembre 1745, & en dernier lieu par celle de 1763, le Roi de Pruffe obtint la Siléfie (*o*). A la mort de *Charles Edzard de Gretfchil*, Prince de la Frife orientale, fans héritiers mâles, le 25 Mai 1744, le Roi de Pruffe s'empara de fa Principauté en vertu d'une expectative accordée à *Frédéric III.* par l'Empereur *Léopold*, confirmée par *Jofeph I.* en 1708 & par *Charles VI.* en 1732, nonobftant toutes les oppofitions de la part de l'Electeur d'Hannovre & d'autres Seigneurs (*p*); il en fut invefti par l'Electeur Palatin, Vi-

---

(*n*) *Hübner*, *Géographie*, édit. de 1758, *T. I. L. VII. ch. VIII. Art. I.* p. 434. & *T. III. L. VIII. Ch. I.* p. 491. *Ch. VII.* p. 533. & *C. IX.* p. 541. *Schweder*, *Theatrum prætenf. P. I.* p. 491. & *Part. II.* p. 460.

(*o*) *Hübner*, *Géographie T. III. L. I. Ch. XIX. art. II.* & *feq.*

(*p*) Idem. *eod. L. VIII. Ch. VI.* p. 525.

caire d'Empire, en 1745. Cet acte
d'inveftiture fut enfuite confirmé
par *François I.* en 1747.

XXIV.

Frédéric
II, Roi de
Pruffe.

L'Electeur de *Brandebourg* aujourd'hui regnant poffede plufieurs autres terres ; telles font le
Duché de *Magdebourg*, de *l'omé-*
ranie, de *Caffuben*, les Principautés d'*Halberftadt*, de *Minden*
& de *Camin*, les Comtés de la
Marche, de *Tecklenbourg* & de
Holftein, & autres. Il a en outre des
expectatives fur le Duché de *Meck-*
lenbourg, fur la Principauté d'*An-*
halt & fur le Duché de *Saxe*. Le
but de cet ouvrage ne permet
point d'en indiquer les fources &
les titres (*a*). Il jouit de très-
grands privileges, dont les principaux font I°. le droit d'accorder
les premieres prieres dans toutes
les Collégiales de fes États (*b*) ;
II°. de juger fouverainement &

____

(*a*) *Struv, Corp. J. publ. C. XVIII.*
§. *XXXIV. Mafcovii Differt. de ex-*
pectativis in feuda Imperii. §. 13. *& fq.*
(*b*) *Gerhard de Stöcken, de Precib.*
primariis p. 28.

fans appel (c); III°. d'établir de nouveaux péages dans fes provinces, & augmenter les anciens (d); IV°. de céder fes fiefs aux Marggraves de Brandebourg, fans avoir befoin du confentement de

---

(c) Comme Electeur, il jouit de ce droit en vertu de la *Bulle d'Or, Ch. XI.* dans les terres électorales. L'Empereur *Léopold* confirma ce privilége au Roi de Pruffe en 1702. & l'étendit à toutes les terres & fiefs héréditaires du Royaume, enforte que fa jurifdiction, à l'égard de ces terres, eft illimitée, quant au poffeffoire; mais au pétitoire, ou dans les actions réelles, par lesquelles on demande la propriété ou le domaine, l'appel a lieu, fi l'objet de la demande excède la fomme de deux mille cinq cents ducats. *Stryk, Ufus modern. ff. a quibus appell. non licet. §. 8. Lunig,* Reichs-Archiv. *P. Spec. Sect. III. p.* 312.

(d) Ce privilège lui fut accordé par *Frédéric III.* en 1456. *Limnæus addit. pr. ad L. V. VIII. p.* 844. *Europ.* Herold, *P. I. p.* 281. Ce même Empereur lui accorda en 1476. le privilège de pouvoir difpofer par teftament de tous fes Etats comme des biens allodiaux; pourvu que ce foit à un Prince de fa Maifon de la branche Electorale, ou de celle de *Franconie,* dont la derniere eft divifée en deux lignes, qui font celles de *Bareith* & d'*Anfpach.*

L 4

l'Empire (*e*). A la Diète, outre le fuffrage électoral; il a une voix dans le College des Princes par rapport aux Duchés de Magdebourg & de la Poméranie poftérieure, & des Principautés d'Halberftadt, de Minden & Camin; il jouit également de plufieurs voix au College des Comtes. Ses *Officiers héréditaires* font I°. les *Comtes & Seigneurs de Schwerin, Grands-Chambellans*; II°. les *libres Barons Gans de Putlitz, Grands - Maréchaux*; III°. les *Barons de Hoverbeck, Grands - Ecuyers tranchants*; IV°. les *Barons de Schulenbourg, Grands-Maîtres de cuifine*; V°. les *Seigneurs de Græben, Grands-Veneurs*; VI°. les *Seigneurs de Kacké, Grands - Echanfons.*

(*e*). Cela fe prouve & devient clair par la note précédente.

Obf. L'Electeur de Brandebourg, en qualité de protecteur de l'Ordre de Malthe, dans fes États & de fes biens fitués dans les États proteftants d'Allemagne, nomme le Grand - Prieur de Sonnenbourg, appellé Grand - Maître de la Marche de Brandebourg. En qualité de Roi, il exerce d'une maniere abfolue tous les droits de Majefté dans fes terres Royales.

XXV.

L'*Electeur de Hannovre* tient (felon l'ordre de fa réception) le dernier rang parmi les Electeurs; il eft de la branche de *Brunfwic-Lunebourg* (a). L'établiffement de

De l'Electeur de Hannovre.

(*a*) Les terres qui compofent aujourd'hui les *Duchés* de *Brunfwic* & de *Lunebourg*, étoient autrefois le patrimoine des Empereurs de la Maifon de Saxe. Ces terres paffant par différentes mains, refterent allodiales jufqu'à la mort de *Henri Comte Palatin du Rhin*, fils de *Henri le Lion*: alors *Henri* n'ayant laiffé que des filles, l'Empereur *Frédéric II.* racheta d'elles leurs droits fur fes terres. Mais *Otton le Jeune* fils de *Guillaume*, dernier fils de *Henri le Lion*, ne voulant pas laiffer paffer en des mains étrangéres l'héritage de fes peres, il le céda à l'Empereur dans la Diète de *Mayence* en 1235, pour en être invefti comme d'un fief mouvant de l'Empire. *Frédéric* l'en inveftit du confentement des Princes d'Allemagne, & y attacha la dignité de Duc & Prince. V. *Godefrid. Colon. ad an.* 1235. Les lettres d'inveftiture fe trouvent dans *Maibomius*, *T. III. Scriptorum Rerum Germ. C.* 206.

Obf. Henri le Lion eft communément reconnu pour la tige de la Maifon de Brunfwic-Lunebourg; un de fes defcendans nommé *Ernefte*, embraffa la Religion proteftante en 1530. & laiffa entre autres deux

Tige de la Maifon de Brunfwic-Lunebourg.

L 5

cet Electorat en faveur d'*Erneste Auguste* fut approuvé & confirmé par les États d'Empire à la Diète en 1708 (*b*), sous deux conditions, savoir : I°. qu'il ne passera qu'aux descendans mâles d'*Erneste Auguste*, prémier Electeur (*c*); II°. qu'au

---

fils, sçavoir *Louis* & *Guillaume*. Ils formerent deux branches : l'ainé forma celle des Ducs de *Brunswic - Wolffenbuttel*, & *Guillaume* celle des Ducs de *Brunswic- Lunebourg*. La branche ainée fut divisée en deux lignes, sçavoir celle de *Brunswic- Bevern* & celle *Brunswic-Blanckenbourg*. La cadette eut de même plusieurs lignes, qui sont toutes éteintes, à l'exception de celle de *Brunswic-Lunebourg-Hannovre*, à laquelle tous leurs fiefs ont été réunis par le feu Roi d'Angleterre après la mort de *George Guillaume II.* dernier Duc de Zell, décédé en 1705.

(*b*) Il en fut dressé le 30. Juin 1708. un Résultat des trois Collèges.

(*c*) La branche ainée sollicita déja les États d'Empire à la diete, de vouloir bien étendre le droit de succession dans cet Electorat, aux collatéraux. V. Staats-Canzley. *T.* 33. *C.* 10. & il est très-probable, qu'elle obtiendra encore sa demande, vu que depuis l'extinction du huitieme Electorat, ainsi que depuis le changement de religion de l'Electeur de Saxe, les raisons qui ont fait borner cette succession aux des-

cas que la dignité électorale vînt à expirer dans la Maiſon de Baviere, & que la Palatine retombât à un Prince proteſtant, il feroit accordé une voix furnuméraire aux Electeurs Catholiques - Romains, que celui d'entr'eux, qui auroit la premiere féance au College électoral, pourroit donner (d).
George Louis, *fils d'Erneſte Auguſte*, monta fur le trône de la Grande-Bretagne en 1714, comme héritier des droits de fa mere *Sophie*, fille du malheureux *Frédéric V*, Electeur Palatin, & d'*Eliſabeth d'Angleterre*, fœur de l'infortuné *Charles I*, Roi d'Angleterre (e).

---

cendans de l'Electeur *Erneſte*, ne ſubſiſtent plus.

(d) Je ne vois point comment le cas puiſſe arriver aujourd'hui, vu que la dignité Electorale de Baviere eſt éteinte. Suppoſons même que l'Electorat Palatin tombe à un Prince proteſtant, cette voix furnuméraire ne feroit point néceſſaire pour contrebalancer les voix des proteſtans, puiſque même dans ce cas, le nombre des Electeurs catholiques, excéderoit encore celui des proteſtans.

(e) Voyez une table généalogique des

XXVI.

L'Electorat de *Brunſwic - Lune-*
bourg - Hannovre eſt occupé aujourd'hui par *George III*, Roi
d'Angleterre, né le 4 Juin 1738,
marié le 8 Septembre 1761 à *So-*
phie Caroline, *Princeſſe de Mec-*
lenbourg - Strelitz. Cet Electorat
comprend les Duchés de *Zelle*,
Calenberg & Grubenhagen, & les
Comtés de *Hoya* & de *Diepholt.*
Les terres héréditaires de ſa Maiſon ſont les Duchés de *Bremen*,
de *Verden* (a) & de *Saxe - Lauen-*

Rois d'Angleterre, juſqu'à celui d'aujour-
d'hui, dans *Deſing*, *Aux. Hiſt. P. VII. p.*
320.

(a) L'Archevêché de *Bremen* & l'Evêché de *Verden*, furent ſécularisés & accordés aux Suédois par l'art. X. §. 7. du
traité d'Oſnabruck en fief perpétuel & immédiat de l'Empire, en dédommagement de
la reſtitution des places occupées par la
Reine de Suéde pendant la guerre de trente ans. Les Danois firent la conquête de
ces Duchés ſur les Suédois en 1712. & les
céderent enſuite à l'Electeur d'Hannovre
pour ſix cents mille écus d'Empire : cette
ceſſion fut confirmée par *Éléonore Reine*
de Suéde, en vertu du traité de paix de
Stockholm, conclu le 9. Novembre 1719.

bourg (*b*). La fucceffion dans toutes ces terres appartient à l'ainé de

---

avec *George I.* Roi d'Angleterre & Electeur
de Hannovre. V. *Hübner*, *Géogr. L. VIII.*
Ch. IV. & *L. IX. Ch. IX.* §. 3.

(*b*) À la mort de *François Jule* en 1689,
dernier mâle de la Maifon de Saxe - Lauenbourg, fe préfenterent 1°. l'Electeur de
Saxe fondé fur une expectative de *Maximilien 1*, & fur un pacte fucceffoire fait
avec le dernier Duc en 1671. II°. Le Duc
de Lunebourg - Zell, en vertu d'un pacte
fucceffoire conclu avec le défunt, l'année
de fa mort. III°. Les Princes d'Anhalt comme fortants de la Maifon d'Afcanie, dônt
celle de Lauenbourg avoit été une branche, en vertu d'un pacte fucceffoire de 1678.
IV°. Les filles du défunt, qui foutenoient
que la Province de Lauenbourg étoit une
terre allodiale ou au moins un fief féminin.
Ces prétentions furent affoupies de cette
maniere : l'Electeur de Saxe vendit fes
droits à la Maifon de Hannovre pour
600000. écus par une tranfaction faite en
1697, en fe réfervant la fucceffion éven-
tuelle ; le Marggrave de Bade-Baden époux
de *Sybille Augufte*, fille cadette du dernier
Duc, hérita des fiefs de *Schlackenwerda* &
autres, fitués en Bohème ; la Maifon d'Anhalt
conferva les armes de Lauenbourg & fes
prétentions, qu'elle répéta en 1752. Mais
la poffeffion du Duché refta à la Maifon
de Hannovre.

la branche électorale, en vertu du droit de primogéniture établi avec l'Electorat.

XXVII.

Droits de la Maison de Hannovre.

La Maison électorale de Hannovre jouit de très - grands droits, dont les principaux font I°. le droit de fuccéder aux Royaumes de la Grande-Bretagne (a); II°. celui d'être Directeur du Cercle de la Bâffe-Saxe, conjointement avec les Ducs de Bremen & de Magdebourg (b); III°. de donner à la Diète (outre le fuffrage électoral) trois autres voix dans le College des Princes, par rapport aux Duchés de *Zelle*, de *Calenberg* & de *Grubenhagen*; IV°. le droit d'alterner avec les Catholiques touchant la poffeffion de l'Evêché d'Ofna.

(a) Le décret ou l'acte de fucceffion, donné & confirmé du Parlement d'Angleterre en faveur de cette Maison, fe trouve dans *Lunig*, Reichs-Archiv *P. Spec. S. IV. p.* 164.

(b) V. *Art. X. §.* 10. *du traité d'Ofnabruck. Faber*, Staats-Canzley. *T. XIII. C. XVII.*

bruck (c) ; V°. celui de juger fouverainement & fans appel (*d*),
jufqu'à la fomme de 2000 florins.

(c) *Traité d'Ofnabruck , art. XIII. §.*
6. . . „ & fera à jamais admife la fuccef-
„ fion alternative entre les Evêques catho-
„ liques choifis du chapitre , ou poftulés
„ d'ailleurs & entre ceux de la confeffion
„ d'Augsbourg, lefquels ne feront autres
„ que des defcendans de la famille dudit
„ Duc *George*; & s'il y a plufieurs Prin-
„ ces , on élira ou poftulera un des ca-
„ dets pour Evêque; & fi les cadets man-
„ quent, un des Princes regnans fera élu,
„ & ceux-ci manquant auffi, la poftérité
„ du Duc *George Augufte* (*pere d'Ernefte*)
„ enfin fuccédera avec l'alternative. "

(*d* Ce droit lui a été confirmé par l'Empereur *Charles VI.* en 1716. Comme le fait
voir *Ludolph, dans fon Catalogue de Pri-*
vil. A. VIII. Pfeffinger, L. III. tit. VIII.
p. 674. & *feq.*

CHAPITRE IV.

Des Princes Ecclésiastiques de l'Empire.

§. 1.

Sous le nom de *Princes ecclésiastiques* nous comprenons les Archevêques, Evêques, Grand-Maîtres d'un Ordre ecclésiastique & militaire, Abbés ou Abbesses, États d'Empire, c. à d. qui ont voix & séance à la Diète. Cette dignité de Princes passe aux successeurs, ainsi que la qualité d'État de l'Empire; si bien que les Ecclésiastiques y parviennent par l'élection, ou par la postulation du Chapitre (a); à laquelle l'Empereur envoie ordinairement un Commissaire avec le caractere d'Ambassadeur, pour y assister en son nom & en empêcher le désordre. Déja dans les hui-

(a) *Struv*, *Corp. Jur. publ. cap. XI.* p. 412. où il traite des Concordats de la Nation Germanique.

huitieme, neuvieme & dixieme fiecles les Rois de France difpofoient feuls, même par leurs Maires, des grands bénéfices du Royaume (*b*), & les Evêques ne pouvoient être dépofés fans leur agrément (*c*). Il y a cependant eu des Ducs en France, qui par privilege ou par prefcription jouiffoient du droit de nommer les Evêques de leurs provinces; tels étoient p. e. les Ducs de Provence (*d*).

(*b*) Carloman, Maire du Palais d'Auftrafie, changea en 742 l'Evêché de Mayence en Archevêché, & après en avoir nommés & défignés les Evêques fuffragans, il le conféra à *St. Boniface*, qui en remplit les fonctions neuf ans avant que la nouvelle dignité fut confirmée par le Pape *Zacharie*. Rien de fi précis que le *Décret de Carloman*, publié à *Ratisbonne* en 742. " Per Confilium Sacerdotum & Optimatum ,, meorum ordinavimus per civitates Epi- ,, fcopos & ftatuimus fuper eos Archi Epi- ,, fcopum Bonifacium." Touchanr le dixieme fiecle, v. *Frodoard*, à *l'année* 922.

(*c*) Voyez les *Annales de Metz*, à *l'année* 861.

(*d*) Vid. *Alteferra* (de haute Serre) de *Ducibus & Comitibus Provinciæ. L. II. C.* 7. Dans les premiers tems de la France le clergé & le peuple choififfoit fon pafteur,

II.

Du tems des premiers Empereurs d'Allemagne le Clergé & le
Peuple choifirent leurs Evêques;
les Empereurs les confirmoient, &
lorfqu'ils n'étoient point de con-
cert pour l'élection d'un fujet,
l'Empereur en commettoit un de
fon chef (*a*). L'Evêque élu étoit
enfuite invefti de l'Empereur, dans
les premiers tems par le fceptre,
& dans la fuite par l'anneau & la
croffe même, en figne de fon lien
indiffoluble, contracté avec fon
églife, & de fon pouvoir paftoral
fur fes ouailles (*b*). Tel étoit l'abus
de certains Empereurs. Par cette
inveftiture les Evêques devenoient
vaffaux de l'Empire; & après lui
avoir prêté foi & hommage, ils

---

qui cependant avoit befoin d'être confirmé
du Roi.

(*a*) *Capitul. Aquisgran. Ludovici Pii
de A.* 816. *C.* 2. *Hincmarus in Epift. ad
proceres regni*, *C. X.* & *Chronicon Hal-
berftadienfe*, *apud Leibnitzium*, *T. II.*
p. 119. *Ditmarus L. IV.* p. 357.

(*b*) *Sugerius*, *Vita Ludovici Groffi
apud du Chefne*, *T. IV.* p. 289. *Ditmarus*, *L. IV.* p. 357.

dépendoient de lui comme un vaſſal de ſon Seigneur, & pouvoient
être appellés à une expédition de
guerre, où il s'agiſſoit de défendre l'Empereur ou l'Empire (c).
De certains Empereurs prétendoient même, qu'ils pouvoient
les dépoſer, ſur-tout avant la conſécration, & qu'ils ne pouvoient être
dépouillés de l'Epiſcopat ſans leur
agrément (d). A la mort d'un
Evêque on portoit la croſſe du
défunt à la Cour de l'Empereur (e).

(c) *Chronicon Moguntin. circa finem.*
(d) *Annal. Metenſ. ad A.* 865. & *Her-*
mannus contractus ad A. 1047. *Struv*
l. cit. C. XI. §. IX.
(e) L'*Avoué de l'Egliſe* du feu Evêque étoit obligé de la porter lui-même à
la Cour; il étoit ordinairement eſcorté
d'une compagnie de ſoldats. *Gerhardus,*
Vita Udalrici, C. XXVIII. Lambertus
Tuitienſis, Vita St. Heriberti, C. II.
§. *VII.*
Obſ. Il y avoit certainement de l'abus
en tout ceci: en ce que ſans faire diſtinction du ſpirituel & du temporel, les Empereurs avoient l'air de vouloir tout conférer aux Evêques & cela par des ſymboles
qui étoient univerſellement reconnus pour
des marques de choſes purement ſpirituel-

M 2

III.

C'est une vérité constante, qu'avant l'onzieme siecle les Evêques d'Allemagne ne pouvoient exercer leurs fonctions épiscopales, ni percevoir les fruits de leur temporel, avant d'avoir été agréés, confirmés & investis de l'Empe-

---

les : telles sont le lien, ou la desponsation de l'Evêque avec son Eglise & le pouvoir pastoral de l'Evêque, qui n'a pour objet qu'un ministere purement spirituel, consistant à instruire ses brebis, leur administrer les sacremens & à offrir pour elles le sacrifice de la messe. Certes un enfant sent qu'il n'appartenoit point aux Empereurs (dont le pouvoir étoit uniquement temporel) de conférer des choses spirituelles aux Evêques par l'anneau & la crosse. Ainsi il auroit donc fallu distinguer les terres qui composoient le district d'un Evêque, d'avec le pouvoir qui lui compétoit à l'égard de ses brebis, comme sujets de son église. Cette distinction faite, l'Empereur pouvoit donner le temporel de l'Evêché par le sceptre; mais le spirituel ne pouvoit se donner que par celui, qui a été constitué Vicaire de J. Christ, pour régir & gouverner son église en terre. Mais un mal-entendu & la vaine gloire occasionnerent de fâcheuses disputes entre le Pape & l'Empereur, déchirerent l'église & scandaliserent les fideles pendant plusieurs siecles.

reur (a). L'inveſtiture étoit ſuivie de la conſécration, qui ſe faiſoit par le Métropole avec ſon agrément. Les Papes furent indignés de cet abus. Grégoire VII. oſa le premier porter un Décret d'excommunication contre tous ceux qui recevroient l'inveſtiture d'un laïque (b). Il le confirma enſuite par d'autres (c); cela mit le ſacerdoce aux priſes avec l'Empire, & fit naître entre eux une diſſention cruelle & ſcandaleuſe, qui dura très-long-tems. L'Empereur Henri V. fléchit ſous le poids de cette déſunion, & guidé par un eſprit de paix & de douceur, il ſe réconcilia avec le St. Siege par une

_____

(a) *Ditmarus L. VII. p.* 406.

(b) Ce décret fut dreſſé dans un Concile tenu à *Rome* en 1078. Il portoit l'empreinte de l'animoſité du Pape.

(c) Ce décret d'excommunication fut enſuite étendu aux laïques, qui donneroient l'inveſtiture d'un Duché, Comté &c. à un eccléſiaſtique. Vid. *Epiſt. Greg. Papæ poſt Epiſt. XIV. & Baron. Annal. ad a.* 1080. Cela marquoit l'indiſcrétion du Pape, qui paroît avoir excédé les bornes de ſon pouvoir.

transaction faite à la Diète de Worms en 1122, par laquelle il fut stipulé Iº. que l'Empereur se désisteroit des investitures par l'anneau & la crosse; IIº. qu'on pourvoiroit aux dignités ecclésiastiques par des élections libres & canoniques; IIIº. que l'Empereur auroit le droit d'y assister personnellement ou par Commissaire, pour empêcher la simonie & obvier aux désordres; IVº. que l'élu recevroit l'investiture du Pape concernant le spirituel par l'anneau & la crosse, & de l'Empereur l'investiture par le sceptre pour les régales & le temporel de l'Evêché, Archevêché ou Abbaye; Vº. que l'Empereur restitueroit à l'Eglise de Rome les terres & régales à elle ôtées durant cette discorde; VIº. qu'il lui prêteroit du secours autant de fois qu'elle l'exigeroit; VIIº. qu'il accorderoit six mois pour recevoir l'investiture des Régales à celui qui aura été sacré hors de l'Allemagne (d).

_____

(d) *Baronius* dans ses *Annal.* à l'année 1122. apporte cette transaction telle qu'on

IV.

Dans la fuite les Papes & les Conciles accorderent aux Chanoines capitulaires un droit exclufif d'élire les Archevêques & Evêques (a); droit qu'ils n'exercoient cependant que très - rarement à caufe des réferves & graces expectatives (b) introduites par la Cour

---

la trouve dans les archives du Vatican. Elle fe trouve auffi dans le *Code Diplom. de Leibnitz P. I. p. 2. V. le Droit publ. Germ. T. I. p.* 110. *conf. Hoffmanni Differtat. ad Concordatum Henrici V. & Calixti II. de inveftituris Epifcop. & Abbatum.*

(a) C'eft le Pape *Honore III.* qui donna ce privilege au Chanoines Capitulaires, à l'exclufion du refte du Clergé & du peuple, qui concouroient auparavant à l'élection de leur pafteur.

(b) La *Réferve fpéciale* eft une déclaration, par laquelle le Pape prétendoit pourvoir à telle cathédrale, telle dignité, ou tel autre bénéfice venant à vaquer, avec défenfe au chapitre, de procéder à l'élection, ou à l'ordinaire, de le conférer. Des réferves fpéciales, les Papes pafferent aux générales; enforte que *Jean XXII.* au commencement du XIVme. fiecle, fe réferva par fa premiere régle de *Chancellerie*, toutes les cathédrales de la chrétienneté. Les Con-

deRome. Tout cela tendoit à éluder la force de la fusdite transaction. Les États de l'Empire, ainsi que les Chapitres, s'en plaignirent, mais affez long-tems sans effet. Le pouvoir des Pontifes augmentoit à proportion que celui des Empereurs diminuoit. Les Empereurs n'ayant plus la nomination, ni la confirmation des Evêques, on ne leur faisoit plus la cour à ce sujet. Les Papes au contraire étant, pour ainsi dire, devenus collateurs universels des grands bénéfices d'Allemagne, qui déja dans les douzieme & treizieme siecles méritoient les efforts de ceux qui se sentoient de l'inclination pour l'Eglife, étoient révérés & affaillis des Grands. Cela fit jetter les hauts cris à l'Empereur & aux Chapitres; enfin la Cour de Rome fut obligée de les exaucer & de figner les Concordats de la nation Germanique le 17 Février 1448, qui ferment la porte aux

___

ciles de Constance & de Bâle, les ont dé-fendus.

réferves & expeĉtatives, & n'approuvent que les voies d'éleĉtion ou de poftulation, & de la collation pour parvenir aux dignités & bénéfices eccléfiaftiques (c).

V.

Ainfi depuis la paix du St. Siege avec l'Empire, les Archevêques, Evêques, Abbés ouAbbeffes font créés par l'éleĉtion ou la poftulation des Chapitres, ou nommés par le Pape. L'éleĉtion ou la poftulation doit être confirmée du Souverain Pontife (a). Après la confirmation fuivent le ferment de fidélité & la confécration à l'égard des Archevêques & Evêques (b), ou Abbés

---

(c) L'éleĉtion & la poftulation fe font par les Chapitres, la collation fe fait par le Pape, lorsque les bénéfices ou les dignités vaquent en cour de Rome. *Schmaufs, Corp. Jur. publ. p.* 370. D'autres Prélats conferent de certaines Prélatures en vertu d'un privilege fpecial. Ainfi p. e, l'Archevêque de *Saltzbourg* eft collateur de quatre Evêchés, fçavoir, *Gurck, Seccau, Chienfée & Lavant.*

(a) La confirmation donne aux Evêques les droits de jurifdiĉtion eccléfiaftique

(b) Il y a long-tems que les Evêques

croffés & mitrés; les autres, ainfi que les Abbeffes, font bénis feulement. Tous ces Prélats (s'ils font Princes États d'Empire poffédant des fiefs immédiats) en doivent être inveftis de l'Empereur, & en demander l'inveftiture avant la confirmation, nonobftant le droit féodal (c). Cela n'empêche cepen-

---

Foi & hommage & ferment de fidélité prêté par les Evêques, font obligés de prêter le ferment de fidélité au Pape. V. *Albertus Stadenfis, ad an.* 1179. Les Evêques États d'Empire, font en outre obligés de rendre foi & hommage à l'Empereur; & les autres, le ferment de fidélité feulement. En outre ils prêtent ferment à leurs Chapitres & aux Etats de leurs Provinces ou Diocèfes, de maintenir leurs droits & privileges. Les Evêques de France font fujets à la même preftation de ferment de fidélité au Roi. *Henault, Nouvel Abrégé de l'Hift. de France T. I. p.* 224.

Effet de la confécration. Par la confécration, l'Evêque reçoit le pouvoir de conférer les ordres, de facrer les Evêques, de bénir les Abbeffes & de confacrer les Eglifes.

(c) *II. f.* 24. *&* 40. Les Evêques ne fauroient inveftir leurs Vaffaux, avant d'avoir été eux-mêmes inveftis de l'Empereur. *Hundii Metropolis, T. I. p.* 332. Ils font inveftis aujourd'hui comme les Princes féculiers, en touchant le pommeau de l'épée que l'Empereur tient en main.

dant point, qu'ils n'aient voix &
féance à la Diète avant d'être inveftis, vu que par l'élection, poftulation ou nomination ils deviennent États d'Empire , & comme
tels capables d'exercer leur fuffrage à la Diète (d).

VI.

Déja dans les premiers tems de
l'Empire (auffi-bien que de la
France) les Evêques ont été admis aux affemblées des États du
Royaume (a). Ils exercoient auffi Evêques
à la Cour les premieres charges admis aux
de la robe, fur-tout à l'égard de affem-
la Chancellerie, comme nous l'a- blées des
Etats.

_____

(d) Struv, Corp. Jur. publ. C. XVI.
§. 23.
(a) Déja fous les Rois Mérovingiens,
les Evêques fe trouvoient aux Affemblées,
ou Etats généraux, comme le prouve la
Préface de la Loi Allemannique . . .
„ incipit Lex Allemannorum, quæ tempo-
„ ribus Clotharii Regis una cum Principi-
„ bus fuis, id funt XXIII. Epifcopis &
„ XXXIX. Ducibus & XXXII. Comi-
„ tibus vel cætero populo conftituta." lls
s'y trouvoient de même fous le regne de
Charlemagne. Vid. II. Capit. XII. Pfaf-
finger, ad Vitriar, L. I. tit. XV. §. 2.
lit. d.

vons faits voir précédemment (*b*).
Le premier zele de religion leur
procura par-tout un rang diftingué & des richeffes fort confidérables. Les Empereurs, ainfi que
les Grands de l'Empire, concou-
rurent à l'envi pour verfer dans
leur menfe épifcopale des villes,
des forptereffes, des Duchés & des
provinces avec tous les droits &
prérogatives y attachés (*c*), enforte que dans les dixieme & onzieme fiecles ils étoient déja élevés
au pole de la grandeur & de la
puiffance, où nous les admirons
aujourd'hui, Princes & États d'Empire (*d*).

(*b*) Les eccléfiaftiques dreffoient auffi
les actes, les loix & les capitulaires, dont
on étoit convenu dans ces Affemblées,
parce qu'il étoit de coutume de les dreffer
en latin, dont le clergé avoit la meilleure connoiffance.

(*c*) Vid. *Onuphre Panvin*, *Moine de
l'ordre de St. Auguftin. Edit. Gretz*, *p.*
262.

Leur puif-   (*d*) La puiffance des Evêques commen-
fance.   ça par la jurifdiction que les Souverains
leur accorderent fur les caufes & perfonnes eccléfiaftiques. *Capit. L. V. cap.* 378.

VII.

L'on pourroit alléguer plusieurs raisons, qui ont engagé les Empereurs d'admettre les Evéques aux assemblées, & de leur accor- Raisons de les admettre aux assemblées

---

Dans la suite ils furent exempts de la jurisdiction séculiere des Ducs & des Comtes, qu'ils faisoient exercer par leurs Avocats & *Vice-Doms.* *Meinders, de Judiciis Centenariis C. VII.* §. 31. Cette puissance se fortifia par l'acquisition des terres & de la jurisdiction séculiere. Vid. *Heda, Historia Ultraject. p.* 35. & *Monumenta Paderborn. p.* 315. *Struv. l. cit. C. XIX. p.* 683. La multiplicité des droits de péage, de monnoie, de mines, de chasse, de pêche & autres, que les Empereurs leur accordoient tous les jours, augmentoit cette puissance visiblement. Enfin la concession des Territoires entiers, Seigneuries, Comtés, Principautés, Duchés avec tous les droits régaliens & la supériorité territoriale y mit le comble. *Otton le Grand* doit être le premier Empereur qui ait accordé aux ecclésiastiques un Territoire avec les droits régaliens, en donnant le Duché de Lorraine à son frere *Brunon,* Archevêque de Cologne. *Wittikindus, L. I. Ann. p.* 638. Les Rois de de France l'avoient déja fait auparavant. Vid. *Regino, ad an.* 859. 864. 867. De cette façon les Evêques devinrent Ducs & Princes avec l'agrément des Empereurs.

& de leur
accorder
la qualité
d'États.

der la qualité d'États. En voici les plus pondérantes : I°. Parce que les Empereurs, perfuadés de leur attachement & de leur reconnoiffance, s'en fervoient pour contrebalancer l'autorité que les Princes féculiers commençoient à s'arroger. II°. Parce qu'ils favoient, que le peuple feroit plus prompt à exécuter leurs volontés approuvées & autorifées de leurs pafteurs. III°. Enfin la raifon la plus grave eft, parce que dans les premiers tems, même jufqu'au XIII. & XIV. fiecles, les Eccléfiaftiques (étant prefque les feuls lettrés) avoient le plus de connoiffance dans les affaires d'État, civiles, criminelles ou canoniques; cela fit que l'on étoit pour ainfi dire dans la néceffité de les y admettre. Cela fe pratiquoit déja chez les anciens Gaulois à l'égard de leurs Druides (prêtres); de même chez les anciens Allemands, comme nous l'apprennent *Tacite* & *Jules Céfar.* Cela continue encore en France, auffi-bien qu'en Allemagne; enforte qu'on y voit des Eccléfiaftiques parmi les Ducs & Pairs, de même qu'aux Parlemens & dans les Confeils fouverains il fe trouve toujours des Chevaliers d'honneur d'églife & des confeillers clercs; comme il entre auffi au Parlement de la Grande-Brétagne des Pairs & Seigneurs eccléfiaftiques.

VIII.

Les Empereurs en créant les Evêques, États d'Empire, & en leur concédant ou en permettant qu'on leur donnât par actes entre-vifs, ou à caufe de mort, des Duchés & des Comtés avec les droits que les Princes féculiers y exercoient, les tinrent d'abord dans une certaine dépendance, leur commettant des *Avoués* ou Avocats, qui devoient gouverner conjointement avec eux, & juger les caufes civiles & criminelles de leurs fujets. Ce frein les gênoit; ils trouverent des moyens de s'en défaire (a) fous l'Empereur *Frédé-*

_____

(a) *Meyer, de Advocatia, fol.* 1713. *à Frankfort.* Dans la fuite les Evêques

ric II. & fes fuccefTeurs ; & exercent aujourd'hui deux fortes de
jurifdiction , favoir l'eccléfiaftique , que les Evêques obtiennent
par la confirmation, & les Archevêques par le *Pallium* (b) & la jurifdiction

---

Avoués. & autres Prélats nommoient eux-mêmes
leurs *Avoués* (Kaften-Vogt), qui avoient
l'adminiftration de leurs biens & la jurifdiction civile & criminelle à exercer fur leurs
fujets des Eglifes ou Abbayes, dont ils étoient
Avoués. V. *le Droit publ. du St. Empi-*
re. L. XIII. ch. III. La dignité d'Avoué
devint enfuite héréditaire : celle du Marggrave de Bade à l'égard de l'Abbaye de
Schwartzach eft connue. Ils avoient auffi
des Avoués obligés de les défendre contre
leurs ennemis, appellés : *Advocati Ar-*
mati. Struv. Corp. J. publ. C. XIX. §.
26. *& feq* Les Archi-Ducs d'Autriche
étoient autrefois Avoués de plufieurs Evêchés & Abbayes & notamment de celle
de Murbach dans la haute Alface, aujour-
d'hui fécularifée.

(b) Le *Pallium* eft un ornement ponti-
fical, propre aux fouverains Pontifes, Pa-
triarches, Primats & Métropolitains ou
Archevêques, qu'ils portent par-deffus leurs
habits pontificaux en fignes de jurifdiction.
Il eft fait en forme de *Bande*, large de
trois doigts, qui entoure les épaules, ayant
des pendans longs d'une palme, par de-

rifdiction temporelle, qui leur eſt accordée par l'inveſtiture.

IX.

Les Evêques, ainſi que les Abbés, étant devenus Princes d'Empire & poſſeſſeurs de grands territoires, auxquels les Empereurs avoient attaché les titres de Duché & de Principauté, avec droits régaliens & pluſieurs autres éminentes prérogatives, commencerent à tenir des Cours, & à les rendre brillantes & magnifiques par le grand nombre de leurs Officiers & Vaſſaux, parmi lesquels il ſe trouvoit des Officiers héréditaires (a) ſous les noms de Maréchal,

---

vant & par derriere, avec de petites lames de plomb arrondies aux extrêmités, couvert de ſoie noire, avec ſix croix noires. Il eſt fait d'une laine blanche. Les Archevêques d'Allemagne en payent d'ordinaire 30000. liv. & ceux de la France 6000. L'Evêque de Bamberg, en vertu d'une conceſſion particuliere de *Leon IX*, en porte auſſi un. *Struv. Corp. J. publ. C. VIII. §. 38. & C. XIX. §. 10. & Van Eſpen, Jus Eccleſ. Univerſ. P. I. tit. XIX. cap. V.*

(a) *Struv. Corp. J. publ. C. XIX. §.*

deMaître d'hôtel, deChambellan &
d'Echanson, à l'imitation des Cours
impériales & royales. Ces char‑
ges subsistent encore à la Cour de
plusieurs Evêques & Abbés (b).

---

24. apporte ces paroles. . . „de Argenti‑
„nensi Episcopatu, dicit Bernhardus Her‑
„zog Elſaß. Chronit, Lib. V. p. 8. & 134.
„ Würtembergia est Marechallus, Suèvia
„ est Camerarius, Alsatia superior Pincer‑
„na, Alsatia inferior Dapifer. ”

Obſ. La Chronique de Herzog fut im‑
primée en 1591. dans la langue Alleman‑
de & ne fut jamais traduite en latin. Struv
ne l'a probablement jamais vu; ce qu'il
y a de sûr, c'est que Herzog n'a jamais
écrit ce que Struv lui impose: bien moins
l'a-t-il écrit dans les endroits par lui cités.
Car dans le V. liv. p. 8. Herzog dit, que
l'Evêque Jean de Lichtenberg avoit con‑
cédé à Henri, fils ainé du Seigneur *Hanne‑
mann* de *Lichtenberg*, la charge de *Ma‑
réchal du Grand Chapitre de Strasbourg*
après l'extinction de la famille de *Hunen‑
berg*; & à la p. 134. du même liv. cité par
Struv, Herzog ne fait que répéter ce que
je viens dire de lui; & à la fin de cette pa‑
ge il dit: *Wernher Maréchal de Hunenberg*
avoit fait bâtir la *Maison de St. Jean*,
appellée zum grünen Wördt, à *Strasbourg*
en 1371.

(b) P. e. l'Evêque de *Bâle* ou de *Poren‑
trui*, a pour Officiers héréditaires: les Che‑
valiers de *Schönau, Ecuyers Tranchans*;

X.

Il y a en Allemagne quatre Archevêques & vingt-un Evêques,

les Comtes de *Reichenstein* & de *Löwenbourg*, *Chambellans*; les Seigneurs d'*Eptingen Maréchaux*; les Nobles *Bærenfeld*, *Echansons*; & les Chevaliers de *Rotberg*, *Maîtres de Cuisine*. V. *Lunig*, C. I. pag. 1758. Ainsi l'Abbé de *Fulde* a ses Maréchaux héréditaires, qui sont les *Barons de Görtz* Seigneurs de *Schiltz*, près de l'Abbaye de *Fulde*. Vid. *Buderus*, C. I. p. 98.

Obs. I. Il y a aussi des Archevêques, qui étoient autrefois États d'Empire, & qui ne sont plus aujourd'hui que titulaires, soit parce qu'ils se trouvent sous une domination étrangère, comme les Archevêques de Cambrai, de Besançon & de Vienne en Dauphiné, devenus sujets du Roi de France; soit parce que s'absentans de la Diète, ils ont cessé de contribuer aux charges de l'Empire, comme l'Archevêque de Prague, qui cependant doit être rétabli dans ses droits.

II. Parmi les Evêques, Princes d'Empire, ceux de *Bamberg* & de *Würzbourg* méritent une considération particuliere: le premier, pour raison du droit de porter le *Pallium* & de son rang devant tous les autres Evêques d'Allemagne, privileges, que l'Empereur *Henri* II. lui obtint du St. Siege; & le second, parce qu'il est regardé comme le premier Evêque, qui ait ex-

Evêques d'Em. Bamberg & de Würzbourg.

Princes & États d'Empire y compris. Leur nombre étoit plus grand avant la paix de Westphalie, par laquelle quelques-uns ont cessé d'être États d'Empire, comme *Metz*, *Toul* & *Verdun* (a). D'autres ont été sécularisés, com-

ercé la jurisdiction temporelle, en vertu d'un privilege spécial à lui accordé par *Pepin premier*, *Roi de France*, de la race Carlovingienne, à la Diète de *Francfort* en 752. Delà vient que l'Evêque fait porter devant lui une épée nue autant de fois qu'il officie pontificalement; delà vient aussi ce fameux vers:

Herbipolis sola, *judicat ense*, *stola*. *Struv. Corp. J. publ. C. III. §. 12.* rapporte cette concession à l'année 1168, mais assez mal-à-propos, vu que le privilege (qu'il allégue en faveur de son opinion), daté de 1168, est une confirmation du même privilege, & suppose qu'il existoit déja auparavant. L'Empereur Frédéric le Barberousse lui accorda le titre de *Duc de Würzbourg*. *Leuckfeld*, *Antiquit. Pœld. p. 254.* Cela donna occasion aux Evêques de Würzbourg de prendre après l'extinction des Ducs de Franconie le titre de *Duc de Franconie*, dont *Jean II.* se décora le premier en 1426. V. *Laurentius Frisen* p. 542. & *Caspar Bruschius*, *Chronologia Monaster. pag.* 152.

(a) *Traité de Münster art. II. §. 7°.*

me *Verden*, *Münden*, *Camin*, *Halberstadt*, *Schwerin*, *Ratzebourg*, de même que l'Abbaye de *Hirschfeld* (b).

XI.

Il y a quelques Evêques & plufieurs Abbés ou Prélats, qui n'ont jamais été reçus au nombre des États; p. e. l'Évêque de *Breslau*, & ceux d'*Olmütz* & de *Prague*, ainfi que les fuffragans de ce dernier. On donne aux Evêques, Princes nés, le titre d'*Altesse Sérénissime* (𝔥𝔬𝔠𝔥𝔣ü𝔯𝔰𝔱𝔩𝔦𝔠𝔥𝔢 𝔇𝔲𝔯𝔠𝔥-𝔩𝔞𝔲𝔠𝔥𝔱), & aux autres, qui ne font que Gentilshommes, celui d'*Altesse Révérendissime* (𝔥𝔬𝔠𝔥𝔣ü𝔯𝔰𝔱𝔩𝔦𝔠𝔥𝔢 𝔊𝔫𝔞𝔡𝔢𝔫). Les Evêques États d'Empire ont chacun leur fuffrage particulier à la Diète au Collège des Princes. Le Grand-Maître de l'Ordre Teutonique précéde au Collège des Princes, tous les Evêques ayant voix & féance immédiatement après les Archevêques. Le Grand-Prieur ou le Grand-

Grand-Maître de l'Ordre Teutonique.

_____

(b) *Traité d'Osnabruck*, *art. X. §. 4. 7. 9. art. XI. §. 1. 4. 5. 6. 11. 12. art. XII. §. 1. art. XV. §. 2.*

Maître de l'Ordre de St. Jean de Jérusalem pour l'Allemagne a sa séance parmi les Abbés Princes d'Empire immédiatement après celui d'Ellwangen.

LISTE
des *Archevêques* & *Evêques Princes Etats d'Allemagne.*

ARCHEVÊQUES.

I. Mayence. II. Cologne. III. Treves. IV. Salzbourg.

EVÊQUES.

1.	Bamberg.	12.	Ratisbonne.
2.	Würzbourg.	13.	Paſſau.
3.	Worms.	14.	Trente.
4.	Eichſtædt.	15.	Brixen.
5.	Spire.	16.	Basle.
6.	Strasbourg.	17.	Liége.
7.	Conſtance.	18.	Osnabruck.
8.	Augsbourg.	19.	Münſter.
9.	Hildesheim.	20.	Lubeck.
10.	Paderborn.	21.	Cur.
11.	Freyſingen.		

Les Evêques d'Osnabruck & de Lubeck proteſtans ſont placés ſur un banc au milieu de la ſalle, entre les Princes eccléſiaſtiques & ſéculiers.

XII.

L'Archevêque de *Mayence* eſt *Primat d'Allemagne* en vertu d'une Bulle de *Bénoît VII*, accordée à l'Archevêque *Willigis* en 975; &

comme tel il a le droit de facrer le Roi d'Allemagne & d'y affembler les Conciles nationaux (*a*). L'Archevêque de *Treves* porte le titre de *Primat des Gaules Belgiques* (*b*). L'Archevêque de *Cologne* eft exempt de la jurisdiction du Primat d'Allemagne, & dépend immédiatement du Pape en vertu d'un privilege à lui accordé par *Léon IX*. (*c*). L'Archevêque de *Salzbourg* eft Légat né du St. Siege (*d*).

(*a*) Vid. *Bullar. Rom.* Ses fuffragans font les Evêques de *Worms*, *Spire*, *Strasbourg*, *Würzbourg*, *Eichftædt*, *Cur*, *Conftance*, *Augsbourg*, *Hildesheim*, *Paderborn*.

(*b*) Vid. *Bulla apud Browerum*, T. I. L. IX. *p.* 472. Ses fuffragans font les Evêques de *Metz*, *Toul* & *Verdun*. V. le *Traité de Münfter*, ch. XI. §. 70.

(*c*) Il a été confirmé par *Frédéric III*. Ses fuffragans font les Evêques de *Liege*, de *Münfter* & d'*Osnabrück*.

Obf. Le dernier ne l'eft que quand il eft de la Religion Catholique - Romaine.

(*d*) *Hundii Metrop. Salisburg.* T. I. *p.* 8. Ses fuffragans font les Evêques de *Freyfing*, de *Brixen*, de *Gurk*, de *Seckau*, de *Lavant* & de *Trente*.

Obf. A la Diète il tient alternativement avec l'Archi - Duc d'Autriche le premier

XIII.

Parmi les *Evêques*, Etats d'Empire, il y en a qu'on nomme *Exempts*, c. à d. non - sujets aux Archevêques; ils dépendent immédiatement du Pape. Tels sont les Evêques de *Bamberg* (a) & de *Ratisbonne* (b). Les Evêques protestans élus ou postulés prennent séance à la Diète sur un banc placé au milieu de la salle, posé en travers entre les Princes ecclésiastiques & les séculiers. Il s'y trouve l'Evêque d'*Osnabruck*, quand il

---

rang au College des Princes; & il est conjointement avec l'Electeur de Baviere Directeur du Cercle de Baviere.

(a) L'Empereur *Henri II.* fonda cet Evêché en 1006, & y attacha beaucoup de biens, ainsi que Cunigonde, son épouse, qui descendoit des Ducs de la Lorraine Mosellane. Le même Empereur obtint du St. Siege l'exemption de cet Evêché; la prérogative du premier rang est celle du *Pallium. Bruschius, Catalog. Episc. Bamberg. p.* 1096. *Desing, Aux. Hist. P. III, p.* 278.

(b) Le privilege d'exemption accordé à cet Evêché par Charlemagne se trouve dans *Lunig, Spicileg. Eccles. Tom. III. p.* 641.

eſt proteſtant, & l'Evêque de *Lubec* (c). Le ſiege d'un Evêque étant vacant, le Chapitre tant catholique que proteſtant exerce le ſuffrage à la Diète.

XIV.

Outre les Evêques, dont nous venons de parler, il y a encore en Allemagne deux ſortes de Prélats, également États d'Empire. Les *Prélats Princes* (geſürſtete Prälaten)', qui ont chacun leur ſuffrage particulier (*votum virile*) à la Diète; & les *Prélats non Princes* diviſés en deux claſſes ou bancs, ſavoir le *banc de Suabe* & le *banc du Rhin*, ſur leſquels ſe trouvent auſſi les Envoyés des *Abbeſſes Princieres* ou *non Princieres* (a). Or tous

---

(c) Ces Evéques doivent être pris de la Maiſon des Ducs de Brunſwic-Lunebourg. V. *Triaté d'Oſnabruck*, *art. XIII.* §. 1. *Struv. Corp. Jur. publ. C. XVII.* §. 26.

(a) Parmi ces *Abbeſſes* il y en a trois de la *Religion proteſtante*, qui ſont *Princeſſes*, ſavoir celle de *Quedlinbourg* dans la Haute-Saxe ; celle de *Gandersheim* dans la Baſſe-Saxe, qui ne reçoit que des Princeſſes ou des Comteſſes d'Empire ; & celle d'*Hervorden* en Weſtphalie. Les Cha-

N 5

ces Prélats & Abbesses donnent
leurs suffrages par bancs, & ne font

---

noinesses portent une médaille d'or sur la
poitrine.

Obs. Tous les Evéques, Prélats, Abbesses & Dignitaires ecclésiastiques, tant
catholiques que protestans, qui changent
de religion, sont déchus de droit de leurs
dignités, biens, droits & prérogatives y
attachées; & le Chapitre, ou celui à qui
il appartient, peut dès-lors élire ou po-
stuler une autre personne de la même religion, à laquelle le bénéfice appartient.
Traité d'Osnabruck, art. V. §. 15.

L I S T E

des Abbés Princes, Etats d'Empire.

1. Fulde.   5. Weissembourg *.
2. Kempten.   6. Prüm **.
3. Ellwangen.   7. Stable.
4. Berchtolsgaden. 8. Corwey.

* La *Prévôté de Weissembourg* fut
incorporé à l'Evéché de Spire du consentement de *Charles-quint* & du Pape *Paul
III. Spener, Oper. Herald. Sp. I. C.* 64.
§. 9. L'Evéque en porte la voix à la Diète.

** L'*Abbaye Princiere de Prüm* fut
unie à la manse épiscopale de Treves en
1576. L'Archevêque en porte le titre, &
en exerce le suffrage au College des Princes.

Obs. I. Les anciennes *Abbayes de Murbach & de Lure*, d'abord réunies & ensuite
sécularisées & changées en une Collégiale

Abbaye de
Murbach.

conféquemment tous enfemble que deux fuffrages.

Equeftrale, en vertu d'une Bulle de Clément XIII. du 3. avant les ides du mois d'Août 1746 & de l'agrément de Louis XV, étoient autrefois des *Abbayes Princieres, Etats d'Empire;* mais elles ont ceffé d'être Etats d'Empire lors du *Traité de paix* conclu à *Ryswick,* par les *art. V. & XV.* duquel le Roi de France ne s'eft obligé de rendre à l'Empereur & à l'Empire que les lieux & endroits fitués hors de l'Alface, & dans ce traité on ne mit point ces deux Abbayes du nombre des Etats, qui devoient être rétablis dans leurs anciens droits. Cependant on continue de donner le titre de Prince au premier Dignitaire de la Collégiale Equeftrale de Murbach, où mieux de Gebweiler, où ladite Abbaye de Murbach a été transférée.

II. Parmi les *Abbés Princiers* celui de *Abbé de* *Fulde,* aujourd'hui Evêque, tient le pre- *Fulde.* mier rang; il porte le titre d'*Archi-Chancelier de l'Impératrice,* & de *Primat d'Allemagne & des Gaules. V. R. I. de A.* 1654. §. 200. *Brower, Antiquit. Fuldenf. L. I. C. XV. & XVI.* Il eft exempt, & dépend feulement & immédiatement du Pape, en vertu d'un privilege que lui accorda le Pape *Etienne III. Brow. l. cit. Lunig, Spicil. Ecclef. T. III. p.* 134.

CHAPITRE V.

Des Princes séculiers d'Empire.

I.

Sous le nom de *Princes séculiers d'Empire* en général nous comprenons les Electeurs, les Archi-Ducs, Grands-Ducs, Comtes Palatins, Marggraves, Landgraves, les simples Princes & les Comtes Princiers jouissans de la qualité d'État d'Empire. Dans ce chapitre je donnerai une notice générale de leurs noms, de leurs offices, de leurs dignités & de leurs droits.

II.

Le nom d'*Electeur* dérive du verbe *élire*, *choisir*; ainsi on donne le titre d'Electeur aux États d'Empire, qui ont le droit d'élire l'Empereur, après lequel ils tiennent le premier rang parmi les Princes d'Empire.

Le nom d'Archi - Duc est un nom composé d'*Archi* (en allemand 𝕰𝖗𝖟 ou 𝕰𝖗𝖘𝖙) & *Duc*; ainsi il dénote le premier des Ducs, ou le Duc par éminence. Il n'y a que l'illuftre famille d'Autriche, qui porte le titre d'Archi-Duc dans l'Empire (*a*). Ce titre fut accordé formellement à cette Maifon par *Frédéric III.* en vertu des *Lettres patentes de* 1453 (*b*). Depuis ce

---

(*a*) Je ne nie cependant point que l'on n'ait donné de tems en tems le titre *d'Archi-Duc* à d'autres Princes, Archevêques, ou Ducs : l'hiftoire me convainque du contraire. V. Befchreibung Tyrol. *p.* 4. & *l'Auteur de la Vie de St. Brunon, Archevêque de Mayence,* dans *Leibnitz, T. I. p.* 290. *Magn. Chron. Belg. p.* 80. Mais c'étoit d'un ftile oratorien & non pas par lettres patentes afin de l'affecter à jamais à une certaine famille, comme cela arriva à l'égard de la Maifon d'Autriche.

(*b*) Elles portent . . . . „ Volumus . . .
„ & decernimus, quod præfati Principes
„ Domus noftræ Auftriæ noftrique & eorum
„ hæredes & fuccefores . . . Ex nunc, in
„ antea Archi-Duces dici & nominari eo-
„ rumque nomine . . . à noftris Imperio
„ fuccefforibus & univerfis Sacri R. I. Prin-
„ cipibus Electoribus & aliis ita nominari
„ & appelari debeant . . . cum omni ho-
„ nore, dignitate, privilegio, præeminen-
„ tia. &c. ”

Obf. I. Les plus grandes prérogatives de ceux de cette Maifon, dont je n'ai pas encore fait mention, confiftent, dans le rang qu'ils

tems-là ce titre est devenu de stile
de Cour dans tous les Actes pub-

---

ont à la Diète devant tous les Princes même ecclésiastiques, à l'exception de l'Archevêque de *Saltzbourg*, avec lequel ils alternent tant à l'égard de la séance que par
rapport à la direction du college des Princes, de sorte néanmoins que la Maison
d'Autriche la doit exercer au commencement de chaque Diète. IIº. De n'être point
tenus de se trouver à la Diète, ni d'observer les Résultats de l'Empire, faits sans
leur consentement. IIIº. D'être exempts
des charges d'Empire. IVº. D'être exempts
des jurisdictions de l'Empire, tant en premiere instance, qu'en cause d'appel, à
moins qu'il ne s'agisse d'un procès intenté
par la Maison d'Autriche contre un Etat
d'Empire & au contraire: dans ces cas elle reconnoît la jurisdiction de la Chambre
impériale & son *ordonn. V. l'Art. XXXI. de
la Capit. de Joseph I.* Vº. Dans le droit de
recevoir l'investiture de leurs fiefs dans leurs
pays, & si l'Empereur ne la leur donne pas
après en avoir été requis trois fois par lettres, l'investiture est présumée faite & prise.
VIº. D'être exempts de la taxe, ainsi que
des services féodaux, à l'exception du cas
où l'Empire est en guerre contre les Turcs:
alors le Duc d'Autriche est obligé de fournir douze soldats, qui cependant ne sont
obligés de servir qu'un mois. VIIº. Que
les Vassaux d'Autriche ne peuvent consti-
tuer des arriere-fiefs sans l'agrément de

lics concernant la Maison d'Autriche, quoique de certains Em-

---

l'Archi-Duc. VIII°. De pouvoir acquérir des fiefs d'Empire sans le consentement de l'Empereur. IX°. De pouvoir aliéner les fiefs qu'elle possede sans crime de félonie & les transférer aux femelles au defaut de mâles, en observant toujours le droit de primogéniture.

II. L'*Archi-Duc d'Autriche* reçoit l'investiture dans son pays à cheval (comme le Roi de Boheme), l'épée au côté, tête couverte de son chapeau archi-ducal, & tenant dans la main un bâton de commandement ou un sceptre d'argent; toutes des marques de distinction. *(marginal: Investiture de l'Archi-Duc d'Autriche.)*

III. Tous ces droits & prérogatives ont déja été accordées à *Henri II.* (surnommé Jasomer Gott) de la *Maison de Bamberg, Duc de Baviere & Marggrave d'Autriche*, à la Diète de *Ratisbonne* en 1156 par l'Empereur *Frédéric I.*, qui le créa en même tems *Duc d'Autriche*, pour avoir renoncé au Duché de Baviere en faveur de *Henri le Lion*, qui le réclamoit comme faisant partie des biens, dont son pere, *Henri le Superbe*, avoit été dépouillé pour crime de félonie. Le diplôme ou lettres patentes de la création du Duché d'Autriche, de sa séparation de la Baviere, dont elle avoit fait partie jusqu'alors, ainsi que de la concession des droits & prérogatives susmentionnés se trouvent dans Oesterreicher Ehrenspiegel, *L. II. C. II. p.* *(marginal: Origine de l'Archi-Duché.)*

pereurs de la même Maison fe
foient quelquefois contenté par
modeftie du fimple titre de Duc.

III.

Grand-
Duc.

Le nom de *Grand-Duc* (*Magnus
Dux*), que le Pape *Pie V.* accorda à *Cofme de Medicis, Duc de Florence* en 1569 (a), & que l'Empereur

---

168. *Frédéric II.* les confirma, & leur
donna même une plus grande étendue par
un nouveau *Diplôme de* 1245, que l'on
trouve dans *Limnæus, J. publ. L. V.
C. II. de familia Auftriaca.* Ces mêmes
droits ont été confirmés enfuite à la Maifon de Habsbourg par plufieurs Empereurs.

Vienne en
Autriche.

IV. Ce *Henri,* premier Duc d'Autriche,
fit bâtir fa Réfidence à Vienne dans l'endroit où fe trouve aujourd'hui la maifon
aux novices des ci-devant Jéfuites (appellé pour cette raifon am Hof, à la Cour
ou Réfidence.)

(a) La Bulle, par laquelle *Pie V.* accorda ce titre diftinctif à *Cosme,* porte en
même tems, que le Grand-Duc de Florence eft abfolu & indépendant, & ne dôit
reconnoître perfonne comme Seigneur direct de fon Duché. V. *Aldus Manutius
in vita Cofmi,* p. 150. Certes fi le Duché de Florence étoit pour-lors un fief
d'Empire, comme nous l'avons fait voir
ailleurs; le Pape n'étoit point en droit de

reur *Maximilien II.* confirma à *François*, *fils & fuccefleur de Cos-me*, dénotoit en Italie autant que le nom d'Archi-Duc en Allemagne; mais à l'égard de l'Empire le titre de Grand-Duc a toujours été regardé comme inférieur, à celui d'Archi-Duc. Outre cela les droits & prérogatives de ce dernier furpaffent de beaucoup ceux du Grand-Duc de Florence.

IV.

Le nom de *Duc* eft dérivé du verbe *ducere*, *conduire*, & fut d'abord donné à ceux, auxquels on avoit confié la conduite d'une troupe de foldats (*a*); ainfi Duc fignifioit originairement un *Conducteur* ou *Général d'armées*, & fa dignité & charge étoient militaires. Dans la fuite on confia aux Ducs le gouvernement des provinces, même pour le civil, en-

___

le décharger du vaffelage. Vid. *Imhof, Geneal. XX. Illuftrium in Italia familia-rum ftemmate Mediceo ad tab. VI. p. 133.*

(*a*) En Allemagne les Ducs s'appellent Herzog. Vid. *Wachter, Gloff.* voce Her-zog.

forte qu'ils étoient en même tems *Gouverneurs militaires & Intendans des provinces* (*b*), ayant fous eux des Comtes ou Juges fubalternes, dont le nombre varioit à proportion de l'étendue de ces provinces, ou felon le plaifir du Prince. Cette dignité étoit dans les commencemens amovible au gré du fouverain; quelquefois elle fe donnoit à vie, en y attachant de certains biens & de certains droits & prérogatives. Enfin elle fut rendue ftable & héréditaire dans les familles (*c*), & les biens dont les

---

(*b*) Une telle perfonne avoit fous elle la milice d'un certain diftrict, ou de toute une province, & jouiffoit de certains droits régaliens, p. e. du Sauf-Conduit, de l'Avouerie des Abbayes & Monaftères.

(*c*) Les biens & les droits que le Souverain y annexoit, s'appelloient *Bénéfices*, aujourd'hui *Fiefs*, du mot *fides* ou *foi* que l'on eft obligé de rendre au Souverain ou Seigneur direct à leur égard. Ces Bénéfices devinrent tranfmiffibles aux mâles defcendans du premier acquéreur, & enfin héréditaires, à l'exception des Fiefs d'Empire qui, généralement parlant, ne fe transferent point aux femmes.

Obf. Déja dans les feptieme & huitieme

Ducs n'étoient auparavant qu'Administrateurs, leurs devinrent propres, soit par des concessions spéciales, soit par la négligence ou par l'impuissance des Souverains.

V.

Le titre de Duc devint dans la suite une simple dignité, que l'on attacha quelquefois à des Comtés (a), à des Marggraviats (b) ou à des Evêchés (c). Il y avoit même

---

siécles on voyoit des Duchés héréditaires Premiere tant en Allemagne qu'en France, dont les race ducpossesseurs étoient comme Souverains, p. cale. e. les Ducs de *Baviere* & les Ducs d'*Aquitaine*. La race *Agilolphingienne* est la premiere Ducale connue en Baviere. V. *Lex Baioariorum, tit.* 2. *C.* 20. *n.* 3.

(a) Les anciens Comtes de *Würtemberg*, de *Holstein*, de *Savoye*, de *Gueldre*, de *Lützelbourg*, de *Mont* & d'*Anhalt*, ont été créés Ducs.

(b) Les Marggraves d'*Autriche*, de *Brandebourg*, de *Juliers*, de *Bade* & de *Missnie*, sont devenus Ducs.

(c) L'Evêque de *Würtzbourg* devint Duc de *Würtzbourg* & eut ensuite le titre de Duc de *Franconie*, parce qu'une grande partie des biens des anciens Ducs de Franconie fut attachée lors de leur extinction à cet Evêché.

O 2

autrefois des Ducs honoraires, qui ne marchoient que fur leur titre (*d*). Les plus anciens & les plus puiſſans Ducs d'Allemagne étoient les Ducs de Saxe, de Baviere, de Thuringe, de Bohème, de Suabe, de Lorrainé, de Franconie & de Carinthie; dont les uns devinrent Electeurs (*e*), les autres entrerent ſous des puiſſances étrangeres (*f*), d'autres enfin ont ceſſé de figurer dans ce monde (*g*). Le nombre des Ducs fut beaucoup augmenté dans la ſuite (*b*), dont les familles ne ſont

Les plus anciens Ducs.

(*d*) Tel étoit le fameux *Wittekind de Saxe*; ainſi que *Bertholde de Zæringuen* après avoir été contraint de céder le Duché de Suabe à *Frédéric de Hohenſtauffen*. V. *Otto Friſingenſis*, *de Geſtis Friderici I. lib. I. C. IX.*

(*e*) Les Ducs de Saxe & de Baviere devinrent Electeurs, les Ducs de Bohème Electeurs Rois.

(*f*) Les Ducs de Lorraine entrerent ſous la puiſſance des Rois de France.

(*g*) Tels ſont les Ducs de Suabe & de Franconie, après la décapitation de *Conradin*, *dernier Duc de Suabe & de Franconie*.

(*h*) On érigea deux nouveaux Duchés

pas parvenues toutes jusqu'à nous (*i*); l'on compte encore fept familles ducales en Allemagne, favoir celle de *Lorraine* (aujourd'hui en partie confondue avec la Maifon Archi-Ducale d'*Autriche*), celle de *Saxe*, de *Brunswic - Lunebourg*, de *Savoie*, de *Holftein*, de *Würtemberg* & de *Mecklenbourg*, toutes très-fameufes & très-importantes.

Ceux d'aujourd'hui en Allemagne.

VI.

Le nom de Duc fignifie aujourd'hui en Allemagne un État d'Empire, invefti d'une province érigée en titre de Duché (*a*), laquelle

Ce que le nom de Duc fignifie aujourd'hui

---

des dépouilles de *Henri le Lion*, favoir les *Duchés d'Angrivarie & de Weftphalie*. *Brunfwig-Lunebourg* fut érigé en Duché fous *Frédéric II*, *Holftein* fous *Frédéric III*, la *Poméranie* fous *Frédéric I*, *Mecklenbourg* par *Charles IV*, *Juliers* par le même en 1356, *Berg* par *Wenceslas* en 1389, *Cleves* par *Sigifmond* en 1417.

Erection de deux nouveaux Duchés.

(*i*) L'ancienne Maifon Ducale de *Juliers*, de *Cleves* & de *Berg* fut éteinte en 1609.

(*a*) Les defcendans mâles des Ducs regnans, ainfi que leurs agnats, tant qu'ils

O 3

il gouverne en son propre & privé nom, conformément aux Loix de l'Empire, avec une pleine & entiere disposition de ses revenus (*b*).

Les descendans mâles des Ducs prennent le titre de Prince. ne sont point en régence, prennent d'ordinaire seulement le *titre de Prince.*

Obs. Tous les Ducs, Landgraves & Marggraves d'Allemagne ont été élevés à la dignité de Prince, quoiqu'ils gardent encore leurs anciens titres de Ducs, Landgraves & Marggraves.

(*b*) A l'exception de l'appanage ou du parage que les puînés des familles ont droit de demander aux Princes aînés & regnans.

Appanage. *Obs.* L'*Appanage*, qui signifie la *Subminiftration du pain*, consiste dans l'assignation d'une certaine somme, ou dans la concession du droit de jouissance des fruits & revenus de certaines terres avec la réserve du droit de propriété, de supériorité territoriale & d'autres droits régaliens y attachés.

Parage. Le *Parage* dénote un *partage de Fiefs entre l'aîné & les puînés*, ensorte cependant que la majeure partie en revienne à l'aîné avec la réserve de la supériorité territoriale & des droits régaliens attachés aux portions des puînés. Delà il devient clair que les Princes appanagés & paragés ne sont point actuels États d'Empire, n'ayant que la jouissance ou la propriété des biens à eux accordés, exclusivement aux

VI.

Comte est dérivé de *Comes, Compagnon*. Ce nom s'est donné autrefois aux Juges, qui accompagnoient les Empereurs par-tout où ils alloient, avant qu'ils eussent fixés leur Résidence, & établis des Tribunaux suprêmes dans l'Empire. Le Juge s'appelloit en allemand **Graf** (*a*); les Juges, qui

Comte,

---

droits de voix & de séance à la Diète & autres droits & prérogatives régaliennes y attachées. Vid. *Struv, Corp. J. publ. C. XXXI. §. 9. & seq.*

(*a*) Durant l'antiquité germanique on écrivoit avec un poinçon sur une ardoise les choses communes, & sur du cuivre ou du fer celles de plus grande importance; l'usage du papier n'y étant pas connu; ainsi les juges étoient appellés *Graf* (*Ecrivains*), parce qu'ils gravoient leurs sentences eux-mêmes; ainsi les anciens Germains disoient *graveren* (écrire avec un burin). Ce mot, ainsi que la chose, sont encore en usage; & le François adoptant ce mot germain, dit *graver*. De-là les juges s'appelloient aussi *Graphiones*, & leur ressort *Grafia*. V. *Louis Chantereau Lefebure, Considération historique sur la Généalogie de la Maison de Lorraine, L. I. p. 50.*

Ancienne maniere d'écrire.

Obs. Les noms *Comes* ou *Grafio* sont

avoient leurs Tribunaux particuliérement aux palais des Empe-

confondus dans tous les ouvrages du droit
public, enforte que je n'ai nulle part pu
déterrer leur véritable diftinction, quoique dans le *plaids de Clovis III*, qu'apporte *Mabillon, L. VI. n. 19.* & dans
l'*Ordonnance de Charlemagne de 775.
Ch. 1. n. 4. p. 497.* qui commence par ces
paroles .. *Carolus gratia Dei Rex Fran-
corum & Longobardorum, omnibus Epifcopis, Abbatibus, Ducibus, Comitibus, Domefticis, Grafionibus, Vicariis,
Centenariis* . . , & dans d'autres actes publics, que je pourrois alléguer, ces noms
font diftingués, & marquent conféquemment des offices & des dignités diftinctes.
Spellmannus, dans fon *Gloffaire* voce *Grafio*, en donne cette différence; Le *Comte*
eft celui qui *porte le glaive* (c. à d. qui
a la haute juftice d'un certain reffort nommé *Comté.*) Le *Graf* eft fon *Vicaire* ou
fon *Lieutenant*, & fait entrer fes droits.
Je ne faurois foufcrire au fentiment de
Spellmann, d'autant plus que dans l'*Ordonnance de Charlemagne* ci-deffus rapportée, & dans plufieurs autres le nom
de *Graf* eft expreffément diftingué & féparé de celui de Vicaire. A mon avis le
nom de *Comes* (*Comte, Compagnon*) fe
donnoit originairement feulement aux Juges, Miniftres attachés à la Cour des Rois
& des Empereurs Francs ou Germains, qui
accompagnoient leurs Princes, & notoient

reurs, furent appellés **Pfalz**, ou
Palast-Grafen, *Comtes du Palais*
ou *Palatins*, entre lesquels émi-
noient les Comtes Palatins du Rhin
& de Saxe (b). Parce que la ma-

---

leurs fentences ou jugeoient eux - mêmes.
en leur nom & par leur ordre ; & qu'au
contraire les Juges de provinces, qui étoient
fous les Ducs, s'appelloient *Grafiones*,
Graf, *Graves*, gravant eux - mêmes leurs
fentences, & non pas *Comites*, *Comtes*,
n'étant point Compagnons du Souverain
& ne fuivant pas fa Cour. Cependant je
ne puis point diffimuler que le nom de
Graf en allemand fe donnoit indifféremment, tant aux Juges de palais qu'aux
Juges de provinces. Le nom de *Pfalz-* Pfalz-
graf, qui étoit déja connu dans le neu- Graf.
vieme fiecle, nous en eft garant. *Frehe-*
rus, *Origg. Palat. L. I. C. II. §. 10.*
quoiqu'on ait jamais dit en latin *Grafio*
Palatinus. De - là je conclus que le nom
de *Comes* fignifioit dans fon origine le *Juge*
du Palais Royal ou *Impérial*, & le Juge
immédiat du Souverain ; de - là les grandes prérogatives des Juges ou Comtes Palatins, entre lefquels excelloit celui du
Rhin, dont le nom fe voit également dans
le neuvieme fiecle ; vid. *Tolnerus*, *Cod.*
diplom. n. XXXVII. & qu'on ne doit
pas confondre avec le *Comte du Rhin*,
qui n'étoit Juge que dans un certain canton
du Rhin. V. *Struv. C. J. p. p. 784. & 1234.*

(*b*) Il y avoit anciennement plufieurs

jeure partie des palais impériaux y étant situés, les Empereurs s'y

Comtes Palatins ; tels étoient les Comtes Palatins de *Baviere*, de *Franconie*, de *Lauchstædt*, de *Saxe*, de *Suabe*, de *Thuringe*, de *Bourgau*. Vid. *Struv. Corp. J. publ. C. XXI*. Ces Comtes étoient la plupart en même tems Administrateurs des domaines & revenus des Empereurs.

Comte Palatin du Rhin. Le Comte Palatin du Rhin étoit le plus considérable entre eux, parce qu'il y avoit plus de palais impériaux dans son ressort, & conséquemment plus de biens à administrer, que dans celui d'aucun autre. Ceux qui ont intérêt d'avoir une plus parfaite connoissance des Comtes Palatins, peuvent lire *Spener*, *de Vera Orig. Comit. Palatinorum Cæsareorum seu Comitum sacri Palatii Lateranensis* ; & *Pierre Pithou*, *Observations sur les Comtes Palatins, tant de la Germanie que des Gaules.*

Obs. I. Il faut distinguer les Comtes Palatins, desquels nous venons de parler, qui avoient chacun leurs Palatinats & ressorts déterminés, de ceux qu'on appelloit *Comtes du Palais de Latran* de *Rome*, ou d'*Aix-la-Chapelle*, dont le dernier

Comtes du palais de Latran. étoit Juge, & jouissoit de certains droits particuliers, qu'il pouvoit exercer par tout l'Empire ; p. e. de légitimer les batards, de créer des Notaires, des Maîtres ès arts, des Docteurs, de réhabiliter, d'accorder le bénéfice d'âge & autres. Les Empereurs

trouvoient d'ordinaire, & les Comtes Palatins y jugeoient pour ainfi dire fous leurs yeux & en leur préfence, ce qui leur donnoit d'abord un grand poids. Outre les Juges du palais, qui étoient proprement Comtes, *Comites* ou *Compagnons* de l'Empereur, il y avoit les Juges des provinces, dont les principaux étoient les Ducs (comme nous l'avons fait voir), les Landgraves (c), les Marggraves

On en appelloit au Juge ou Comte Palatin.

font encore en droit de créer de pareils Comtes du Palais; mais ils ne leur permettent plus d'exercer leurs droits fans l'agrément des États, où ils fe trouvent. Vid. *Schubartus*, *de Comitibus Palatinis*, *p.* 253.

II. Le Comte du Palais d'Aix - la - Chapelle, créé par Charlemagne, fut le premier Comte, qu'on peut appeller Palatin, & fut l'unique du tems de Charlemagne.

(c) On appelloit *Landgraves* (*Comites Provinciales*) ceux dont la jurifdiction s'étendoit fur toute une province, en allemand *Land*. Deülà on les nommoit aufſi Land=Richter. Ils préſidoient au Tribunal de leurs provinces (dem Land=Gericht), & on les diſtinguoit des Juges ordinaires pour raifon de l'étendue de leur jurisdiction & des biens que l'on affectoit à leurs charges. Les *Landgraves* (à ce que pré-

Landgraves.

Leur ori-
gine.

tend l'*Auteur de l'Abregé de l'Histoire
d'Allem. p.* 160. ne furent connus que
vers l'an 1130. Voici comme il en rapporte
l'origine . . . Herman de Winsbourg,
dernier Marggrave de la Thuringe (qui
comprenoit auſſi la Heſſe), ayant été dépouillé de ſon Marggraviat pour félonie,
l'Empereur *Lothaire II.* en inveſtit Louis,
petit-fils de *Louis le Barbu*, & l'affran-
chit de la dépendance des Ducs de Saxe,
le créant Prince d'Empire, ſans cependant
lui donner le titre de Duc; *Louis*, pour
ſe diſtinguer des autres Graves ou Comtes,

Landgra-
ves de
Haute-&
Baſſe-Al-
ſace.

prit le titre de Landgrave, c. à d. Comte
de toute la Province de Thuringe, avec
l'agrément de Lothaire. Vid. *Hiſt. Landgraviat. Thuringiæ, cap.* 18. Son exemple fut d'abord ſuivi par *Thierri, Comte
de la Baſſe-Alſace*, qui prit le titre de
Landgrave en 1137; & par *Albert de
Habsbourg,* Comte de la Haute-Alſace,
qui s'arrogea également le titre de Landgrave en 1186. Ces trois Landgraviats ſont
les ſeuls qui aient obtenu le rang & les droits
de Principauté d'Empire; les autres ont
reſté Comtés.

Obſ. La famille de *Louis III.* fut
éteinte en 1247; ſa ſucceſſion long-tems
diſputée fut enfin partagée en vertu d'un
traité de 1263, de façon que la *Thuringe*
& le *Palatinat de Saxe* parvint à *Henri,
Marggrave de Miſnie*, fils de *Judith,*
ſœur de *Louis*; & la Heſſe fut accordée
à *Henri* de Brabant, époux de *Sophie,*
fille de *Louis.* Elle fut enſuite en 1292

(*d*), les Bourggraves (*e*), auxquels

érigée en fa faveur en Principauté particuliere fous le titre de Landgraviat.

(*d*) Les *Marggraves* dérivent leur nom Marggra-
du mot *Marc* ou *Marca*, *Limite ;* ainſi ves.
les Seigneurs prépoſés par les Empereurs
à la garde des Provinces limitrophes avec
le droit de jurifdiction, s'appelloient *Marggraves. Ludwig, dans ſes Obſervations
ſur Maſcov, L. IV. ch. V. §. 28.* prétend, que *Marca* dénote auſſi les limites
d'une *Province intermédiaire.* De - là
l'on voyoit tant de Marggraviats en Italie.
*Struv, C. Jur. publ. dit C. XXI. §. 33.
Marca* dénote quelquefois un *certain di-
ſtrict de Provinces limitées*, ou un *certain territoire* avec le droit de Juge. L'é-
tabliſſement des Marggraves paroît être
plus ancien que le regne de Charlemagne,
vu qu'il en fait mention dans fon *Capitu-
laire d'Aix-la Chapelle, fait en* 804, où
nous liſons : "Ego Carolus, qui Deo fa- Leur an-
,, vente curam Regni gero & Romanorum cienneté.
,, Imperator exiſto, Conſilio Principum
,, regni noſtri Epifcoporum, Ducum, Mar-
,, chionum, Comitum &c." Vid. *Vita Ludovici Pii, apud Pithæum ad A.* 786.
"*Carolus Magnus* ex Aquitania militem
,, eduxit, relictis tantum *Marchionibus,*
,, qui fines regni tuentes omnes, ſi forte
,, ingruerent, hoſtium arcerent incurſus."
Henri l'Oifeleur en créa la plupart, pour Henri
mettre ſon regne en garde contre les étran- l'Oifeleur
gers. Ainſi il érigea le *Marggraviat de* en créa la
plupart.

Slesvic, pour furveiller aux *Danois*; ceux de *Brandebourg*, de *Mifnie* & de *Lufaçe*, pour empêcher l'irruption des *Sarmates* & des *Efclavons*; celui d'*Autriche*, pour mettre uñ frein aux *Huns*; & celui d'*Anvers* le long de l'*Efcaut*, pour obvier aux déprédations des *Gaulois*. V. *Adamus Bremenfis*, *Hift. ecclefiaft. L. I. C.* 47. *Ludwig de Forma Duc. Brandenb.* p. 18. *Ditmarus*, *L. I. p.* 329. *Cufpinianus*, *Auftria* p. 8. *Jac. le Roi* & *Scribonius de S. R. I. Marchionatu Antwerp.* Tous ces Marggraviats étoient fur les frontieres de l'Allemagne. Il y en avoient auffi dans le cœur de l'Allemagne, fur les limites de certains Duehés, p. e. le *Marggraviat de Bourgau* en Suabe, celui de *Carniole* en *Baviere*, celui de *Finnforte* en *Franconie*.

Obf. I. Les Marggraves n'étoient originairement que des Comtes dépendans des Ducs. Du tems du grand interregne la plupart s'en rendirent indépendans; quelques uns font devenus Ducs eux-mémes, avant ces tems de troubles, p. e. les Marggraves d'*Autriche* & ceux de *Brandebourg*. Les Marggraves de *Mifnie*, de *Lufaçe* & de *Bade* font devenus enfuite Princes d'Empire. Les Marggraves d'*Anvers*, de *Bourgau* & de *Staden* font reftés dans la claffe des Comtes. *Kemmerich*, *introduétio ad Jus publ. L.* 4. *C.* 16. §. 18. Ainfi la plupart des anciens *Marggraves* font aujourd'hui des Princes États d'Empire inveftis de l'Empereur d'une Principauté qui por-

les Empereurs n'accordoient non
feulement le droit d'exercer la ju-

---

toit autrefois le nom de *Marg*, & jouiffent
de la fupériorité territoriale.

Obf. II. Il faut les diftinguer des *Marquis*
de *France*, d'*Efpagne* & d'*Italie*, qui
font fouvent fans Marquifat, ou n'ont qu'u-
ne petite terre, qui porte ce nom & n'y
ont point la fupériorité territoriale comme
les Marggraves.

(*e*) Le nom de *Bourggrave* fignifioit
originairement un Préfet ou Commendant
Impérial, auquel l'Empereur avoit confié
un bourg, une citadelle, ou un fort dans
une ville, ou hors d'une ville Impériale,
avec toutes fes dépendances. Ces forts s'appelloient die kaiferliche Burg. Il y en avoit
à *Nuremberg*, à *Magdebourg*, à *Altenbourg*, à *Rotenbourg* &c. Ils étoient en
même tems Juges du fort & de fon reffort,
c'eft-à-dire des lieux & endroits voifins
qui en dépendoient: ils avoient auffi l'infpection & la jurifdiction de la police & des
affaires de métiers dans les villes Impériales où ils refidoient. La jurifdiction civile
s'y exerçoit par les *Prévôts* (Schultheiffen),
& la jurifdiction criminelle par les *Préfets*
(Reichsvögte).

Dans la fuite il y eut auffi des *Bourggraves* nommés par les Evêques; tel étoit
le *Bourggrave* de Strasbourg. Vid. *Sta-
tuta Civ. Argent. apud Schilter, Obfer-
vat.* 12. ad Königshoven *Chronicon, C. I.
n.* 8. *C. II. n.* 3. & 5. *C. III. n.* 1.

ftice; mais ils leur confioient encore la défenfe de leurs provinces,

---

C. XV. n. 1. Il y avoit encore en Allemagne une autre efpece de *Bourggraves* fçavoir ceux que les *Ganerben*, c'eft-à-dire: *Héritiers réciproques & conventionnels*, avoient choifis pour gouverner le *Bourg du Ganerbinat*. Les Ganerbinats ceffent depuis la paix publique: cependant il y a encore de ces *Bourggraves*, p. e. ceux de *Rotenbourg* & de *Frideberg*.

Ganerben.

Obf. On appelloit *Ganerben* les perfonnes ou familles importantes, qui du tems des défis publics & du droit manuaire s'affocierent entre eux, & choifirent un *Bourg* ou un *Château* pour leur défenfe & convinrent de fe fuccéder mutuellement. Ainfi ce mot *Ganerbinat* dénote une *affociation* pour une mutuelle défenfe & fucceffion. Ces Ganerbinats avoient befoin d'être confirmés de l'Empereur pour deux raifons: la premiere, parce que dans tout État bien ordonné il eft défendu de s'attrouper, ou de fe liguer fans l'agrément du Souverain avec connoiffance de caufe; la feconde, parce que ces traités de Ganerbinat tranferoient les Fiefs d'Empire de famille en famille & contenoient une aliénation que les Vaffaux ne peuvent faire fans l'agrément du Seigneur direct.

Bourggraves des Ganerbinats.

Les *Bourggraves des Ganerbinats* étoient *Juges* de *premiere inftance* des Ganerben & de leurs biens, ils avoient (de

ces, villes, forts ou châteaux ;
enforte qu'en tems de guerre ils
étoient obligés de fe mettre à la tête
des troupes de leurs provinces, de
leurs villes ou bourgs. Les Landgraves, les Marggraves, ainfi que
les Ducs, avoient des Juges fubalternes fous eux (*f*). De tous

---

même que les autres Bourggraves) des af-
fefleurs appellés *Bourgmänner*. Les autres qui étoient compris dans le Ganerbinat fe nommoient Beyfaßen. Le *traité du
Ganerbinat* s'appelloit Burgfriede. Tous
ces Bourggraves étoient confidérés comme
États d'Empire & les Empereurs les appelloient d'ordinaire à la Diète ou aux Affemblées générales des États. Touchant les Ganerbinats, on peut lire : *M. le Baron de Lyn-
ker, de Ganerbinatibus* ; & les Kleine
Schriften *de Jean George Eftor*, *Part.
VII. VIII. IX. X.*

(*f*) Les Provinces d'Allemagne étoient Pagus ou
anciennement divifées en Cantons appellés Gau.
Pagus, en Allemand Gau ; & cela particuliérement pour faciliter l'adminiftration de la
juftice : de-là les noms d'*Algau,* d'*Er-
gau,* de *Brisgau,* de *Sundgau,* de *Nordgau* &c. Chaque Canton avoit fon Juge
appellé *Graf* tout court, pour le diftinguer des Landgraves & Marggraves. Les
Cantons étoient fous-divifés en familles par
centaines, ou *dixaines*. Les Juges prépo-Centai-
fés à cent familles fe nommoient *Centgra*-niers, Di-

ces Juges on appelloit au *Juge du*

---

vii, Hunderter; les autres *Decani*, Zehn-ter. V. *Schœpflinus, Alfatia Illuft. T. I. p. 624. & 771. Capitul. Carolomanni, tit. III. C. IX.*

Zent.

Zentherr.

Obf. Wachter, Gloff. voce Zent, prétend que le mot *Zent* fignifie auffi la jurifdiction criminelle & que *Zent-Herr,* dénota un *Seigneur Haut - Jufti-cier.* Sans entrer en difpute avec lui, je pen-fe que le mot *Zente* ou *Zehnte* marquoit dans les onzieme, douzieme & treizieme fiecles auffi - bien la dîme & le mot *Zehent* ou *Zehnt - Herr,* le *Seigneur Décimateur,* que le Juge criminel: l'on peut même di-re que depuis que les dîmes ont été in-féodées ou concédées en Fiefs, *Zehnt-Herr* marquoit tous les deux: vu que les Seigneurs Décimateurs avoient d'ordinaire la jurifdiction criminelle.

Différen-
tes fortes
de Juges.

Il y avoit encore plufieurs efpeces de juges inférieurs en Allemagne. Tels'étoient les Juges prépofés aux mines (appellés *Cammer - Gravii*), ou aux falines (nom-més *Salz - Gravii*), au foin du commer-ce, dénommés *Hans - Gravii,* du mot *Hanfa,* qui veut dire une *Société de Com-merce.* Il y avoit même une efpece de Ju-ges momentanés appellés *Gogravii,* choi-fis par les jufticiables en l'abfence de leurs Juges dans les cas de violence, qui ne fouffroient aucun délai, dont la jurifdi-ction ceffoit auffi-tôt que le Juge ordinaire fe préfentoit, de même que la jurifdiction des Comtes ou Juges ordinaires ceffoit en la préfence du Roi. *Speculum Saxon. L.*

palais ou *Comte Palatin* (*g*). Les Empereurs envoyoient de tems à autres des Commiſſaires, appellés *Mis* ou *Miſſi*, qui étoient chargés de parcourir les provinces & de veiller à ce que la juſtice y fût ex-

---

I. Art. LVIII. §. 2. De tous ces Juges & d'autres vous pouvez acquérir une meilleure connoiſſance dans l'ouvrage de *Spangenberg*, intitulé . . . Adelſpiegel. *L. X. C. XXII. & ſeq.* V. *Frid. Lucas Præf. ad* Uralten Grafen-Saal. Bürgermeiſter, Grafen- und Ritter-Saal.

(*g*) Dans les *VIII. IX. X. & XIme* ſiecles, les Rois de France & les Empereurs d'Allemagne ſiégeoient preſque toutes les femaines eux-mêmes & décidoient les cauſes même des particuliers, qui alloient par voie d'appel au tribunal du Palais: afin de mieux connoître ſi les Commiſſaires, ainſi que les Juges des Provinces, obſervoient leur devoir. *Capitul. III. Ludovici Pii. C. 3.*

Obſ. I. La déciſion des cauſes des Evêques, Ducs, Landgraves, Marggraves, Comtes & autres États d'Empire étoit réſervée à l'Empereur. *Capit. L. III. C. LXXVII.* de forte que les Comtes Palatins n'oſoient y toucher ſans un ordre exprès de la part du Souverain.

II. Les Comtes Palatins étoient aſſiſtés de Conſeillers, appellés *Scabini Palatii*, *Echevins du Palais*, qui compoſoient un Sénat, auquel les Comtes préſidoient.

actement administrée (h). En outre les Evêques, sur-tout ceux qui
restoient dans les Palais impériaux,
avoient l'inspection sur tous ces
Juges.

Miss.

(h) Ces *Missi*, *Envoyés* ou *Commissai-*
res Juges, étoient des Seigneurs ecclésiastiques ou laïques, qui se trouvoient ordinairement à la Cour de l'Empereur, sur
lesquels l'Empereur se reposoit touchant le
gouvernement de son État, & qu'il envoyoit tous les quatre mois, ou plus souvent, selon l'exigence des cas, dans les
provinces, pour voir si les préposés veil-
loient exactement à l'observation de la discipline ecclésiastique & à l'administration
de la justice, s'ils avoient soin des pau-
vres, des orphelins & des veuves &c. de
tout quoi ces Commissaires étoient tenus
de faire leurs rapports. V. *Le Roi, de Mis-*
sis Dominicis, illorum officio & pote-
state; & *Piganiol de la Force, Intro-*
duction à la description de France & du
Droit publ. L. 2. ch. 2. art. I. On les distinguoit en *grands & petits Commissai-*
res; les grands avoient leurs départemens
fixés, appellés *Missatica*, avec de certains revenus y attachés, & un pouvoir plus
étendu que les petits. Vid. *Dufresne Gloss.*
T. IV. p. 832. Du reste ces Commissaires
n'osoient excéder les ordres reçus de l'Empereur.

VIII.

Le nom de *Princeps*, *Prince*, Prince Forderiſt, Fürſt, Forderſt, conſidéré dans ſa ſignification naturelle & primitive, dénote le *premier*, *primum*; celui qui eſt plus élevé que tous les autres, & qui paſſe avant tous. Ce nom pris dans ce ſens vague n'a d'autre objet, & n'eſt applicable qu'à Dieu, qui eſt le premier de tous les Etres, & qui l'eſt d'une maniere inconcevable & tout-à-fait différente de celle des autres; exiſtant en lui, de lui & de toute éternité, tandis que tous les autres devoient être créés pour exiſter, & ont par conſéquent commencé d'être dans le tems. Ce n'eſt pas dans ce ſens généraliſſime, que nous prenons le nom de Prince dans *cet article*. Dans un ſens moins univerſel & relatif à une certaine nation ſoumiſe à un certain chef, il dénote le *Souverain*, pourvu qu'il ſoit précédé d'un nom démonſtratif, p. e. notre Prince, unſer Fürſt. Ce n'eſt non plus dans ce ſens que vient le nom de *Prince* dans la préſente

P 3

matiere (*a*); en un mot nous con-
fidérons ici le nom de Prince en
tant qu'il dénote dans l'Empire
d'Allemagne une certaine claffe de
perfonnes illuftres, élevées à un
certain rang de dignité, appellée
Principauté, de laquelle elles ont
été folemnellement décorées & in-
vefties de l'Empereur, & en vertu
de laquelle ils jouiffent de certains droits à la Diète (*b*); & hors

---

(*a*) Vu que dans ce chapitre nous parlons des Etats d'Empire élevés à une certaine dignité par le Souverain.

dénotoit anciennement en France & ailleurs

Obf. En France il étoit d'ufage de n'accorder le titre de *Prince* qu'aux perfonnes
iffues de fang Royal par mâles. *Kulmann,
Harangue* 5. *p.* 266. Quoiqu'il y ait aujourd'hui quelques Seigneurs qui le portent en qualité de poffeffeurs de Fiefs prin-
ciers. En Efpagne le fils ainé du Roi prend
le titre de Prince des *Afturies*, de même
que le fils ainé du Roi d'Angleterre prend
celui de Prince de *Galles*. Touchant les différentes fignifications du mot *Princeps.* V.
Linnæus, J. publ. L. IV. tit. 2.

(*b*) De-là l'on peut voir que je prends
dant cet article le mot *Prince* dans le fens
le plus ferré & que je n'y comprends pas
même les Princes Coïnveftits, ou autres
Appanagés ou Paragés, quoiqu'ils foient
Etats d'Empire ayant une efpérance fondée

d'icelle (c) exclufivement à tous autres hors de cette claffe (d).

---

du droit de féance & de fuffrage à la Diè-te, mais dont ils ne jouiffent point actuel-lement.

(c) La fuite nous fera connoitre les droits de ces Princes.

(d) Il n'y a que les Princes regnants, qui jouiffent du droit de féance & de fuffrage à la Diète ainfi que des autres droits régaliens & attachés à leurs Principautés. Leurs enfans ou leurs parents mâles ne font que Prin-nes titulaires ayant droit de fucceffion con-formément à leurs privilèges ou pactes de famille. Cela n'empéche pourtant point que le Prince regnant n'accorde à fes enfans ou parens la jouiffance de certains droits régaliens, p. e. de la chaffe, de la pêche &c.

Princes regnants & Princes titulaires.

*Obf.*I. Les enfans mâles des Ducs, Land-graves, Marggraves & Bourggraves Prin-ciers d'Allemagne, portent le titre de Prin-ce, de même que les enfans mâles des Princes; mais les enfans mâles des Land-graves, Marggraves & Bourggraves non-Princiers, c'eft-à-dire qui n'ont pas été élevés à la dignité de Prince, portent feu-lement le titre de Comtes, Graf.

II. Dans les actes publics d'Empire, p. e. dans les Récès de Diète, Traités de Paix, ou dans la Capitulation de l'Empe-reur, le nom de Prince fignifie quelque-fois tous les États élevés à la dignité de Prince, quels noms ou titres qu'ils aient

IX.

Les Maisons Princieres se divisent en anciennes & modernes. Les anciennes sont celles qui ont été élevées à la dignité de Princes d'Empire avant le dix-septieme siecle; telles sont les suivantes, selon le rang qu'elles prennent à la Diète:

1. La Maison Palatine.
2. Celle des Ducs de Saxe.
3. Celle des Marggraves de Brandebourg.
4. Celle des Ducs de Brunswic.

Les quatres suivantes, conjointement avec les possesseurs des Duchés de Poméranie, alternent; savoir:

5. La Maison des Ducs de Mecklenbourg.
6. Celle des Ducs de Würtemberg.

---

d'ailleurs. Cependant dans ces circonstances on a coutume de distinguer & de mettre à la tête les Princes Electeurs de cette maniere: *Electeurs, Princes & Etats d'Empire.* Churfürsten, Fürsten und Stånde. V. art. I. *du traité d'Osnabruck,* & *l'art.* I. §. 3. *de la Capitulation de Joseph II.*

7. Celle des Landgraves de Heffe.
8. Les Marggraves de Bade.
9. Les Ducs de Holftein.
10. Les Princes d'Anhalt.
11. Les Ducs d'Aremberg.

Auxquels j'ajoute celle des Ducs de Savoie, ayant repris voix & féance à la Diète; & celle des Ducs de Lorraine, dont l'ancienne Maifon Ducale continue à exercer fa voix à la Diète, par rapport au fief de *Nomény*, quoique le Duché de Lorraine ait paffé depuis long-tems fous la puiffance du Roi de France.

Obf. La plupart de ces Maifons font divifées en plufieurs branches; & le Chef de chaque branche étant poffeffeur d'une Principauté particuliere, y jouit d'une voix à part au College des Princes; & ceux qui réuniffent plufieurs Principautés, y ont auffi plufieurs fuffrages à donner.

Les Maifons Princieres moins anciennes ou modernes font celles qui ont été érigées en Principautés depuis le dix-feptieme fiecle.

Les voici:

P ý

Maisons érigées en Principautés depuis le XVII. siecle.

Sous Ferdinand II.

I. Maison des Princes de *Dietrich-stein* de Carniole en 1622. en partie.

II. Celle des Princes de *Hohenzollern* en 1623.

Obs. La dignité de Prince n'y doit passer qu'à l'ainé de chaque branche.

III. Celle des Princes de *Salm*, originaire des 𝔚𝔦𝔩𝔡 ⸗ 𝔲𝔫𝔡 𝔕𝔥𝔢𝔦𝔫-𝔊𝔯𝔞𝔣𝔢𝔫, la même année en partie.

IV. Celle des Princes de *Lichtenstein* la même année.

V. Celle des Princes de *Lobkowitz* en 1624 en partie.

Sous Ferdinand III.

VI. Celle des Princes d'*Auersberg* en 1653 en partie.

VII. Celle des Princes de *Nassau* en 1654.

Sous Léopold I.

VIII. Celle des Princes de *Portia de Friaul* en 1662.

IX. Celle des Princes de *Fürstenberg*, de la ligne de *Heiligenberg*, en 1667.

Obf. Ils tirent leur origine de l'ancienne Maifon *Agilolphingienne.* Cette ligne expira en 1716; enfuite celles de Für-ftenberg - Möskirch & Stülingen ont continué le titre de Prince.

X. Celle des Princes de *Schwar-zenberg* en 1671.

XI. Celle des Princes de *Tours &* *Taxis* en 1686.

XII. Celle de *Piccolomini.*

XIII. Celle des Princes de *Schwarz-bourg* en 1697.

Obf. Les Princes de toutes ces Maifons font États d'Empire, & ont voix & féance au College des Princes.

Maifons érigées en Principautés, dont les Princes follicitent la ré-ception au College des Princes.

I. Celle d'*Oettingen* de 1671. fous *Léopold.*

II. Celle de *Bamberg* de⎫
1707. ⎪

III. Celle de *Trautfon* ⎬ fous *Jo-*
de 1711. ⎪ *feph I.*

IV. Celle de *Löwenftein* ⎪
la même année. ⎭

V. Celle des Princes de *Waldeck,* érigée en Principauté fous *Char-les VI.*

XI.

Droits & prérogatives des Princes.

Ces Princes ont leurs titres particuliers (a) & leurs armes propres, surmontés d'une couronne ou chapeau princier (b). Ils font inveſtis par l'Empereur même, & forment le ſecond College à la Diète; leurs ſuffrages y ſont comptés par perſonne. Autrefois ils prétendoient le droit fondé dans une eſpece d'uſage (c), de n'être jugés en cauſes criminelles que par les États aſſemblés à la Diète de l'Empire. Ce droit n'eſt plus une prérogative des Princes, vu qu'il a été accordé par les dernie-

(a) Les Ducs & Princes qui ont obtenu par lettres patentes le titre de *Sérénissime* Durchlauchtigſt, Fürſtliche Durchlaucht, ſont rapportés ſelon l'ordre des tems dans *Pfeffinger, ad Vitriar. L. I. §. 6.* Les autres s'appellent *Illustrissimes*, en allemand Hochgeborne Fürſtliche Gnaden.

(b) Touchant le baldaquin ſous lequel on place les Princes lors d'une Cour ou Aſſemblée ſollemnelle, v. Stief, Europäiſches Hof = Ceremoniel. 3. Th., 6. Cap.

(c) V. *Hippolytus a Lapide, de ratione Status in Imperio Rom. Germanico,* P. I. Cap. II. Struv. Corp. J. publ. Cap. XXV. §. VI. & ſeq.

res Capitulations à tous les États
d'Empire (d).

XII.

Après les Princes États d'Empire viennent les Comtes d'Empire, que l'on ne doit point confondre avec les Comtes, anciens Officiers de judicature, dont nous avons parlé dans les articles précédens. *Par* le nom de *Comtes d'Empire nous entendons de certains Seigneurs Etats d'Empire*, qui ont été élevés à la dignité de Comte & reçus comme tels *dans un des quatres Colleges des Comtes d'Empire*, *avec le droit de suffrage & de séance à la Diète*, & autres droits & prérogatives attachés à cette dignité. Cela les distingue aussi des *Comtes* appellés *Titulaires* ou *Comtes à Brevet* (a), qui ayant été créés Com-

Comtes
d'Empire.

(d) Voy. *la Capitul. de Charles VI.* & de ses successeurs *art.* 20. & notamment celle de *Joseph II. art.* 20. §. 2. avec les observations de Moser.

(a) Qui sont d'ordinaire sujets de quelques États, tandis que les autres relevent immédiatement de l'Empereur & de l'Empire.

tes par l'Empereur, ont un certain
relief, & jouiſſent de certains droits
& honneurs, que l'Empereur voulut bien leur accorder par ſes patentes, mais qui n'étant point
États d'Empire, ne participent
non plus à leurs droits.

XIII.

Leurs
droits &
prérogati-
ves.

Les Comtes d'Empire exercent
les droits de la ſupériorité territoriale par rapport à leurs biens immédiats (a), & jouiſſent des autres droits & prérogatives accordés aux autres États d'Empire;
comme tels (b) ils peuvent s'aſ-

(a) En vertu d'un traité d'union des
Comtes ratifié à ce que je crois de l'Empereur *Joſeph II.* celui qui demande d'ê-
tre reçu dans un des quatre Collèges, doit
avoir l'agrément de tous les quatre, & des
biens libres & immédiats ſuffiſans pour
ſoutenir ſa dignité avec diſtinction; & il ne
peut quitter le Collège des Comtes pour
entrer dans celui des Princes, ſans laiſſer
les biens, qui y ſont affectés, dans le même état pour en continuer les contributions dues au Collège; & le droit de primogéniture doit être établi dans les Maiſons
où il n'eſt encore point.

(b) *Droit publ. du St. Empire, L. V.
Ch. II.*

fembler par College ou tenir des *affemblées générales*, allgemeine Grafen-Tag (*c*). Ils ont leurs titres particuliers (*d*) & leurs armes

(*c*) Auxquelles chaque Collège envoie ordinairement quelques députés, étant fort rare que tous les membres de chaque collège y comparoiffent en perfonne ou par députés. Dans ces Affemblées l'on délibere fur les affaires qui concernent tous les quatre Collèges, ou tout le corps des Comtes d'Empire en général. Dans les Affemblées particulieres qui fe font par Collèges, l'on délibere fur des matieres qui touchent fpécialement le Collège affemblé ou quelqu'un de fes membres. L'on y concerte auffi l'inftruction qu'il faut donner aux députés à une Affemblée générale, ou aux envoyés par lesquels la voix de chaque collége eft exercée à la Diète de l'Empire. Dans ces Affemblées le Réfultat fe fait à la pluralité des voix.

Obf. A la Diète générale de l'Empire, les Comtes ne donnent leur voix au Collège des Princes que par bancs, dont il y en a quatre, chaque Collège des Comtes y ayant le fien propre; ainfi tout le corps des Comtes d'Empire n'y a que quatre fuffrages, & on ne demande leur opinion qu'après celle du banc des Abbés & autres Prélats non-Princes.

(*d*) Quelques-uns des anciens Comtes ont reçu des Empereurs le titre de Hoch-und Wohlgeboren; aux autres on donne

propres, furmontées d'une certaine efpece de couronne. Ils précédent fans contredit tous les Comtes & Barons titulaires non-États d'Empire.

XIV.

Barons.

Le nom de *Baron* paroît dériver de *baar*, ancien mot allemand, qui fignifioit frey (*a*). Je parle ici de ces

---

feulement celui de Wohlgeboren. *Struv, Corp. J. publ. C. XXI. §. 1.* Les Comtes d'Empire viennent avec les Barons d'Empire & ils fe trouvent dans les mêmes Collèges à la Diète. Cela me fait naître l'occafion de dire un mot des Barons en général.

(*a*) Touchant la dérivation de ce nom on peut voir *Limnæus, Jur. publ. L. IV. C. V. Struv, Corp. J. publ. C. XXI. §. 37.* dit, que les Barons tenoient le milieu entre les Comtes & les Officiers de la Cour, & que pour cette raifon on les appelloit *Moyen-Seigneurs, Medioxunii;* Mittelfrey; mais dans la fuite ils fe nommerent *libres Seigneurs,* Freyherren, *liberi Domini;* ils prenoient ce nom de leur Seigneurie libre & indépendante. Les *Moyen-Seigneurs* étoient ceux qui poffédoient des biens allodiaux pour raifon defquels ils ne devoient rendre aucun fervice, ni à la Cour, ni dans la milice & par-là ils fe di-

Dérivation de ce nom.

ces Barons, qui chez les François, auſſi bien que chez les Allemands, étoient des Gentilshommes fort diſtingués, poſſédant de certaines terres élevées à la dignité de *Baronie*, avec le droit de porter la banniere en tems de guerre, & même en tems de paix, lorſque l'on célébroit de certaines fêtes ſolemnelles. Delà ils prirent le nom de *Seigneurs Bannerets* (b). Ils

Leurs droits.

ſtinguoient des Seigneurs Miniſtériaux qui pour raiſon de leurs fiefs étoient ſujets à de pareils Services ou Offices. Le nom de *Seigneur, tout court, marquoit le premier degré de Baron ou* 𝔉𝔯𝔢𝔶𝔥𝔢𝔯𝔯. Auſſi il y eut des familles qui en furent idolâtres : p. e, les *Seigneurs de Ribeaupierre*, 𝔑𝔞𝔭𝔭𝔬𝔩𝔱𝔰𝔰𝔱𝔢𝔦𝔫, dont le dernier Jean Jaques mourût en 1673, auquel on avoit cependant donné le titre de *Comte* ſous la domination Françoiſe. Ses terres ont été adjugées par lettres patentes du Roi, au *Prince Palatin de Birkenfeld*, gendre de Jean Jaques; elles appartiennent aujourd'hui au Duc de Deux -Ponts.

Du nom de Seigneur & de ſes différentes eſpeces.

(b) Il ne faut pourtant point s'imaginer, que cette prérogative fut accordée indifféremment à tous les Barons. Pour l'obtenir, il falloit être poſſeſſeur d'une certaine quantité de terres, avoir des Arriere-Vaſſaux & Chevaliers à ſa ſolde, & en

Tom. II. Q

.étoient admis à toutes les affem-

---

outre être recommandable par quelques exploits militaires. *Nicod. au grand Dictionn. françois & latin, verbo Baron. P. Pasquier, des Recherches de la France, L. 2. ch. 15. p. 167. Moreau, Tableau des armoiries de France, ch. 10. p. 347.*

Obs. I. Du tems de la *Bulle d'or* on appelloit *Barons* ceux qui possédant un bien noble, avoient eu des arriere-vassaux, & étoient exempts, frey, de la jurisdiction des Comtes. Delà on les appelloit *Liberi*, Freye, Freyherren. *Ludwig, ad A. B. P. I. pag.* 45. *Dans la traduction allemande de la Préface de la B. d'or* ils font nommés Panier-Herren, *Seigneurs Bannerets*, c. à d. ayant droit de porter la *Banniere. Wachter, Gloffar. voce* Panier.

Seigneurs Bannerets

II. Dans le huitieme siecle un Gentilhomme, qui en tems de guerre pouvoit amener une troupe de Ministériaux, rassemblés sous sa banniere, étoit aussi appellé *Banneret.*

III. En 1330 *Ulric, Comte de Würtemberg,* acheta l'ancienne Baronie de *Græningue* en Suabe, érigée en Comté, à laquelle étoit attachée la dignité & l'office de *Grand-Banneret de l'Empire; Louis de Baviere* l'en investit. Depuis ce tems les Comtes & Ducs de Würtemberg ont toujours conservé cette dignité, & portent encore aujourd'hui dans leurs armes la grande *Banniere de l'Empire.*

blées ou cours folemnelles (c), &
en qualité de Vaffaux immédiats
des Rois ou des Empereurs, ils
ne dépendoient que d'eux feuls.
La plupart des anciens Barons
d'Allemagne ont été élevés à la
dignité de Comtes ou de Princes
d'Empire; les autres furent éteints,
fi bien que dans les quatre Colleges des Comtes il n'en refte plus,
qui portent ce nom - là.

CHAPITRE VI.

Des Colleges des Princes &
États d'Empire.

I.

Dans ce chapitre je donne fim-
plement une lifte des États d'Empire, mettant un chacun dans fon
College & dans la place qu'il y occupe à la Diète. Il faut pourtant

---

(c) Ils y donnoient même, ainfi que les
Comtes, leurs fuffrages par perfonne.
*Kopp, de Differentia inter S. R. Imp.
Comites & Nobiles immediat. Sect. 2.
§. 5. & Struv. Corp. J. publ. C. XXI.
§. VI. & feqq.*

avertir mon lecteur, que parmi eux il y en a qui se disputent le rang; d'autres, qui en vertu de quelques transactions ou accommodemens, ou par une décision des Empereurs, alternent. Ceux qui seroient curieux de connoître leur origine, leurs différentes branches, leurs droits & prérogatives particulieres, ainsi que leurs armes & prétentions, pourront se satisfaire en lisant *Imhof*, *Notitia procerum*, & *Schweder*, *Theatrum prætensionum*, ainsi que les *Tables généalogiques de Mr. Koch*, Prof. à Strasbourg.

E T A T
du College des Princes & Comtes d'Empire.

Princes ecclésiastiques.

L'Archevêque de Salzbourg.	Se contestent la préséance.
LeGrand-Maître de l'Ordre Teutonique.	
L'Evêque de Bamberg.	
L'Evêque de Worms.	Alternent par session.
L'Evêque d'Eichstædt.	

L'Evêque de Spire.
L'Evêque de Strasbourg.
L'Evêque de Conſtance.
L'Evêque d'Augsbourg.
L'Evêque de Hildesheim.
L'Evêque de Paderborn.
L'Evêque de Freyſingen.
L'Evêque de Ratisbonne.
L'Evêque de Paſſau.
L'Evêque de Trente.
L'Evêque de Brixen. ⎱ alternent
L'Evêque de Basle. ⎰ par ſeſſion.
L'Evêque de Liége.
L'Evêque d'Oſnabrück.
L'Evêque de Münſter, alterne avec
   celui de Liége.
L'Evêque de Lübeck.
L'Evêque de Chur.
L'Evêque & Abbé Princier de
   Fulde.
L'Abbé Princier de Kempten.
Le Prévôt Princier d'Ellwangen.
Le Grand-Maître de l'Ordre de
   St. Jean.
Le Prévôt Princier de Berchtols-
   gaden.
L'Evêque de Spire, comme Pré-
   vôt Princier de Weiſſenbourg.

L'Archevêque de Treves, comme Prévôt Princier de Prum.

L'Abbé Princier de Stablo.

L'Abbé Princier de Corvey.

Princes séculiers.

L'Archi-Duc d'Autriche.

Le Duc de Bourgogne.

Le Duc de Baviére.

L'Electeur de Brandebourg, pour raison du Duché de Magdebourg.

L'Electeur Palatin, en qualité de Comte Palatin du Rhin, pour raison des Principautés de Lautern, Simmern & Neubourg.

Le Duc de Bremen.

Le Comte Palatin de Deux-Ponts.

Le Comte Palatin de Veldenz.

Le Duc de Saxe-Gotha, par rapport à la Principauté d'Altenbourg.

Les Ducs de Saxe-Cobourg. de Saxe-Weimar. de Saxe-Eisenach.

} Ils alternent selon les jours de délibération.

Les Marggraves de Brandebourg-Onolzbach. de Brandebourg-Culmbach.

L'Electeur de Brunswic pour rai-

fon des Duchés de Zelle, de Calenberg & de Grubenhagen.

Le Duc de Brunfwic-Wolfenbüt-
tel.

L'Electeur de Brandebourg par
rapport à la Principauté d'Halberftadt.

Le Duc de Bremen & de Verden,
par rapport à Verden.

Le Duc de Würtemberg.

LeLandgrave deHeffe-Caf-
fel.

de Heffe-Darm-
ftadt.

Le Marggrave de Bade-
Durlac, pour raifon de
Bade-Bade, Bade-Durlac
& de Bade-Hochberg.

Le Duc de Mecklenbourg-
Schwerin.

Le Duc de Mecklenbourg-
Guftrow.

Le Roi de Suéde, pour raifon de la Poméranie ci-
térieure.

L'Electeur deBrandebourg
pour raifon de la Pomé-
ranie ultérieure.

Alter-
nent.

L'Electeur de Brunswic, par rap-

port au Duché de Saxe-Lauenbourg, alterne avec les autres
ci-devant.

Le Roi de Danemarc, pour le Duché de Holftein.

Le Duc de Holftein-Gottorp.

L'Electeur de Brandebourg, pour
la Principauté de Minden.

Le Duc de Savoie.

L'Electeur de Baviere, pour le Landgraviat de Leuchtenberg.

Le Prince d'Anhalt.

de Hennenberg.

Le Duc de Mecklenbourg pour la
Principauté de Schwérin.

L'Electeur de Brandebourg, pour
la Principauté de Camin.

Le Duc de Mecklenbourg, pour la
Principauté de Ratzebourg.

Le Landgrave de Heffe-Caffel, pour
la Principauté de Hirfchfeld.

Le Duc de Lorraine, pour le Marggraviat de Nomény *.

* Ce Marggraviat, ainfi que le Duché
de Lorraine, ayant éte cédé en 1738 par
la paix de Vienne au Roi de France, qui
renonça au droit de fuffrage à la Diète attaché à ce Marggraviat, François I, Grand-
Duc de Tofcane, continua d'exercer ce
fuffrage à la Diète, & l'annexa à la Seigneurie de Falkenftein.

Le Duc de Würtemberg, pour la
   Principauté de Montbelliard.
Le Duc d'Aremberg.
Les Princes de Hohenzollern.
       de Lobkowitz.
       de Salm.
       de Dietrichſtein.
       de Naſſau - Hadamar.
         Siegen.
         Dillenbourg.
         Dietz.

Alternent.
V. Staats-Canzley,
T. XXIX.
C. 6.
{
Le Prince d'Auersberg.
L'Electeur de Brandebourg, pour la Principauté d'Oſtfriſe.
Le Prince de Fürſtenberg.
}

Les Princes de Schwarzenberg.
       de Lichtenſtein.
       de Tour & Taxis.
       de Schwarzbourg.

Prélats & Abbeſſes du banc de Suabe.

Prélats.

De Salmansweil.
Weingarten.
Ochſenſauſen.
Elchingen.
Yrſée.

Urfperg.
Roggenbourg.
Münchenroth.
Weifenau ou Minderau.
Schuffenried.
Marchthal.
Petershaufen.
Wettenhaufen.
Zwiefalten.
Gengenbach.

Abbeffes.

Les Abbeffes Princieres de Lindau & de Buchau, près du lac de Conftance.

Les Abbeffes de Hegenbach, de Guttenzell, de Rotenmünfter & de Baindt.

Prélats & Abbeffes du banc du Rhin.

Prélats.

Kayfersheim.
La Commanderie de l'Ordre Teutonique de Coblence.
Celle d'Alface & de Bourgogne.
L'Evêque de Spire, comme Prévôt d'Odenheim.

Werden & Helmstædt.
St. Ulric & Afra d'Augsbourg.
St. George d'Isny.
Corneli - Münster.
L'Abbaye noble de Bruchsal.

Abbesses.

Les Abbesses Princieres d'Essen,
de Quedlinbourg,
de Hervorden,
de Gernrode,
de Nieder - Münster &
d'Ober - Münster de Ratisbonne,
de Gandersheim,
& l'Abbesse de Burscheid.

Banc des Comtes de Wetteravie.

Nassau - Saarbrück.
Nassau - Weilbourg.
Hanau.
Solms.
Ysenbourg.
Stollberg.
Witgenstein.
Les Wild - & Rheingraves.
L'Electeur de Mayence, comme
   Seigneur de Königstein.
Linange.

Mannsfeld.
Prince de Waldeck.
Reuſſen de Plauen.
Hatzfeld & Gleichen.
Schönbourg.
Ortenbourg.
Wartenberg.

Banc des Comtes de Suabe.

Fürſtenberg.
De Waldbourg.
Oettingen.
Montfort.
Le Prince de Schwarzenberg, comme Comte de Sulz.
Kœnigseck.
Les Comtes de la Leyen, comme Seigneurs de Geroldseck.
Fugger.
Grafeneck.
Hohenems.
Rechberg & Pappenheim.
Trautmannsdorf.
Schlick.
Ungnad, Comtes de Weiſſenwolf.
Sinzendorf.
Stadion.
Traun.
Waldſtein.

Banc des Comtes de Franconie.

Hohenlohe.

Caftell.

Löwenftein - Wertheim.

Erbach.

Le Prince de Schwarzenberg, comme Seigneur de Seintzheim.

Heffe - Caffel, comme Comte de Reineck.

Wolfftein.

Schönborn, pour Reigelsberg & Wifendhaid.

Windifch - Grætz.

Rofenberg.

Stahrenberg.

Wurmbrand.

Grævenitz.

Pülcker.

Giech.

Banc des Comtes de Weftphalie.

Le Marggrave de Brandebourg-Onolzbach, pour le Comté de Sayn & comme co - poffeffeur de Sayn - Altenkirchen.

Le Bourggrave de Kirchberg, pour Sayn - Hachenbourg.

Le Comte de Wied, Comte de Wied - Runkel.

Le Landgrave de Heffe-Caffel & le

Comte de la Lippe à Bücke-
bourg pour le Comté de Schaum-
bourg.

Le Roi de Danemarc, pour les
Comtés d'Oldenbourg & de
Delmenhorſt.

Le Comte de la Lippe.

Les Comtes de Bentheim.

L'Electeur de Brunſwic - Lunebourg, pour les Comtés de Hoya,
Diepholz & Spiegelberg.

Le Comte de Löwenſtein - Wertheim, pour le Comté de Birne-
bourg.

Le Comte de Kaunitz, pour le
Comté de Rittberg.

Le Prince de Waldeck, pour le
Comté de Pyrmont.

Le Comte de Gronsfeld.

Le Comte d'Aſpermont, pour le
Comté de Reckum.

Le Prince de Salm, pour le Comté
d'Anhalt.

Le Comte de Metternich-Beilſtein,
pour le Comté de Winnebourg-
Beilſtein.

Le Comte de la Lippe, pour le
Comté de Holzapfel.

Le Comte de Manderſcheid-Blan-
kenheim.

Le Comte de Giech, pour la Seigneurie de Witten.

Le Comte de Limbourg-Styrum, pour la Seigneurie de Gehmen.

Le Prince de Schwarzenberg, pour la Seigneurie de Gymborn-Neuftadt.

Le Baron de Quad, pour la Seigneurie de Wickerad.

Le Comte de Berlepfch, pour la Seigneurie de Mylendonk.

Le Comte de Neffelrod, pour le Comté de Reichenftein.

Le Comte de la Mark & Schleiden.

Le Comte de Schærsberg, pour les Seigneuries de Kerpen & Lummerfum.

La Maifon Electorale de Saxe, pour le Comté de Barby-Mühlingen.

Le Comte de Salm, pour le Comté de Reiferfcheid.

Le Comte de la Mark & Schleiden, pour la Seigneurie de Saffenbourg.

Le Comte de Wehlen, pour la Seigneurie de Bretzenheim.

L'Electeur de Brandebourg, pour le Comté de Rheinftein.

L'Electeur de Brunswic-Lune-

bourg, pour le Comté de Haller-
mund.

Touchant le rang des Comtes,
voyez auſſi *Lunig*, *Theſaurus Ju-*
ris Comitum, *p.* 892. & *ſeqq.*

Obſ. Les Comtes de'Suabe & de Wettéravie occupent alternativement la premiere
place dans le College des Comtes.

Le Directeur en chef, le Directeur en
ſecond & les deux Adjoints du College des
Comtes de la Wettéravie changent tous
les trois ans.

Les deux Directeurs & les quatre Adjoints
du College des Comtes de Suabe ſont à vie.

Dans le College des Comtes de Franconie le directoire ſe donne par droit d'ancienneté pour deux ans ſeulement.

Dans le College des Comtes de Weſtphalie n'y ayant point de Directeurs, chacun cueillit les ſuffrages alternativement.

CHAPI-

CHAPITRE VII.

Des Villes Impériales.

I.

La Diète des États d'Empire eſt compoſée de trois Colleges, ſavoir celui des Electeurs, celui des Princes & Comtes d'Empire, & celui des Villes Impériales. Après avoir parlé des deux premiers, nous alons dire quelques mots du troiſieme.

II.

L'Allemagne n'a pas toujours fleurie en villes comme aujourd'hui. La partie qui avoiſine le Rhin de deux côtés depuis *Strasbourg* juſques dans la Weſtphalie, appellée autrefois la premiere & la ſeconde Germanie, a commencé du tems de Jules Céſar à avoir des villes importantes, où dans la ſuite la grandeur & la richeſſe des Romains brilloient à l'envi. Parmi ces villes, *Treves, Cologne, Strasbourg* & *Augsbourg* tenoient les principales places; mais dans le

Tom. II. R

cœur de l'Allemagne, & sur-tout
du côté du Nord, il n'y avoit
point de villes jusqu'à l'Empereur
Charlemagne. Il est vrai que déja
en 755 il fut ordonné dans le *Sy-*
node de Verne tenu sous Pépin, que
les Evêques devoient siéger dans
les villes (*a*). *Charlemagne* donna
occasion à leur établissement, en
ordonnant d'environner de murailles les monasteres, pour les
mettre à l'abri des injures des barbares & idolâtres. Les Evêques
firent la même chose à l'égard des
endroits de leur siege épiscopal.
Cela avança un peu le nombre des
villes. Cependant ces villes ayant
par leur petitesse un air de prison,
paroissoient mettre des entraves à
la liberté & à la jouissance du grand
air, auquel le peuple, ainsi que

_____

(*a*) Dans la grande Germanie qui n'a
jamais été entiérement subjuguée par les
Romains, on ne voyoit point de villes mu-
rées avant *Charlemagne.* Ainsi ce passa-
ge ne peut regarder que les Evêques & les
villes situées le long du Rhin, dans lesquelles les Evêques étoient obligés de siéger, &
il leur étoit défendu de roder la campagne.
Capitul. L. I. C. XVII.

les Grands, étoient accoutumés.
Cela faisoit, que le goût de bâtir
des villes enfermées de murs avoit
de la peine à prendre racine dans
le cœur des Allemands. Au commencement du dixieme siecle les
Huns ravagoient l'Allemagne; rien
ne put résister à leur fureur vaga-
bonde, qui trouvoit prise par-
tout, n'ayant de leur côté que des
villages à parcourir. *Henri l'Oi-* Diverses
seleur voyant les funestes effets de causes
leurs progrès, sentit la nécessité d'aug-
des villes fermées & fortifiées, & menter le
fit dès-lors murer les plus impor- nombre
tans villages de la Saxe & des en- des villes.
virons les plus exposés aux excur-
sions de ces barbares (b). Les vil-

(b) Pour peupler ces villes ou forteresses
nouvellement construites, *Henri* obligea
la neuvieme partie des habitans de la campagne à s'y établir, & ordonna d'y célébrer
toutes les fêtes & assemblées publiques, &
accorda aux nouveaux citoyens des priviléges & des prérogatives considérables, jusqu'à obliger ceux qui resterent à la campagne à les nourrir & à transporter la troisieme partie de la recolte dans les maga-
zins des villes, afin qu'elles ne manquassent
de rien ni en tems de paix, ni en tems de

R 2

les de *Misnie*, de *Quedlinbourg*,
de *Mersebourg* & plusieurs autres
lui doivent leur naissance. Le grand
commerce des villes situées le long
du Rhin, leurs richesses, ainsi que
la brillante situation de leurs habitans, engendrerent une certaine
jalousie entr'elles & les villages
voisins, & piquoient l'ambition de
ces villageois, qui n'ayant pour
eux que l'agriculture, se voyoient
réduits à une honnête frugalité, laquelle ne les accommodant point,
ils se jetterent dans le commerce,
& s'empresserent d'exercer de cer-

---

guerre. *Wittichindus, Ann. L. I. p. 639.
& Sigebertus Gemblac. ad ann. 920.*

Obs. Les Nobles qui quittoient la campagne pour habiter les villes, y obtinrent
les charges de Magistrature & devinrent
Familles les tiges des familles *Patriciennes.* Il est
Patricien- vrai qu'ils furent méprisés des Gentilshom-
nes. mes de campagne, qui les appelloient par
dérision *Villani*, *Villains*; nom qui encore *aujourd'hui* dénote une personne *vile*
& abjecte; cela nous prouve combien on
détestoit les villes en ce tems-là. Aujour-
d'hui tout est changé, ensorte qu'un Gentilhomme de campagne auroit très-mau-
vaise grace de mépriser p. e. un Gentilhomme de Paris.

tains arts & métiers, pour le faire
fleurir. Mais afin d'y vaquer avec
plus de fûreté & plus de tranquillité, ils entourerent leurs habitations
de murailles, & mirent des portes
à leurs villes, pour les ouvrir ou
fermer à propos, ou mettre par-
là un frein aux brigands & autres
mal-intentionnés; c'eſt ainſi que
le nombre des villes s'accrut de
jour en jour. Les différentes ligues & traités d'union, que firent
les villes commerçantes tant entre
elles qu'avec les Princes & Seigneurs voiſins (c), donnerent de

(c) La premiere ligue de ce genre fut Premiere
tramée & conclue à *Worms* & à *Mayence*, ligue des
à l'occaſion de la conſtruction du château villes du
de *Rheinfels* & de l'érection d'une nouvel- Rhin.
le douane bâtie près de ce château au bord
du Rhin par le Comte *Diethere I.* Voici
ce que l'Auteur de l'Abrégé Chon. de l'Hiſtoire & du Droit public d'Allemagne dit
à cette occaſion p. 228. . . . ,, Les bri-
,,gandages des Nobles & l'exaction violen-
,,te des péages inuſités étant devenus in-
,,ſupportables; les Archevêques du Rhin,
,,tous les Princes & Seigneurs & plus de ſoi-
,,xante villes ſituées ſur les deux rives de
,,ce fleuve, depuis *Zürich* jusqu'au deſ-
,,ſous de *Cologne* conclurent en 1247. à

R 3

même occasion à l'établissement
ou à l'agrandissement de plusieurs villes; ensorte que vers le
milieu du treizieme siecle on com-
ptoit déja plus de quatre-vingt
villes en Allemagne, qui étoient
des plus riches & des plus commerçantes de l'Europe, appellées

---

,,*Worms* & à *Mayence* une alliance per-
,,pétuelle pour le maintien de la paix & l'a-
,,bolition des péages nouveaux. Cette con-
,,fédération nommée la *ligue du Rhin*,
,,fût confirmée & signée par l'Empereur
,,*Guillaume* à *Oppenheim* entre *Mayence*
,,& *Worms*. On y convint de plusieurs arti-
,,cles, sur-tout de s'assembler quatre fois
,,par an, pour délibérer sur les intérêts de
,,la confédération, I. à *Cologne*, II. à
,,*Mayence*, III. à *Worms*, & IV. à *Stras-*
,,*bourg*. On y résolut de déclarer la guer-
,,re à ceux qui oseroient troubler la tran-
,,quillité publique par des brigandages ou
,,par des exactions de nouveaux péages par
,,terre ou par eau. Les ligués se choisirent
,,un Chef, à la tête duquel ils détruisirent
,,les douanes & péages établies le long du
,,Rhin pour gêner le commerce". V: La
Chronique d'Augsbourg, *dans les anna-*
les de Freherus, *à l'année* 1247, *Lehmann*,
L. V. C. 42, *Albertus Stad. ad ann.* 1255,
& Trithemius, *Chronicon. Hirsaug*, *ad*
ann. 1254.

villes hanféatiques ou villes de commerce (d).

(d) Le mot *Hanfa* eſt tiré de la langue Gothique; il fut adopté par les anciens Germains, & ſignifioit *une Société de Commerce*, & *Hänſlen* vouloit dire *recevoir en Société*. *Dufreſne*, *in Gloſſ*. *voce Hanſa*. Les Conſuls prépoſés pour juger les différents mus entre les négocians, s'appelloient *Hans-Grafen*. Ces villes avoient leurs principaux comptoirs à *Londres*, à *Bergen* en *Norwége*, à *Novogrod* en *Ruſſie* & à *Brugges* dans les *Pays-Bas*. Elles exerçoient une eſpece de monopole dans l'Europe, y faiſant le commerce excluſivement à toute autre ville qui n'étoit point de leur ligue. La principale *Bourſe* étoit à *Lubeck*: là étoient conſervés les privileges & le tréſor de cette ligue. De-là partoient les envoyés à toutes ſortes de puiſſances, c'eſt auſſi dans cette ville que ſe faiſoient les traités de paix concernant cette ligue, qui fleurit plus de 300. ans ornée des plus grands privileges, dont pluſieurs leur furent accordés par les Rois de France. *Londorp*, *T. VII. p.* 918.

Obſ. I. Pendant que le commerce des villes hanféatiques duroit. les jeunes gens furent obligés de faire huit ans d'apprentiſſage & de ſubir chaque année trois épreuves tout-à-fait barbares. La premiere s'appelloit le jeu de l'eau, la ſeconde le jeu de la fumée & la troiſieme le jeu du fouet. Mais depuis l'établiſſement de la Com-

III.

Autres rai-
fons de
multiplier
les villes.

Aux caufes de la multiplication des villes, déduites dans l'art. précédent, nous pouvons encore ajouter l'adouciffement des mœurs, & fur-tout la réception de la religion Catholique. Ces deux points rapprocherent les cœurs & les fentimens, & firent naître plufieurs Evêchés, dont les Chefs devoient demeurer dans les villes, & donnerent en même tems occafion à l'établiffement de plufieurs Duchés, où les Ducs tâchoient d'avoir une réfidence & quelques villes diftinguées tant pour leur propre défenfe & fûreté, que pour fe rendre plus importans. Dans les commencemens toutes ces vil-

---

pagnie des Indes orientales & occidentales, la fociété hanféatique eft prefqu'anéantie. Touchant les villes hanféatiques, v. *Theod. Kirchmaier, de Civitat. Hanfeat. Wittembergæ* 1669. *Joachim Hagen, de Fœdere Civitat. Hanfeat. Francofurti* 1662. & *Knipfchild, de Jure civitat. Imper. L. I. C. IX.* §. 10.

II. Ces villes étant fituées la plupart fur les côtes de la *Mer Baltique & du Nord*, s'appelloient auffi *Villes Maritimes*.

les étoient royales & immédiates,
étant immédiatement foumifes aux
Rois qui pouvoient feuls accorder
les droits de cité ; mais dans la fuite
les Empereurs accorderent aux
Evêques & aux Ducs le droit d'é-
tablir des villes & d'y exercer les
droits régaliens, ne fe réfervant,
pour ainfi dire, fur elles que le
domaine éminent. Delà vint la diftinction entre les villes immédiates & médiates, dont les dernieres dépendantes immédiatement
de leurs Evêques ou de leurs Ducs,
n'étoient foumifes aux Rois ou aux
Empereurs, que moyennant la
foumiffion de ces Seigneurs (a).
L'amour de la liberté, l'oppreffion
& le mauvais traitement que les
Ducs & les Comtes faifoient fubir
à ces villes, leur fervoient dans la
fuite de motifs, pour s'en rendre
indépendantes. Les moyens pour
y réuffir étoient d'abord les diffé- Ligues
rentes ligues cimentées entre el- des villes.

_____

(a) *Capitul. Caroli Calvi, tit. XXXVI.*
C. V. Lehmann, Chron. Spir. L. IV. C.
III.

R 5

les (*b*); ensuite l'extinction de quelques Maisons Ducales ou autres (*c*); le grand interregne (*d*);

(*b*) La première étoit celle du Rhin, dont nous avons parlé précédemment; la seconde étoit la ligue hanséatique appellée communément dans les anciens auteurs latins, *Hansa Teutonica*, Teutscher Bund, déja commencée par les villes de *Lubec* & de *Hambourg* en 1241. pour se faciliter le commerce; & fortifiée ensuite par l'accession de plus de quatre-vingt villes, dont on trouve les noms dans *Hübner*, *Géographie*, *L. IX. Ch. X.* vid. *Lambecius*, *rerum Hamburgic. L. II.* ad ann. 1241.

(*c*) Telle étoit p. e. l'extinction de la Maison Ducale de Suabe & de Franconie, par la décapitation de *Conradin* son dernier rejetton, faite à *Naples* en 1269. vid. *Desing*, *Aux. Histor. P. III. p.* 636. & *seq.* A cette mort plusieurs villes de Suabe devinrent villes Impériales, parmi lesquelles se trouve *Uberlingue*, *ancienne résidence des Ducs*. *Kaufbeyern* devint ville Impériale à la mort du dernier Comte de ce nom. V. *Knipschild*, *L. III. C. VIII.* de même *Buchhorn*, après l'extinction des *Comtes d'Altorf* & *de Ravensbourg*. V. *Zeiler Chronicon Suev.* p. 247. *Ratisbonne* & *Lubec* devinrent villes impériales lors de la proscription de *Henri le Lion* en 1180. *Couring*, *de Urbib. Germ.* §. 119.

(*d*) Les quatre-vingt villes hanséatiques,

les privileges des Empereurs (e),
& enfin l'argent, moyen le plus
efficace & d'ordinaire le plus sûr
pour arriver au pole de ses dé-
sirs (f). Or ces villes ainsi rache-
tées de la dépendance des Seigneurs & immédiatement soumises,
à l'Empereur & à l'Empire, s'appellerent *Villes impériales*; les autres,
qui leur resterent soumises, ou qui
leur ont été assujetties depuis, se
nomment *Villes municipales*.

Villes im-
périales.

Villes mu-
nicipales.

IV.

Autrefois l'on distinguoit entre
les villes impériales simples & les

---

qui se rendoient indépendantes durant l'interregne, en sont un exemple frappant.

(e) *L'Histoire des Vies de Henri IV,*
de *Henri V*, de *Frédéric I*, de *Frédéric*
II. & de *Frédéric III.* nous en fournissent
plusieurs exemples.

(f) P. e. les villes de *Lindau* & d'*Ulm*
en Suabe, dont la premiere située près
du Lac de Constance, racheta son indépen-
dance des *Comtes de Bregentz*. *Tentze-*
lius, *Vindiciæ Lindav.* p. 280. La seconde sur le bord du *Danube* racheta sa
liberté du monastère de *Reichenau*, & fut
mise au nombre des villes Impériales par
l'Empereur *Louis de Bavière*. *Knipschild,*
L. III. C. LIV.

Ancienne différence entre les villes impériales & les villes libres.

villes libres ; ces dernieres étoient diftinguées des autres en ce qu'elles étoient exemptes de toutes contributions annuelles envers l'Empereur ou l'Empire. Telles étoient déja dans le quatorzieme fiecle les villes de *Cologne*, de *Mayence*, de *Strasbourg*, de *Worms*, de *Spire* & de *Basle* (a). On accordoit d'ordinaire aux villes libres la préféance devant les autres à la Diète (b). Cela nous fait voir qu'il y avoit pour-lors trois fortes de villes en Allemagne, favoir les *Villes impériales libres*; les *Villes impériales fimples*, qui dépendoient toutes immédiatement de l'Empire avec la différence marquée; & les *Villes municipales*. Aujourd'hui l'on diftingue feulement entre villes impériales & municipales, & l'on entend par villes impériales celles qui relevent immédiatement de

(a) *Lehmann*, *Chron Spir. L. IV. C. V.* & *Knipfchild*, *de Jure Civitat. Imper. L. I. C. I. §. 23.*

(b) *Lehmann*, l. cit. *L. IV. C. V. Knipfchild*, *de Jure Civitat. Imperial. L. I. C. I. §. 23.*

l'Empereur & de l'Empire, & forment à la Diète le troisieme & dernier College des États. Elles se gouvernent par leur propre Magistrat, qui ne dépend pas d'un autre; & jouissent de la supériorité territoriale, ainsi que de tous les droits y attachés, de même que tout autre État d'Empire, comme la suite le démontrera. On les nomme toutes indifféremment *Villes libres* (c) & *immédiates de l'Empire*, unmittelbare und freye Reichsstädte.

V.

Entre les villes impériales les

(c) Quoique la raison de leur ancienne distinction subsiste encore; vu que parmi elles il s'en trouve encore plusieurs sujettes à une redevance ou cens annuel envers l'Empereur, dont les autres sont exemptes, *Charles VI.* vouloit racheter ces droits d'exemption, mais les villes exemptes n'y voulurent point condescendre. Lui & tous ses successeurs ont promis de retirer & réunir à l'Empire & employer à son profit les contributions ordinaires payées cidevant à l'Empire par les villes libres Impériales, mais sans effet. *Capitul. Caroli VI. art. XI. Francisci I. & Josephi II. art. XI.* §.6. *& seqq. Moser*, Betrachtungen über die Wahl-Capitulation Kaiser Josephs II.

Deſtination particuliere de certaines villes impériales.

unes ont été choiſies & deſtinées à de certaines affaires de l'Empire. Ainſi l'élection de l'Empereur doit ſe faire à *Francfort ſur le Mein*; ſon couronnement à *Aix-la-Chapelle*; la Diète, ou la premiere aſſemblée des États, à *Nuremberg*, dépoſitaire des bijoux de l'Empire; & autant de fois que cela ne s'obſerve point, on leur donne des réverſales ou lettres d'aſſurance. D'autres ont le droit de convoquer ou de faire aſſembler les villes impériales ſelon l'exigence des cas, telles ſont *Francfort*, *Nuremberg* & *Ulm* (a). Il y en a qui jouiſſent du droit d'aſyle, p. e. *Reutlingue* (b) & *Spire* dans le *Couvent au St. Sépulcre*. La religion de ces villes varie; il y en a de pures

---

(a) Lorsque les villes Impériales ſituées au Cercle de Suabe s'aſſemblent en particulier, les villes de *Nordlingue* & d'*Eſlingue*, convoquent & dirigent cette aſſemblée alternativement.

(b) Ce droit lui fut confirmé par *Maximilien I.* & regarde ſeulement le cas d'homicide ſans deſſein. *Knipſchild*, *L. III. C. XLIV. n.* 24.

Catholiques, p. e. *Cologne*, *Aix-la-Chapelle*; d'autres tout-à-fait Evangéliques, p. e. *Eslingue*, *Fridberg*; d'autres font mixtes: telle eft p. e. *Augsbourg*, dont le Sénat même eft mi-parti (c). Ces dernieres font celles, où les deux religions ont les mêmes avantages, & ont été exercées enfemble le 1. Janvier 1624, jour fixé par le traité d'Ofnabrück, *art. V. §. 29.* pour remettre dans ces villes tout ce qui avoit quelque rapport à la religion, au même état où il s'étoit trouvé alors; ce qui doit s'obferver à perpétuité, & concerne auffi les places & les dignités occupées audit terme dans la Magiftrature & autres Offices publics, poffédés par ceux de l'une ou de l'autre religion, foit en nombre égal ou inégal. Ces villes s'appellent en allemand **Paritäts-Städte:** *Augsbourg* en eft un parfait exemple; *Dünkelfpühl*, *Biberac* & *Ravensbourg* de même. Dans de certaines

Villes impériales mixtes.

(c) *Lehmann*, *L. V. C. LXXIII.* & *Knipfchild*, *L. II. C. XXVIII. n. 14. p. 311.*

la religion évangélique eſt domi-
nante, p. e. à *Nuremberg, Ulm,
Francfort ſur le Mein.*

VI.

**Gouver-
nement
des villes
impéria-
les.**
Le gouvernement des villes immédiates & impériales varioit ſelon les tems, les mœurs & les circonſtances. La juriſdiction s'y exerçoit anciennement par les *Préfets,* Reichs-Vögte, & par les
Prévôts d'Empire, Reichs-Schult-
heißen. Nous trouvons la diſtinction de ces deux ſortes de juges
diſtinctement & clairement dans
les ſtatuts de la ville de *Strasbourg* (a). Outre les *Préfets des
villes*

**Leurs Pré-
fets &
Prévôts.**
(a) Il ne faut point confondre la juriſdiction de ces deux Officiers. Le *Préfet*
exerçoit la juriſdiction criminelle au palais, *Pfallence, Pfalz.* Il dirigeoit l'ordre & les affaires publiques de la ville; on
l'appelloit auſſi Stadt-Amtmann. V.
*Datt, de Pace publ. Lib. I. C. I. n. 86.
& ſeq. & Specul. Suev. C. XI. § 23.* Le
Prévôt exerçoit la juriſdiction civile & le
petit criminel. De-là nous liſons dans les
ſtatuts de *Strasbourg Ch. II. . . .* der
ſchultheiſe richtet umbe diebſtahl, umbe urevel,
umbe geldſchulde über alle die Bürger dirre
Stette. V. *Plenius Acta Lindav. p. 59.*

villes impériales. il y avoit les *Pré-*
fets impériaux des provinces, Land▬

& le *chap. XIII. desdits Statuts* ; &
Kœnigshoven Chronic. pag. 701.

Obf. Les *Préfets* ou *Avoués Impériaux,* Préfets
Reichsvogt, ne doivent non-plus être con- impériaux
fondus avec les *Préfets Provinciaux,* Land- & Préfets
vogt. La jurifdiction des premiers ne s'é- provin-
tendoit que fur une feule ville Impériale: ciaux.
celle des Préfets Provinciaux au contraire,
comprenoit toutes les villes Impériales d'un
certain Reffort ou d'une certaine Province : tels étoient les *Préfets d'Alface* & de
Haguenau. La *Préfecture* de *Haguenau*
renfermoit fous fa jurifdiction dix villes
Impériales & fes dépendances. La Préfecture d'Alface s'étendoit fur tout le refte
de l'Alface, à l'exception de la ville de
Strasbourg, qui avoit fon propre *Préfet.*
Obrecht, Prodr. rer. Alfat. C. XII. Schil-
ter, Not. ad Königshoven, p. 1071.

II. La préfecture provinciale de Hague- Préfectu-
nau, comprenant les dix villes impériales, fa- re provin-
voir *Haguenau, Colmar, Münfter* dans *la* ciale de
vallée de St. Grégoire, Kaifersberg, Türck- Hague-
heim, Seleftatt, Rosheim, Oberenheim, nau.
Weiffenbourg, Landau a été engagée ou
hypothéquée avec tous les droits & dépendances en 1423. à *Louis le Barbu, Ele-*
cteur Comte Palatin du Rhin, par l'Empereur *Sigifmond* pour la fomme de foi-
xante-dix-mille florins ; mais elle fut rachetée ou reconquife par *Maximilien I.*
en 1506. V. *Defing, Aux. Hift. P. III.*

Tom. II.   S

𝕭𝖔𝖌𝖙𝖊 (*b*), dont les uns & les au-

---

p. 224. *& suiv.* Herzog, Elſaßiſche Chron.
L. IX. C. III. Hortleder, *de cauſis bel-*
li Germ. L. III. C. I. p. 623. *n.* 66. *&*
L. VII. C. XXII. n. 5. & reſta attachée
à la Maiſon d'Autriche juſqu'en 1648.
qu'elle fut cédée à la France par *l'art.* 10.
du traité de Münſter. Depuis cette époque le Roi de France fait régir & gouverner toutes les villes & autres communautés de cette Province par un Intendant,
& ſe repoſe, quant à l'exercice de la juſtice,
ſur ſon Conſeil ſouverain, ſiégeant à Colmar, ville principale de la Haute - Alſace.

(*b*) Il n'y a que la ville de *Nüremberg*, où
le gouvernement paroiſſe être entiérement
ariſtocratique, n'y ayant que les *Patriciens*,
rathsfähige Geſchlechter, qui puiſſent aſpi-
rer à l'honneur du gouvernement des affaires publiques & de l'adminiſtration de la
juſtice. Vid. *Conradus Celtes*, *de Origi-*
ne, Situ & Moribus Reipubl. Norimberg.
C. XIII.

Obſ. I. Les diſſenſions ou différens qui
naiſſent dans les villes Impériales entre les
Bourgeois & le Magiſtrat, ſont d'ordinaire
calmés & terminés par des Commiſſaires
nommés de l'Empereur à leurs propres frais
& dépens, lesquels montent quelquefois
à une ſomme capable de faire rentrer les
mutins dans leur devoir : *Nüremberg*,
Franckfort & d'autres villes Impériales
nous en ont fournies des preuves au commencement de notre ſiécle.

tres étoient à la nomination de
l'Empereur, qui leur aſſignoit de

II. Les villes Impériales ſe diſputent le Diſpute
pas & le rang avec la Nobleſſe immédiate : de ces vil-
je ne m'arrogerai point l'audace de déci- les & de la
der leur différent. Mais il me paroît que Nobleſſe
l'on peut conſidérer ces villes de deux ma- immédia-
nieres, ſçavoir : comme États, & comme te ſur le
Membres d'Empire. Enviſagés comme États rang.
d'Empire, elles n'ont aucunement beſoin
de briguer le rang ſur la nobleſſe immédiate, vu qu'elle n'eſt point & qu'elle ne veut
point être compriſe dans le nombre & dans
la claſſe des États d'Empire. Ainſi par-tout où
les villes Impériales figurent purement &
ſimplement comme États d'Empire, la nobleſſe immédiate n'a aucune relation & connexion avec elles. Conſéquemment il n'y a là
aucun différend entre elles ſur le rang. Si La No-
au contraire les villes Impériales ſont con- bleſſe im-
ſidérées comme Membres d'Empire, ab- médiate
ſtraction faite de leur qualité d'États d'Em- doit quel-
pire, je penſe que la Nobleſſe immédiate quefois
doit les précéder dans quel acte que ce précéder
puiſſe être, & cela pour deux raiſons : la les villes
premiere parce que le corps de la Nobleſſe impéria-
immédiate eſt en lui-même plus majeſtueux les.
& plus reſpectable que ces villes, ne ſouf-
frant en lui aucun mélange de roture, dont
fourmillent les villes & le Magiſtrat des villes
Impériales. L'or pur eſt préférable à l'argent doré. La ſeconde raiſon eſt que la
Nobleſſe immédiate, enviſagée comme
membre d'Empire, a une prérogative de

S 2

certaines terres, ou leur accordoit
la jouïssance de certains droits ré-

---

plus que les villes impériales, savoir celle
de n'être point sujette à contribuer aux
frais communs & ordinaires de l'Empire &
de ne contribuer aux frais extraordinaires
que par maniere de don gratuit. Disons-le
en deux mots : les villes impériales ont
des qualités qui paroissent les élever au-
dessus de la Noblesse immédiate ; celle-ci
en a de même. V. *Moser, Syntagma
dissertat. Jus publ. illustrantium*, p. 853.
*Harprecht de Harprechtstein, de S. R. I.
liberæ & immediat. Nobil. præ Civitati-
bus Imp. jure sessionis & præcedentia.*
La dispute de la préséance & du rang entre ces deux Corps s'étoit particuliérement
réchauffée lors du traité de paix de Westphalie. Il s'agissoit pour-lors d'adoucir les
esprits & de faire naître une parfaite harmonie dans l'Allemagne. Ainsi l'on évita
d'en irriter une partie par la décision de
ce différend, & en prenant un milieu, l'on
convint d'entendre & de comprendre en
premier lieu les villes impériales sous le
nom général d'*Etats d'Empire*, de nommer ensuite expressément la Noblesse immédiate, & après elle les villes impériales, qui de cette maniere ne devoient point
être regardées comme postposées, mais
seulement répétées & nommées formellement après la Noblesse immédiate. V. *art.
V. §. 2. 28. & 29. du Traité d'Osnabrück.* La Noblesse fonde son droit de

galiens & une partie des amendes pécuniaires pour leur entretien. Aujourd'hui la forme du gouvernement des villes impériales eft différente; leur Sénat ou Magiftrat eft compofé de Bourgeois ou de Nobles Patriciens, ou de tous les deux Corps, ce qui les approche plus ou moins du gouvernement ariftocratique ou démocratique. Le Magiftrat de chacune de ces villes, confidéré en Corps,

---

préféance particuliérement fur un ancien ufage, tiré de la fameufe alliance ou ligue de Suabe, faite à *Nuremberg* en 1489, répétée à Francfort en 1489, pour le maintien de la paix publique, approuvée par *Frédéric III.* & renouvellée plufieurs fois avant fa rupture arrivée fous *Charles V. Datt, de pace publ. L. 2. C. 4.* Or par cette ligue il eft notoire, que la Nobleffe a précédé les villes impériales. Vid. *Lehmann, L. VIII. C.* 108. Lunig, Reichs-Archiv, erfte *Cont.* and. Fortf. *p.* 75. & *feq.* Fortf. der andern *Cont.* J'en laiffe la décifion à l'Empereur. Touchant cette matiere en général, v. *Londorp, Acta publ. T. VI. L. III. C.* 43. *Pfanner, Hiftor. pacis Weftph. L. III. n.* 97. & *Bæcler Vindiciæ Jurium Civit. Argentorat. contra prætenfiones Nobilitatis Alfatiæ infer. Argentorati* 1714. *p.* 5. & *feqq.*

repréfente la qualité d'État de l'Empire, & en exerce les droits.

VII.

Leurs droits.

Les villes impériales ont ainfi que les autres États d'Empire voix décifive à la Diète (*a*), & quoiqu'elles ne foient point admifes au rapport & contre-rapport, qui fe fait entre le Collège Electoral & celui des Princes. Cependant l'arrêté de ces deux Collèges ne peut faire un Récès d'Empire, ni lier les villes impériales, avant que leur confentement y foit intervenu (*b*). Elles ont à l'égard du gouvernement de leurs villes ou territoires (*c*) le même pouvoir que les

---

(*a*) Et cela en vertu d'une difpofition expreffe du *Traité d'Ofnabrück*, dont l'*art. VIII. §. 4.* porte en termes formels. " Les villes libres de l'Empire auront voix " décifive dans les Diètes, tant générales " que particulieres, fur le même pied que " les autres États de l'Empire. " V. *Lehmann, Chron. Spir. L. V. p.* 108. & Herden, Grundvefte des H. R. Reichs, *P. II. C. VI.*

(*b*) V. *Henniges, Méditations fur le Traité d'Ofnabrück, à l'art. VIII. §. 4. litt. m.*

(*c*) Cela devient clair par l'*art. VIII.*

Princes d'Empire dans l'étendue de leurs provinces. Ce pouvoir leur eſt confirmé par l'Empereur ou par ſes commiſſaires en ſon nom; lorſqu'elles lui prêtent foi & hommage (d), elles jouiſſent en même tems de tous les droits de l'immédiateté applicable à une communauté & à leur état reſpectif, à l'exception du droit d'avoir des *Auſtregues* (e), étant obligées

---

ſuſmentionné, où il eſt dit: "Et qu'il ne „ ſoit point touché à leurs droits réga- „ liens, péages, revenus annuels, liber- „ tés, privileges de confiſquer, de lever „ des impôts & de ce qui en dépend, non „ plus qu'aux autres droits, qu'elles ont „ légitimement obtenus de quelques Em- „ pereurs & de l'Empire, & qu'elles ont „ acquis par un long uſage, poſſédé & ex- „ ercé avant tous ces troubles, avec une „ entiere juriſdiction dans l'enclos de leurs „ murailles & dans leur territoire."

(d) Cet hommage n'eſt pourtant pas eſ- ſentiel pour faire jouir les villes de leurs droits & privileges, qui leur compétent d'ailleurs en vertu des loix fondamentales de l'Empire, comme nous venons de le voir. Il y a même des villes, qui ne le prêtent jamais, comme *Lubeck*, & n'en jouiſſent pas moins.

(e) A moins qu'elles n'aient acquis ce

de comparoître en première inſtance devant les Tribunaux de l'Empire. Elles ſont moins nombreuſes aujourd'hui qu'elles n'étoient ci - devant (f); il leur eſt permis de tenir des Diètes générales ou particulieres, pour y délibérer & ſtatuer ſur toutes les matieres qui puiſſent favoriſer leur intérêt commun, pourvu qu'elles n'entreprennent rien de préjudiciable aux autres États ni en gé-

droit par un privilege ſpécial. Cependant chaque College ou chaque banc des villes impériales a établi un Tribunal conventionnel, compoſé d'un certain nombre de villes, pour connoître les plaintes de l'une ou de l'autre, & ſur icelle porter ſa ſentence, avant qu'elle les puiſſe porter au Conſeil Impérial Aulique, ou à la Chambre Impériale.

Villes qui ont ceſſé d'être impériales. (f). Beſançon, Strasbourg & les dix villes impériales de la préfecture de Haguenau ont paſſés ſous la domination de la France, de même que les villes de Metz, Toul & Verdun. En Suiſſe les villes de Berne, Basle, Zurich ont ceſſé d'être impériales; en Allemagne Mayence, Conſtance, Erford, Münſter, Brunſwic, Donawerth, Altenbourg, Chemnitz, Zwickau ont été ſubjugées par certains États d'Empire.

néral ni en particulier (g) à la Diète générale des États. Elles font di-

(g) Cela eft conforme à l'*art. XIII.* §. 10. *de la Capitul. de Jofeph II,* qui porte . . . "Il ne fera mis obftacle aux ,, États d'Empire de s'affembler circulaire- ,, ment ou collégialement, ou de quel- ,, qu'autre maniere que ce puiffe être, pour ,, prendre foin de leurs affaires, toutes & ,, quantes fois que la néceffité ou leur in- ,, térêt le demandera."

Colleges ou bancs des villes impériales.

Banc du Rhin.

Cologne, Aix-la-Chapelle, Lübeck, Worms, Spire, Francfort fur le Mein, Goslar, Bremen, Mühlhaufen, Nord- haufen, Dortmund, Friedberg, Wetz- lar, Gelnhaufen, Hambourg.

Banc de Suabe.

Ratisbonne, Augsbourg, Nüremberg, Ulm, Eslingue, Reutlingue, Nördlin- gue, Rothenbourg fur le Tauber, Schwä- bifch-Hall, Rothweil, Ueberlingue, Heil- bronn, Schwæbifch-Gemünd, Memmin- gen, Lindau, Dünckelfpiel, Biber- ach, Ravensbourg, Schweinfurt, Kem- pten, Windsheim, Kaufbeuren, Weil, Wangen, Ifni, Pfullendorf, Offen- bourg, Leutkirchen, Wimpfen, Weif- fenbourg dans le Nordgau, Giengen, Gengenbach, Zell am Hammersbach, Buchhorn, Aalen, Buchau, Bopfingen.

Ces villes ont à leur tête un Sénat ou Magiftrat compofé de Bourgeois ou de No-

S 5

visées en deux classes, & sont pla-
cées dans deux bancs, savoir le
banc du Rhin & le *banc de la Suabe*. Chaque ville y envoie son Dé-
puté, qui la représente. Leurs
suffrages ne s'y comptent que par
banc, ensorte que toutes les villes impériales ensemble n'ont que
deux voix à la Diète générale.

---

bles Patriciens, ou de tous les deux
Corps; ce qui les rapproche plus ou moins
du gouvernement aristocratique ou démocratique. Il leur est libre de changer la
forme du gouvernement, pourvu que cela
se fasse sans préjudicier aux loix de l'Empire.

Obs. Il y a des villes impériales, p. e.
Cologne & *Aix-la-Chapelle*, qui se disputent le rang. La décision en appartient à l'Empereur comme Chef suprême
de l'Empire, comme le prouvent les relations & réponses des États de l'Empire,
données à la Diète tenue à Augsbourg en
l'année 1566, & les *Résultats d'Empire*
de 1570. §. 162. & de 1576. §. 3. Mais
on croit, qu'une certaine politique & des
raisons sécretes portent les Empereurs à
laisser ces affaires indécises.

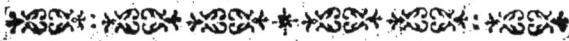

LIVRE V.

INTRODUCTION.

Des Droits de l'Empereur à l'égard de l'Empire & de la maniere de les exercer.

Obf. L'Empereur n'étant point ce qu'on appelle Monarque abfolu dans l'Empire, & la fouveraineté y étant partagée entre lui & le Corps des États, dont il eft le Chef; je penfe que les droits de l'Empereur à l'égard de l'Empire ne doivent & ne peuvent point être appellés Régales (a), ni être

---

(a) *Régales* au pluriel, fignifient les droits appartenants à un Souverain pour raifon de fa fouveraineté. On les diftingue en *grandes* & *petites*. Les *grandes* font celles qui appartiennent au Souverain de droit propre, & exclufivement à tout autre dans le même État; elles conftituent les marques & les caracteres diftinctifs de la puiffance fuprême ou de la fupériorité territoriale. Dans l'État monarchique elles réfident dans la perfonne du Monarque, & font tellement attachés au fceptre, qu'elles ne puiffent être communiquées à aucun fujet

Régales.

Grandes ou majeures.

divifés, felon la méthode ordinaire des Jurisconfultes, en gran-

---

fans renverfer la forme du gouvernement.
Dans l'État ariftocratique elles fe trouvent
dans le Corps du Sénat ou de ceux qui de
droit tiennent les rênes du gouvernement.
Dans l'État démocratique ces Régales fe
trouvent dans le peuple; & dans un État
mixte elles peuvent convenir au Chef &
aux Membres dans une certaine étendue.
Elles confiftent dans le droit de fe quali-
fier *par la Grace de Dieu*, indépendant
& abfolu, de faire interpréter ou changer
les loix, de connoître en dernier reffort
des jugemens de tous Magiftrats, de faire
battre monnoie, d'en hauffer ou baiffer
le titre & la valeur, d'impofer ou exem-
pter les fujets des tailles, aides & gabelles,
de faire grace, d'annoblir, légitimer les
bâtards, d'ériger des foires & marchés &c.

Petites ou   Les *petites Régales* (*minora Regalia*)
mineures. comprennent les droits, qui n'étant point
inhérens au fceptre, font communicables
& ceffibles, & peuvent par conféquent
être poffédées par d'autres que par le Souverain. Tels font les droits de chaffe, de
pêche, de péage, de pontenage, de flot-
tage & autres que le Souverain peut concéder, fans que fon domaine éminent, ni
fa puiffance fuprême en fouffre.

Obf. Les *grandes Régales* appartiennent dans l'Alemagne à l'Empire & à l'Empereur conjointement, à l'exception de
celles dont les loix fondamentales de l'Em-

des & petites Régales, mais qu'il faut les nommer droits communs & droits propres. J'appelle droits communs, ceux que l'Empereur exerce conjointement avec les États d'Empire, de manière que l'effet réfultant de leur exercice dépend ou du confentement unanime des États en général, ou des fuffrages de la majeure partie d'iceux, ou au moins de la pluralité des voix & avis d'un certain College d'États; & je nomme droits propres, ceux que l'Empereur exerce à l'égard de tout l'Empire à l'exclufion de tout autre État d'Empire. Les droits communs de l'Empereur fe nomment mieux droits de l'Empire; termes dont je me fervirai dans la fuite pour les exprimer. Ces droits concernent différents objets, que tout État doit favoir diriger à fon avantage: tels

pire ne font point mention, & que l'Empereur, qui peut être confidéré comme Souverain en tout & par-tout, où fon pouvoir n'a pas été limité par les loix, exerce feul & exclufivement à tout autre État, au moins à l'égard de tout l'Empire.

sont la religion, la jurisdiction, le commerce, la monnoie, le domaine, les aides & contributions, les postes, la guerre avec tout ce qui peut la rendre avantageuse, les ambassades, les traités de paix, les alliances & autres objets relatifs au gouvernement d'un État, qui feront la matiere des chapitres suivans.

CHAPITRE I.

Du droit de l'Empire à l'égard de la Religion.

I.

Comme la religion est le fondement de l'ordre de la société des hommes, & que c'est pour maintenir cet ordre, que Dieu a donné aux Princes la puissance nécessaire pour les divers usages du gouvernement, leur premier devoir est de maintenir la religion (a).

(a) Le Concile de Trente a beaucoup appuyé cette vérité dans su 25. sess. chap. 20. de Reform. L. Loix 3. 5. & 6. du Cod. Justin. tit. de Summa Trinit, la

Or ce pouvoir renferme éssentiel-
lement le droit d'employer son
autorité, pour appuyer celle de
l'églife. Il eft donc du devoir des
Princes de donner à l'Eglife dans
leurs États toute la protection &
tout le fecours, dont elle peut
avoir befoin (b) pour le maintien
de fon culte & de fa religion. Il y
a donc une connexion parfaite entre la puiffance fpirituelle & tem-

confirment de même. Le *Prologue de la
Novell.* 109. nous en fert auffi de preuve.

(b) Auffi voyons-nous, que déja les
premiers Empereurs chrétiens, *Conftan-
tin le Grand & Théodofe,* ainfi que leurs
fucceffeurs, *Juftinien* & autres, ont fait
plufieurs loix pour ordonner l'obfervation
& l'exécution des loix de l'Eglife. V. *L. 2.
C. Theod. de Fide Cath. L. 10. C. de
Epifcop. & Cler. Novell.* 137. *in Præfat.
& cap.* 6. *in fine.* Les Rois de France
firent la même chofe, comme le prouvent
les *Capitulaires de Charlemagne,* de
Louis le Pieux & autres. Ces deux Empereurs, ainfi que leurs fucceffeurs en Allemagne, bâtirent des églifes, convoquerent des Conciles, établirent des Evêchés,
conftituerent & confirmerent les Evéques;
en un mot ils exerçoient tous les droits
concernant la confervation, la défenfe &
l'agrandiffement de la religion.

porelle ; elles doivent se prêter mutuellement la main ; mais de peur qu'elles ne soient confondues, ou qu'elles ne se détruisent réciproquement, il faut que chacune connoisse ses droits & les exerce librement (c).

II.

Quant à la puissance temporelle on pourroit établir cette régle générale, *que tout ce qui viole ou blesse quelque devoir de la religion, & tente à troubler l'ordre public de la société, peut & doit être réprimé par la puissance temporelle*, vu que l'Eglise n'a pas le pouvoir coactif, pour

---

(c) Ainsi l'Eglise p. e. doit régler quelles sont les vérités de la foi que Dieu a révélés à son Eglise ; de même ce qui regarde l'institution des fêtes & les cérémonies du culte divin. Mais c'est à la puissance temporelle de porter des loix pénales contre les hérétiques & les profanateurs des fêtes ; en un mot contre tous ceux qui troublent l'ordre établi pour le culte religieux. Les loix alléguées dans la note précédente nous en produisent des exemples. Vid. *Decretum Gratiani, distinct.* 10. C. 8.

pour faire obferver fes préceptes.
Delà il faut conclure, que c'eft
au Prince d'impofer des peines à
ceux, qui après avoir publié &
foutenu de faux dogmes, refu-
fent de fe rétracter; parce que
leur rébellion à l'Eglife, & le trouble qu'ils caufent dans l'ordre public, ou les divifions fur la foi,
font d'ordinaire fuivies de féditions
ou autres inconvéniens confidérables (a). C'eft donc à jufte titre,
que les Princes défendent dans
leurs États les divifions fur le fait
de la Religion, & les fchifmes qui
en naiffent (b). De la même régle
générale fufmentionnée il devient
clair, que le pouvoir du Prince
s'étend auffi fur les mœurs dirigées
par les loix eccléfiaftiques; ainfi
c'eft à eux à défendre & punir tout

(a) V. L. 4. & 5. Prœm. & ult. C.
de Summa Trinit. & les Ordonnances de
François I. en Juillet 1543. de Henri II.
le 17. & le 23. Juin 1551.
(b) L. 1. 2. & 7. §. 3. C. de Summa
Trinit. & les Ordonn. du 26. Janvier
1534, & de Juillet 1543 du 27. Juin 1551.
art. I. & autres portées par les Rois
de France contre les Huguenots.

Tom. II.   T

ce qui pourroit être contraire à la célébration des dimanches & fêtes, p. e. la tenue des foires & marchés, les travaux des artifans pendant ces faints jours (*c*). Il eft pareillement de leur reffort de porter des loix pénales & de les faire exécuter contre les profanateurs des lieux faints, ainfi que contre les coupables de crimes de leze-Majefté divine, de facrilege, de blafphémes, d'impiété, de fimonie, de magie, de fortilege, de dévination ou prognoftication & autres crimes qui bleffent la Religion (*d*). Il eft auffi du pouvoir des Princes de faire obferver la difcipline de l'Eglife, & conféquemment de faire des réglemens touchant l'élection, les vifites, la réfidence, l'application & l'affiduité des Miniftres de l'Eglife à leurs fonctions; de même que de ftatuer fur la maniere de donner

(*c*) Touchant la France, v. les *Ordonn. d'Orléans*, *art.* 23. *de Blois*, *art.* 38. *& autres fur ces matieres*.

(*d*) *L.* 10. *C. de Epifcop. & Cler. & Novella* 123. *cap.* 31.

les degrés dans les Univerfités, d'affecter les bénéfices aux gradués, fur l'ufage néceffaire pour la profeffion religieufe., fur les devoirs des Chefs d'ordre & autres Supérieurs, fur l'établiffement des féminaires, fur la tenue des Conciles provinciaux & autres matieres femblables, concernant l'obfervation de la difcipline eccléfiaftique (e). Il eft également du devoir des Princes d'appuyer les Miniftres de l'Eglife dans leurs fonctions, de leur prêter main forte pour faire exécuter leurs ordres & leurs fentences, s'ils fe trouvent conformes à l'efprit de la Religion & au falut du peuple, & de réprimer au contraire l'abus de leur pouvoir, qui tenderoit à bleffer l'intérêt de quelques particuliers, ou celui du Roi ou du public (f); p. e. s'ils faifoient des

_____

(e) Vid. *Novella VI. & titulus Cod. de Epifcopis & Cler. & de Epifcop. Aud.* A l'égard de la France on trouve des Edits & Déclarations fur toutes ces matieres dans le *Recueil d'Ordonnances.*

(f) V. l'*Edit de Melun de* 1580, *art.*

levées de deniers sur le temporel
des bénéfices, s'ils établissoient
des monasteres ou des communautés sans l'agrément du Prince (*g*),
ou s'ils accordoient des bénéfices
aux étrangers non-naturalisés (*h*).
Tels font à-peu-près les droits &
les devoirs émanans de la régle générale susdite, que tout Souverain
doit observer & exercer à l'égard
de la Religion de son État.

III.

Tous les droits susdits touchant
la Religion en général, son culte
extérieur, sa tolérance ou non-
tolérance, la possession ou l'administration de ses biens tempo-
rels, l'élection ou la nomination
de ses Ministres & autres droits
pareils, en tant qu'ils ont une
bonne ou mauvaise influence sur

24. *l'Ordonn. d'Orléans*, art. 55. & celle
de Blois, art. 100.

(*g*) C'est une suite de la puissance du
Prince sur le temporel de ses sujets, touchant lequel la puissance spirituelle n'a
aucun droit. *Matth.* 22. *v.* 21.

(*h*) V. *l'Ordonn. de Blois*, art. 4. &
l'Ordonn. de Charles VII. du 10. *Mars*
1431.

le gouvernement en général, compétent en Allemagne à l'Empire,
c. à d. au Corps des États conjointement avec l'Empereur, son
Chef, en tant qu'il n'y a pas renoncé expreffément ou par des
concordats faits avec le *St. Siege*,
ou par des traités conclus avec les
États, ou enfin tacitement par
un long filence fur l'ufurpation
de fes droits ; & certes l'Empire
exerça à jufte titre une grande
partie de fes droits fur la Religion,
lorfque la doctrine de Luther prit
racine en Allemagne. *Charles-quint*
s'y oppofa d'abord, mais affez foi-
blement ; on tint des conférences
avec *Luther*, qui ne faifoient que
l'affermir dans fa doctrine. *Charles* propofa la tenue d'un Concile
national ; le St Siege ne feconda
pas affez efficacement ce projet.
Les moyens que fournit le Concile de Trente, convoqué pour
obvier aux erreurs de l'irréligion,
& pour rétablir la concorde, ne
furent ni adoptés, ni fuivis par
les États proteftants, qui prétendoient avoir le droit d'exercer li-

brement les actes de leur Religion.
Les Catholiques s'y oppofoient,
cela fit naître des inimitiés, des
injures, des coups de mains; delà on en vint aux armes; l'ordre
& la tranquillité furent lézées.
Dès-lors l'Empire ufa de ses droits;
les États s'affemblerent à Augsbourg, où l'on débattoit principalement deux queftions: la premiere, s'il falloit accorder le libre exercice de la Religion proteftante aux États, auffi-bien qu'à
leurs fujets; la feconde, s'il falloit laiffer les bénéfices & les dignités aux eccléfiaftiques, qui paf-
feroient à la Religion proteftante.
Les États ne pouvant point convenir fur cette derniere, *Ferdinand*, *Roi des Romains*, qui étoit
préfent à la Diete au nom de l'Empereur, y décida enfin pour cou-
per court à tous troubles. On
dreffa un *Réfultat le* 25. *Septembre*
1555, conjointement avec *Ferdinand*, déclarant par plufieurs articles: " que l'Empereur & les
États de l'une & de l'autre Religion
jouiront réciproquement du li-

bre, paisible & tranquille exercice
de Religion & des cérémonies eccléfiaftiques, & qu'ils refteront
dans la poffeffion de leurs biens, fupériorité, dignités, jurifdictions
&c. que les fujets des États jouiront
pareillement d'une entiere liberté
de confcience, & que même il
leur fera permis de fortir du pays
pour caufe de Religion, & de vendre leurs biens & effets fans empêchement (a). L'art. VII. de ce

(a) Ce Réfultat eft proprement ce qu'on
appelle en Allemagne *la paix de Religion*,
de laquelle il eft dit dans l'art. *V.* §. 1. du
traité d'*Ofnabrück* . . . " *La paix de
,, Religion*, felon qu'elle a été confirmée
,, l'an 1556 à *Augsbourg*, & depuis en
,, diverfes autres Dietes du St. Empire Ro-
,, main, en tous fes points & articles ac-
,, cordés & conclus du confentement una-
,, nime de l'Empereur, des Electeurs,
,, des Princes & États de l'une & de l'au-
,, tre Religion, fera maintenue dans fa force
,, & vigueur, & obfervée faintement &
,, inviolablement."
    Obf. Les mêmes droits & avantages ac-
cordés par *la paix de Religion* aux Pro-
teftans ont été enfuite étendus par le *Traité de Weftphalie*, art. *VII.* §. 1. aux
Calviniftes, ou Réformés: " Sauf toute-
,, fois à jamais les pactes, privileges, ré-

T 4

Résultat porte la décision de la seconde question susmentionnée en ces termes: "Si quelque Archevêque, Evêque, Prélat ou autre Ecclésiastique vient à se séparer de la communion Romaine, il sera tenu en même tems à délaisser son Archevêché, Evêché, Prélature ou autre bénéfice avec tous les fruits & revenus qu'il en percevoit, sans préjudice toutefois de son honneur." Cette disposition s'appelle la *Réserve ecclésiastique*. Les États protestans se donnerent tous les mouvemens possibles, pour faire abolir cette réserve, sur-tout lorsque *Gebbard de Truchsess*, *Archevêque de Cologne*, épousa la *Comtesse de Mansfeld* en 1583, mais inutilement. Cependant pour adoucir les esprits, l'Empire leur accorda par le traité d'Osnabrück l'égalité ou la réciprocité; ensorte que l'on déclara, que réciproquement un Protestant

---

» verfales & autres dispositions que les
» États protestans ont stipulés entre eux
» & avec leurs sujets . . . Sauf aussi la
» liberté de conscience d'un chacun.

bénéficier, qui fe feroit Catholique, perdroit de fait fon bénéfice & fa dignité, fauf fon honneur (b). Par-là nous voyons que

---

(b) *Art. V. §. 15.* "Sans répétition tou-
„ tefois des fruits & revenus, que l'Ar-
„ chevêque, Evêque, Prélat &c. chan-
„ geant de Religion, aura déja perçus & con-
„ fommés."
Obf. Cet *art.* regarde feulement les
biens des Eccléfiaftiques qui changeroient
de Religion poftérieurement au traité d'Osnabrück; mais quant aux autres biens eccléfiaftiques immédiats, Archevêchés,
Evêchés, Prélatures, Abbayes, Bailli-
ges, Prévôtés, Commandes & autres avec
leurs revenus & rentes, le §. 14. *dudit art.*
veut . . . que les États Catholiques ou
ceux de la Confeffion d'Augsbourg, qui
en ont été en poffeffion le premier jour
de Janvier 1624, les-poff'éderont tous,
fans en excepter aucun, tranquillement &
fans trouble jufqu'à ce qu'on foit d'accord fur les conteftations qui regardent la
Réligion, lefquelles n'ont pas encore été
vuidées amiablement, *conformément au
même art.* L'Empire fit le même réglement touchant la poffeffion des biens médiats de l'Eglife, comme le prouve *le* §.
25. *dudit art.* & au §. 17. du même, il
défend de rendre héréditaires les Principautés eccléfiaftiques, dignités & bénéfices, & veut que l'élection & la poftula-

T 5

l'Empire foutint & exerça fes droits à l'égard de la tolérance de diverfes Religions dans fon État, & qu'en accordant une entiere liberté de confcience, il maintint les laïques qui auroient changé de Religion, dans la paifible poffeffion de leurs biens; tandis que pour la même caufe il priva les Eccléfiaftiques de la poffeffion de leurs bénéfices & de leurs dignités, fe conformant en cela aux intentions

---

tion, ainfi que l'adminiftration & la régie des droits épifcopaux, pendant la vacance du fiege, demeurent en tous lieux libres au Chapitre, & à ceux auxquels, conjointement avec le Chapitre, l'exercice en appartient felon l'ufage établi. Ce que je viens d'alléguer, eft plus que fuffifant pour faire voir que l'Empire a reconnu & exercé fon pouvoir & fes droits à l'égard de la Religion en général, de la poffeffion & adminiftration des biens eccléfiaftiques, de l'élection ou de la nomination aux bénéfices & dignités. Ceux qui veulent connoître les autres difpofitions de l'Empire à ce fujet, liront en entier l'*art. V.* ci-deffus. Nous avons déja dit ailleurs, quels droits l'Empire avoit cédé au Pape & aux Chapitres touchant l'élection & la nomination aux bénéfices, les annates, le pal-

des fondateurs, reſtaurateurs, pro-
tecteurs & autres bienfaiteurs de
l'Egliſe, qui ont verſé leurs biens
dans ſon ſein, pour en faciliter le
ſervice divin, & augmenter par-
là, autant qu'il étoit en eux, la
gloire de Dieu.

CHAPITRE II.

De la jurisdiction de l'Empire, y compris le droit de police.

I.

J'appelle jurisdiction, le droit
émanant du pouvoir ſouverain de
rendre la juſtice à ſes ſujets, ou par
ſoi-même ou par ſes Officiers à
ce ſpécialement commis. Il réſulte
de cette définition, que la jurisdiction eſt un droit Régalien, ne
compétant qu'au Prince, & à ceux
auxquels il en a bien voulu com-
muniquer ou laiſſer une partie.

La juris-diction comprend le droit

---

lium & autres ſemblables matieres. Nous
verrons auſſi dans la ſuite les droits que
l'Empire accorda à chaque État en particulier concernant la Religion.

L'adminiſtration de la juſtice eſt le fondement de l'ordre public; elle renferme le droit de faire les loix & les réglemens néceſſaires pour le bien public (a), de les faire obſerver & exécuter, de régler & d'applanir par une juſte interprétation les difficultés qui peuvent naître des termes ou des expreſſions obſcures (b). Elle comprend auſſi le pouvoir de créer des charges & des emplois néceſſaires, d'y commettre des perſonnes fideles & capables de les exercer dignement & avec fruit; de marquer à chacune ſes fonctions, & de leur donner la dignité, l'autorité ou les autres caracteres propres pour les fonctions à elles commiſes. Elle renferme enfin le droit de ſupprimer les loix qui deviennent inutiles ou à charge à l'État (c).

de faire des loix,

II.
Le pouvoir de faire des loix

(a) *Proverb. VIII.* 15. 16.
(b) *L. II. ff. de Leg. & L. 9. & ult. C. eod.*
(c) *Exod.* 18. 21. 2. *Reg.* 18.

contient celui d'accorder des dif- d'accor-
penfes, des graces, des privileges der des
& des récompenfes (*); toutes graces.
des chofes que la juftice, l'ordre
du bien public & la bonne police
paroiffent même exiger du Souverain à l'égard de certaines perfonnes, en qui leur naiffance,
leur vertu, leur capacité & leurs
fervices rendus ou efpérés, méritent une diftinction & des égards
particuliers de la part du Prince.

III.

Certes la jurifdiction, dans le
fens & dans toute l'étendue que je
viens de lui donner, convient à
l'Empire. Il en exerce lui-même
la partie législative à la Diete, où
toutes les loix de l'Empire doivent être formées, renouvellées,
interprétées, changées, caffées
ou annullées (a), & tout ce que

(*) *L. I. C. de his qui veniam état.
impet. L. I. C. de Privil. Corp. Urb.
Rom. L. I. C. de Priv. Dom. Aug.* vid.
tit. *ff. de Vetéranis.*

(a) L'Empereur *Joseph II.* promet dans
fa Capitulation *art.* 11 §. 4. de ne point
changer les anciennes loix de l'Empire, fi

l'Empereur entreprendroit à ce sujet, feroit, conformément à fes promeffes, nul & de nul effet (b).

IV.

Ce qui plus eft, l'Empereur dit dans fa Capitulation (a): "Nous „ ne voulons rien demander à per- „ fonne pour Nous même, qui foit „ contraire (auxdites loix), & s'il „ arrivoit que l'on nous accordât „ de propre mouvement, à Nous „ ou à Notre Maifon, quelque „ chofe de pareil, Nous ne Nous

---

L'Empire feul peut faire, interprèter changer ou annuller les loix de l'Empire.

ce n'eft de l'agrément des Electeurs, Princes & Etats d'Empire affemblés en Diete générale; & au §. 5. du même art. de ne point faire de nouvelles loix & réglemens dans l'Empire, ni d'interpréter feul les conftitutions de l'Empire & les traités de paix, ni de permettre cette interprétation à fon Confeil Aulique ou à la Chambre Impériale; mais au contraire de porter ces matieres aux Dietes & de les vuider avec le Confeil & l'accord des fentimens de tous les Etats, & de ne rien ordonner ou faire émaner auparavant fur cela.

(b). A la fin du §. 5. de l'art. cité il eft dit: & tout acte y contraire fera, ce cas arrivant, fans force & non obligatoire.

(a) Art. 16. §. 9. 10. & 11. de la fufdite Capitulation.

„ en fervirons point." De tout ce que nous venons de dire, il paroît être conftant que le pouvoir législatif réfide dans l'Empire, & qu'il ne l'exerce qu'à la Diete, c. à d. dans l'affemblée générale des États de l'Empire. Ce pouvoir s'exerce immédiatement fur tous les États de l'Empire, & même fur les fujets d'un chacun d'iceux, en tant que l'Empire n'a point communiqué fon pouvoir législatif aux États à l'égard de leurs fujets.

Les loix de l'Empire fe font à la Diete.

V.

Quant à l'adminiftration de la juftice (qui fait la féconde partie de la jurifdiction), l'Empire l'exerce également ou par fes Tribunaux fouverains établis pour cet effet (a), ou par lui-même.

L'Empire adminiftre la juftice par fes Tribunaux ou par lui-même.

_____

(a) J'appelle Tribunaux fuprêmes de l'Empire, la *Chambre Impériale de Wetzlar* & le *Confeil Aulique*. L'établiffement de la premiere a été fait en forme de *Loi générale de l'Empire* de l'avis & du confentement des États, & l'Empereur eft tenu, conformément à fa Capitulation, *art.* XVI. §. 3. 6. 7. 8. d'en maintenir les Or-

La Chambre de Wetzlar & le Confeil Aulique.

me , dans tous les cas & différends,

donnances , ainſi que les formalités de la
procédure quelle doit ſuivre , & d'en laiſſer l'exécution libre tant aux Juges qu'aux
Praticiens. Il n'y peut rien changer , ni
ajouter , ni en retrancher ; bien moins lui
eſt-il permis de régler les affaires concernant ſa propre conſtitution ou ſa transpor-
tation, ſur leſquelles les États n'ont pu
ſtatuer lors du traité d'Oſnabrück ; à plus
forte raiſon ne ſeroit-il point en droit de
la ſupprimer. Toutes ces choſes dépendent pleinement & abſolument des États
aſſemblés à la Diète , conjointement avec
l'Empereur. V. le §. 52, & ſuiv. de l'art.
V. du Traité d'Oſnabruck.

Le Con-
ſeil Auli-
que peut
être con-
ſidéré
comme
an Tribu-
nal ſouve-
rain de
l'Empire.

Obſ. Le Conſeil Aulique, quoiqu'il ait
été originairement établi & ſucceſſivement
rédigé à une certaine forme par les Empereurs ſeuls, excluſivement aux États d'Empire ; v. l'Ordonnance de Ferdinand I.
de l'an 1549. il eſt cependant certain,
que vu les différentes diſpoſitions poſté-
rieures de l'Empire, concernant le nombre, le rang, la qualité, la Religion &
l'examen de ſes Juges, de même que touchant le changement & les corrections de
l'ordonnance faite à ſon égard ; ainſi que
par rapport à la viſite à faire dans le Conſeil, & à la procédure judiciaire, à l'é-
gard de laquelle l'Ordonnance pour la
Chambre impériale doit y être obſervée en
tout & par-tout : vu tout cela, dis-je, & la

férends, dont il s'eft fpécialement réfervé la décifion.

___

foumiffion volontaire des États à ce Confeil; il peut certainement être confidéré comme un Tribunal fouverain de l'Empire. V. le *Traité d'Ofnabr. C. cit.* & la *Capitulation de Jofeph II. art. XXIV.* Ceux qui liront *l'art. II. §. 5. & 7. l'art. XIII. §. 6. l'art. XVI. §. 16. & 17. & l'art. XVIII. §. 5. de la même Capitulation*, n'auront point de peine de foufcrire à mon avis, d'autant plus que ce Tribunal prête ferment aujourd'hui, auffibien à l'Empire qu'à l'Empereur, & que l'Empereur lui-même le reconnoît pour un Confeil Impérial dans fa *Capitulation, art. XXIV. §. 5.*

Delà il paroît que les États ont le droit de concourir avec l'Empereur, lorfqu'il s'agit de dreffer des réglemens concernant ce Tribunal, lefquels peuvent être confidérés comme des loix générales de l'Empire, qui certainement ne peuvent fe faire fans leur participation & leur agrément. *Art. VIII. §. 2. du Traité d'Ofnabrück.* Auffi les États fe fentant fondés en droit touchant ce point, ont refufé de reconnoître pour légitime l'ordonnance que l'Empereur *Ferdinand III.* fit dreffer fans leur avis, & publier l'an. 1654. Il eft vrai, que les Electeurs, malgré le refus continuel de la part des États de la reconnoître, font promettre à chaque nouvel Empereur de la faire obferver exactement; ce

VI.

La jurisdiction que l'Empire exerce sur tous les États, s'étend La police. certainement sur la police (a), qui

---

pendant ils y ajoutent toujours cette clause, *à moins qu'on ne convienne à la Diète d'un autre réglement.* V. l'art. XXIV. §. VIII. de la *Capitulat. de Joseph II.* Par cette promesse solemnelle l'Empereur reconnoît le droit des États touchant l'établissement d'une nouvelle ordonnance. Il fait de même à l'égard des corrections à faire dans l'ancienne. V. le §. 5. *du même art.* où Joseph dit . . . "Nous de- ,,vons & voulons aussi, dès que nous au- ,,rons pris les rênes du gouvernement, de- ,,mander par un décret à l'Empire son avis ,,au sujet des corrections à faire dans l'or- ,,donnance pour Notre Conseil Impérial ,,Aulique." Ainsi l'Empereur affirme lui-même le droit des États de concourir avec lui, lorsqu'il est question de faire de nouvelles ordonnances ou de corriger les anciennes touchant le Conseil Aulique.

(a) Police vient du mot grec *Polis*, πολις, qui signifie une cité, d'où dérive *Politia*, qui signifie le réglement, gouvernement ou bon ordre d'une cité.

Obs. Dans les troupes, dans les Colleges & autres lieux d'exercice des jeunes gens, ainsi que dans le gouvernement de l'Eglise, ce bon ordre s'appelle *Discipline.* Ce bon ordre, en tant qu'il doit faire le bon-

en eft une partie effentielle, &
qui n'eft autre chofe que le bon
ordre (b), que l'on fait obferver

heur général de l'Empire, ne peut être
que du reffort de l'Empire même, parce
que dans ce point de vue la police dénote
l'obfervation d'une loi générale, qui ne
peut émaner que de l'Empire ou des Etats
en Corps à la Diète. Delà il eft dit au §. 3.
de l'art. 8. du *Traité d'Ofnabrück*, que
les Etats de l'Empire doivent s'affembler
toutes les fois que l'utilité ou la néceffité
publique le requerra pour y traiter (entre
autres chofes y fpécifiées) de la réforma-
tion de la police. Voyez le *Récès d'Empire de* 1654. §. 195.

(b) Cette police confifte 1°. à entretenir autant que poffible la falubrité de l'air,
la folidité & la fûreté des grands chemins,
l'abondance des denrées néceffaires à la
vie. 2°. A pourvoir à l'établiffement, avan-
cement & augmentation des manufactures
& fabriques, où l'on s'occupe à faire le
vêtement. 3°. A prefcrire & faire obferver de certains ftatuts & réglemens aux
marchands & artifans. 4°. A réformer
les abus qui fe gliffent dans le commerce.
5°. A empécher le fcandale public. 6°. A
retrancher de l'Empire le luxe, les lieux
de débauche & les jeux défendus. Toutes
ces chofes font du reffort de la police, &
à moins qu'elles ne foient bien ménagées,
l'Etat rifque de devenir la victime du déf-
ordre.

En quoi
confifte la
police.

V 2

dans un État, autant pour la sû-
reté des habitans & de leurs biens,
que pour la commodité de la vie,
la décence & l'honnêteté des
mœurs. Pour fonder & foutenir
cet ordre, duquel doit réfulter la
félicité d'un corps, l'Empire fit
plufieurs réglemens (c), & déli-
béra fouvent à la Diète fur d'au-
très, dont l'établiffement feroit
également néceffaire. Mais malgré tout cela il paroît, que le foin
de cette branche de jurifdiction

(c) Lünig, Reichs-Archiv, p. gen. Tom. I.
pag. 434. apporte un Edit fait à la Diète
de Ratisbonne en 1654, qui défend le
pennalifme, & l'acharnement des Auteurs
les uns contre les autres, particuliérement
en matiere de Religion.

Dans le Corps des récès d'Empire nous
voyons un Edit pour l'abolition des duels
fait en 1668, & un autre fait en 1731
contre les abus, qui s'étoient introduits
dans les arts & métiers. Vid. Corp. Re-
cefſ. Imp. Tom. 4. pag. 55. 70. 376. &
385.

Obſ. Il n'y a, à proprement parler, qu'u-
ne feule Ordonnance de police générale
en Allemagne, qui eſt celle de l'année
1577, faite à la Diète de Francfort fur
le Mein.

est presqu'entiérement abandon-
née à chaque État en particulier(*d*),

(*d*) Il est vrai que l'Empereur s'oblige
de faire observer les *Réglemens de Police,*
tels qu'ils existent, ou qui pourroient
être faits dans la suite à la Diète de l'Empire. Vid. l'*art. VII.* §. 1. *de la Capitul.*
de Joseph II. Mais qui ne voit que l'Empereur se charge de l'impossible? & certes
personne n'ignore que les réglemens généraux de police faits en Allemagne y sont
mal observés; l'inaction des gens de métiers les lundis de chaque semaine, blaue
Montâg, & les débauches de ces jours-là
m'en sont une preuve convainquante.

Obs. Le *Baron de Spon*, dans son *Com-*
mentaire à la Capitulation de Charles
VII. p. 169, dit . . . "En 1666 le Col-
„ lege Electoral remit les affaires de po-
„ lice sur le tapis, & en conféra avec le
„ College des Princes. Les sentimens fu-
„ rent partagés: les uns prétendoient,
„ que l'affaire devoit être envoyée aux
„ Etats, en les exhortant à régler chacun
„ dans leurs territoires la police, comme
„ il convenoit; d'autres soutenoient, que
„ le réglement de police, qui seroit fait
„ par les Princes, ne pouvant être uni-
„ forme, cela ne produiroit pas l'effet dé-
„ siré; de façon qu'il valoit mieux établir
„ des loix générales, qui eussent égale-
„ ment force dans tout l'Empire. Ce der-
„ nier parti l'ayant emporté, on s'appli-
„ qua véritablement à la Diète à faire des

& avec quelque apparence de raifon, vu qu'un chacun fe trouvant
dans fon territoire, eft plus à portée d'en connoître la fituation,
fon aptitude au commerce, le cli-
mat, la qualité du fol, le pen-
chant de fes fujets, leur capacité,
leur maniere de vivre, leurs befoins & autres pareilles chofes,
qu'un Prince doit connoître pour
bien diriger ce qu'on appelle police de fon État.

„ réglemens principalement concernant les
„ duels & les abus commis par les gens de
„ métiers. ” Vid. Moſer, Reichs = Fama,
Tom. III. pag. 94. & Tom. XV. cap.
XIX. & Meditationes ad inſtrumentum
pacis Cæſareo-Suecicæ, p. 1268. ſeq.

CHAPITRE III.

Du droit de commerce, de la monnoie & des poftes dans l'Empire.

I.

Le commerce bien dirigé dans un État, lui donne une certaine folidité, en procurant à fes fujets tout ce qui peut leur être utile & commode; il le fait fleurir au-dedans, & le rend refpectable au-dehors. Ainfi c'eft particuliérement de ce côté là, que la vigilance du Souverain doit exercer fon reffort.

Du commerce.

II.

La fituation de l'Allemagne, fes grands fleuves, l'abondance de fes productions, tout y paroît favorifer le commerce. Ses anciens habitans, plus induftrieux & plus laborieux que ceux d'aujourd'hui, fçurent mettre ces avantages à profit. Déja dans le huitieme, neuvieme & dixieme fiecles le Rhin portoit des bateaux chargés de

V 4

toutes fortes de marchandifes: in-
fenfiblement la plus belle partie
d'Allemagne devint marchande.
Vers la fin du treizieme fiecle les
villes commerçantes firent la fameufe ligue hanféatique, par laquelle elles fe jurerent une défenfe
& protection réciproque, & établirent des *Confuls* appellés Hans-
grafen, *Juges de la ligue*, pour
juger les différends qui pourroient
naître entre les négocians. Cette
ligue s'accrut en peu de tems jufqu'au nombre de plus de quatre-
vingt villes marchandes, que l'on
voit dans *Hübner* (a). Pendant
plus de cinq fiecles les Allemands
fournirent prefque toute l'Europe; mais la jaloufie des Princes,
la découverte des Indes, & fur-
tout l'ambition de *Charles-quint*,
qui vouloit élever fur la ruine de
cette ligue le commerce de fes
Flamands, la firent déchoir peu-
à-peu de fa grandeur, & la rédui-
firent enfin aux villes de *Ham-*

_____

(a) *Géographie*, *feptième édition de*
1748. *Tom. I. p. 718.*

bourg, *Lubeck* & *Bremen*, qui portent encore le nom de *Villes hanséatiques* (b).

III.

Comme rien ne met plus d'en- Péage.
traves à la liberté du commerce
que les péages (a), les Princes &

(b) Voyez *Datt*, *de Pace publ. Lib.* 2.
cap. 4. & la *Capitul. de Joseph II. art.* 7.
§. 2.

(a) Péage signifie une redevance levée Origine
sur les passans, marchandises, bestiaux, des péa-
chevaux, chariots &c. pour l'entretien ges en Al-
des ponts & chaussées. Les péages sont lemagne.
d'ancienne date, & il est très - probable,
qu'ils commencerent avec la construction
des chemins & des ponts, dont les frais
d'entretien tombent à juste titre sur ceux
qui s'en servent. Déja dans le neuvieme
siecle nous voyons un réglement fait à ce
sujet par *Louis le Débonnaire* à la *Diète
d'Aix - la - Chapelle en* 819. *Eccard, Leg.
Franc. Sal. pag.* 187. Le droit de péage
est un Régal, & ne compétoit dans les
premiers tems qu'aux Souverains. De - là
nous lisons dans le *Code de Loix de Suabe*, *L. I. tit.* 12. " Alle Zoll und Mün-
„ zen, die im Römischen Reich sind, die
„ sind eines Römischen Königs, und wer
„ sie will haben, er sey Pfaff oder Lay, der
„ muß sie haben von dem Römischen Reich
„ und von dem Römischen Kayser."

V 5

Etats d'Allemagne, voyant que
les Empereurs du onzieme & douzieme fiecle étoient trop faciles à
concéder le droit d'en lever, firent
tous les efforts pour les en empêcher. Il paroît même, que déja
du tems de *Frédéric I.* il falloit le
confentement des Princes pour
l'obtenir, & le pouvoir des
États s'étant confidérablement
augmenté dans le douzieme fiecle, les Empereurs s'aviferent rarement de l'accorder fans leur
agrément (*a*). Le grand Interregne, époque générale de l'a-
grandiffement des États & de l'u-
furpation des droits régaliens, fit
multiplier les péages à l'infini.
L'Empereur Rodolphe de Habsbourg montant fur le trône impérial, abolit, autant qu'il étoit en
fon pouvoir (*b*), ceux qui avoient
été illégitimement introduits du-

_____

(*a*) V. *Frédéric de Sande*, *Comment.*
fur la coutume de Gueldres, *Liv.* 2. *ch.*
5. *n.* 5.

(*b*) *Par le* §. 21. *de fa conftitution*,
concernant la paix publique publiée à la
Diète de Würzbourg l'an 1287.

rant les troubles de cet interregne.
L'ambition & l'avarice des Seigneurs territoriaux les firent renaître infensiblement ; enfin les troubles de la guerre de trente ans donnant un certain reffort à la licence des Grands, fur - tout de ceux qui côtoyent le Rhin, ils furent prodigieufement multipliés. On s'en plaignit hautement ; l'Empire les défendit derechef par le traité d'Ofnabrück (c) ; mais malgré cette défenfe il en fubfifta toujours plufieurs introduits d'autorité privée. Pour y obvier & pour ftatuer en même tems fur d'autres objets rélatifs au commerce, l'Empire fit un nouveau réglement en 1671 (d) : 1°. fur les péages illégitimement établis & fur les exactions des receveurs des péages ; 2°. fur l'entretien des ponts & chauffées ; 3°. fur les charges extraordinaires impofées fur les marchandifes aux foires ; 4°. fur la

---

(c) *Art. 9.* §. 1. 2. afin qu'il y ait une entiere liberté de commerce & un paffage libre & affuré par toutes fortes de lieux.

(d). V. le *Récès d'Empire de* 1671.

procédure en matiere de change & de négoce; 5°. sur les monopoles; 6°. sur différentes especes de drap de laine ; 7°. sur le prix forcé des marchandises; 8° sur la falsification des vins & les fraudes des voituriers ; 9°. sur les marchands décrédités & ruinés; 10°. sur le logement des voyageurs. A ce réglement l'Empire en ajouta un autre en 1705 (e), qui détaille les marchandises, dont le commerce est libre en Allemagne, & regle les visites de celles qui font de contrebande. D'ailleurs l'Empereur promet dans sa Capitulation (f) de travailler à faire fleurir le commerce de l'Empire, tant par terre que par eau.

IV.

Déja Charles VI. promit dans sa Capitulation (a): 1°. de laisser le

(e) V. le *Récés de* 1705.

(f) V. la *Capitulat. de Joseph II.* art. 7.

Charles VI établit la Compagnie d'Ostende.

(a) *Charles VI.* brûloit d'envie de faire refleurir le commerce des Indes en Allemagne, afin de diminuer les richesses & la puissance du Roi d'Angleterre & de la

commerce libre à un chacun, & de ne point permettre le monopole (b), à qui que ce fut. 2°. De Pour faire fleurir un Etat, il faut laisser

---

République de Hollande. Pour parvenir à fon but, il établit en 1719 la compagnie d'Oftende ; mais il trouva tant d'obftacle de la part de ces deux puiffances, que dans les préliminaires de paix arrêtés à Paris en 1727, il promit de fufpendre pour fept ans l'octroi accordé à cette compagnie. En 1731 il la fupprima entiérement, & renonça à jamais à tout projet d'en élé- ver une autre ; & cela pour faire accéder les Hollandois au traité de Vienne, conclu avec les Anglois, qui promirent la garantie de la Pragmatique-fanction.

Obf. Compagnie, dans le fens de cette note, fignifie un certain corps de perfonnes autorifées par lettres patentes du Prince, à faire maffe commune & à conftruire des vaiffeaux, pour les conduire chargés des productions de fon pays dans les Indes, à l'effet de les y vendre ou échanger contre celles de ces pays-là, & procurer ainfi à fa patrie les chofes néceffaires, commodes & agréables. Significa- tion du mot de Compa- gnie.

(b) *Monopole* dénote un trafic fait d'une certaine marchandife par un feul, à l'exclufion de tous autres, enforte que tous ceux qui en ont befoin, font dans la néceffité d'en payer le prix qu'il veut y mettre. Il appartient fans conteftation à l'Empire & à l'Empereur d'empêcher que Monopo- le.

le commerce libre.

ne pas accorder de nouveaux péages, ni rehauffer ou proroger les anciens, fans le confentement unanime des Electeurs & du Cercle, dans l'étendue duquel les nouveaux péages devroient étre étabiis (c). 3°. D'abolir tous ceux qui

---

les monopoles ne tournent pas au préjudice de l'Etat.

Autre efpece de monopole.

Une autre efpece de monopole fe commet par de certaines compagnies de marchands ou d'artifans, qui ayant ou s'arrogeant un certain privilege de vendre ou de faire & de débiter de certaines marchandifes exclufivement à tous autres, conviennent entre elles d'un certain prix exorbitant à mettre fur leurs marchandifes, & mettent par-là ceux qui en ont befoin dans la trifte néceffité de les payer felon leur malicieufe fantaifie. Un Gouverneur prudent & humain faura les faire taxer à dire d'expert, ayant égard à leur quantité, qualité & particuliérement aux befoins que l'on en a. Les Romains avoient déja pourvu à de pareils efpeces de monopole. V. *L. un. C. de Monop.*

(c) L'Empereur *Jofeph II.* fit les mêmes promeffes dans fa *Capitulation, art. VIII.* & s'engagea à caffer & abolir les péages & les impôts appellés *licences*, établis & hauffés induement fur le Rhin & fur d'autres fleuves navigables avant & durant la guerre de trente ans ou depuis, que l'on

pourroient avoir été introduits ou prorogés d'autorité privée. 4°. D'empêcher que celui qui jouit du droit de péage, ne le transfére, sans avoir observé les formalités requises, à d'autres personnes qu'à ses descendans, & de casser tout ce qui pourroit avoir été fait au contraire. 5°. Et au cas qu'un Electeur, Prince ou État ait abusé de son droit de péage (d), & qu'il

---

exigeoit comme deniers de sauf-conduit, ou sous prétexte de droit de décharge, de licence, d'étape. V. *les* §§. 12. & 17. *dud. art.* Tout cela prouve que les États d'Empire font moins libres dans l'exercice du droit de péage, que des autres droits attachés à la supériorité territoriale. La raison en est, que les Etats ne perçoivent point les péages de leurs sujets seulement, mais aussi de tous les autres sujets de l'Empire, qui passent par leur territoire, & que ce seroit conséquemment les rendre maîtres de la liberté ou de l'anéantissement du commerce, que de leur accorder un pouvoir illimité d'ordonner & de percevoir des péages.

(*d*) On abuse du droit de péage en le transférant ou rehaussant de son chef, en l'étendant plus loin que les patentes n'en portent la permission, ou en faisant l'exaction d'une maniere peu humaine.

n'ait point mis fin à ſes excès, après en avoir été averti par le Directeur du Cercle, l'Empereur promet d'enjoindre au juge compétent de le déclarer déchu de ce droit pour toute ſa vie; & ſi c'eſt une communauté, pendant l'eſpace de trente ans. 6°. De laiſſer jouir paiſiblement les États du droit de péage par eux légitimement acquis.

V.

Outre les péages il y a d'autres impôts, qui n'étant point réduits à de certaines bornes, ni autoriſés par le Légiſlateur, deviennent tout-à-fait odieux & contraires à une juſte liberté du commerce (a), l'Em-

_____

Autres impôts nuiſibles au commerce.

(a) Ces Impôts ont été colorés du nom d'acciſe, d'umgueld, droit de décharge, d'étalage, de marche, de port, pontenage & paſſage, de douanes de rente de pavé, droit appellé Steinfuhren, droit du centieme denier, de ſubſide ou Steuer, de rezai & autres pareils droits, leſquels étant impoſés ſur les marchandiſes & exigés des étrangers auſſi-bien que de ſes propres ſujets, nuiſent toujours au commerce, à moins qu'on ne leur preſcrive de juſtes bornes.

l'Empereur promet par sa Capitulation (*b*) d'en faire une soigneuse recherche dès le commencement de son regne, & de s'informer par les Electeurs, Princes & États, en quoi ces charges illicites & ces abus consistent, & de s'en faire donner un état spécifié par les Princes Directeurs de chaque Cercle, afin de les supprimer & abolir (*c*).

VI.

Plusieurs personnes sont exemptes de tout péage & autres impôts, desquels nous venons de faire mention; les unes le sont de

Exemption du péage.

(*b*) V. la *Capitul. de Joseph II. art. XI*, & les *observations de Moser* sur le même *art.* Le peuple loue la promesse de l'Empereur, & en regarderoit l'exécution avec un œil de reconnoissance.

(*c*) Et quoique ces droits, n'étant exigés que sur ses propres sujets, paroissent faire partie de la supériorité territoriale, comme le prétendent *Mascov, Lib.* 5. *C.* 4. §. 4. & *Lib.* 6. *C.* 3. §. 24. & *Struv. Corp. J. publ. cap.* 13. §. 27. & *seqq.* je pense pourtant qu'il appartient à l'Empire & à l'Empereur de veiller à ce que les États n'en abusent en opprimant leurs sujets par de pareilles exactions.

tout tems & par tout l'Empire:
telles font I°. l'Empereur (a), les
Electeurs, leurs Ambassadeurs &
Conseillers (b), leurs veuves & hé-

(a) Cela ne souffre aucune difficulté à
l'égard de l'Empereur comme tel, vu que
le droit de les exiger ne peut émaner que
de sa concession ou approbation: or celui
qui accorde à quelqu'un le droit de lever
des péages ou autres impôts sur de certaines choses ou personnes qui passent par
ses terres, n'est pas censé avoir accordé
ce droit à ses propres dépens, & certes
l'impétrant ne peut pas avoir eu en idée
d'y vouloir soumettre le Prince, qui lui
accorderoit cette grace; cette idée seule
l'en auroit rendu indigne. Cette exemption
s'étend sur toute l'illustre famille de Sa
Majesté Impériale, ainsi que sur tous ses
Officiers d'État, de Cour, de justice &
de milice touchant les biens & effets mo-
biliaires, équipages, denrées & autres
quelconques, qu'ils pourroient transporter
d'un lieu dans un autre par toute l'Allemagne. V. les *Observations de J. J. Moser sur le §. 26. de l'art. 8. de la Capitulat. de Joseph II*, & son *Traité von dem
Kaiserl. Regierungs-Recht*, pag. 74.

Exem-
ption du (b) *Art. 8. §. 26. de lad. Capitulat.*
péage à *Obs.* Nous pouvons considérer l'exem-
l'égard ption de péages des Electeurs sous deux
des Ele- époques: la premiere regarde les péages
cteurs. introduits avant Charles-quint; celle-ci

ritiers lors de leur arrivée & dé-
part. II°. Les Juges, Préfidens,
Affesseurs, Avocats, Procureurs,
Protonotaires, Lecteurs, Secré-
taires, Messagers & toutes autres
perfonnes attachées à la Chambre
Impériale (c) ou au Conseil Auli-

---

eft de pure grace provenant de la bienveil-
lance des Empereurs à l'égard des Electeurs, qu'ils regardoient comme leurs Confeillers intimes & les colonnes de l'Empire.
Voyez l'*Introd. des chapp.* 12. *&* 30. *de
la Bulle d'or.* La feconde concerne les
péages introduits depuis le regne de Charles-quint. Les Electeurs font exempts de
ceux ci de droit & pour les mêmes raifons que l'Empereur lui-même, vu qu'ils
n'ont été établis que par leur agrément,
dont la nécessité eft fondée dans la Capitulation dudit Charles & de tous fes fuccesseurs, qui ont tous promis de ne pas
établir de nouveaux péages fans la volonté
& permission de tous & d'un chacun du
Conseil collégial des Electeurs; enforte
qu'en pareille matiere il ne doit pas être
fait attention à la pluralité des voix, &
que fi les voix ne font unanimes, rien ne
peut être conclu dans cette affaire. V. les
§§. 1. *&* 2. *art.* 8. *de la fufd. Capitulat.*
(c) V. l'*Ordonn. de la Chambre Impériale, P. I. tit.* 49. §. 1. 2. 3. & le *dernier Récès d'Empire* §. 141.

X 2

que (*d*). Les autres ne le font que dans de certaines circonſtances: tels ſont les Princes & États & leurs Ambaſſadeurs, qui ſe trouvènt ou qui ſe rendent aux Dietes générales de l'Empire, aux aſſemblées collégiales ou de députation, comme auſſi aux Dietes des Cercles, concernant les meubles & denrées qu'ils y envoient, ou qu'ils en retirent, par quels lieux de l'Empire qu'ils paſſent, ſeroit-ce même par les pays héréditaires de l'Empereur (*e*).

VII.

De la Monnoie. La Monnoie (*a*) peut être regardée comme le moyen le plus ſûr & le plus facile de ſe procurer tous les avantages & commodités de la vie, & conſéquemment comme

---

(*d*) V. l'*art*. 25. §. 6. *de la Capitulat. ſusmentionnée.*

(*e*) V. l'*art*. 8. §. 31. *de la même Capitulation.*

(*a*) La monnoie en général dénote une matiere marquée du coin public, dont l'uſage & le prix viennent plutôt de ſa marque, ou de la volonté du Prince que de ſa ſubſtance.

le premier mobile du commerce;
il n'y a pas d'État policé qui ne
s'en ferve. L'intérêt d'un État bien
dirigé exige que l'argent n'y de-
vienne ni trop abondant, ni trop
rare. Son abondance y feroit naître l'infolence & la pareffe; fa di-
fette au contraire conduiroit au
défefpoir & à l'envie de s'expa-
trier; or chacune de ces extrémi-
tés tende à la deftruction d'un
État. Il eft donc du devoir d'un
Prince fage de faire enforte que
fes fujets aient affez d'argent, pour
fubvenir à leurs befoins, & même
pour fe donner une certaine ai-
fance convenable & proportion-
née à leur condition, moyennant
leur induftrie & leurs travaux.

VIII.

Il y a deux fortes de monnoie:
l'une réelle, qui eft une piece
d'or ou d'argent, ou d'autre métal, de la forme, du poids, de la
qualité & de la valeur réglée par
le Prince, pour faire le prix de
toutes les chofes qui font en commerce (a); l'autre imaginaire &

(a) Il y a bien plus de deux mille ans

X 3

de compte, inventée pour la facilité du négoce. Cette monnoie

---

Origine de la monnoie en Europe & autres curiosités.

que la monnoie est connue en Europe. Déja du tems de *Servius Tullius*, sixieme Roi des Romains, on se servoit de petites pieces de monnoie, pour s'assurer de la naissance & de la mort des personnes. V. *Dionys. Halicarn. lib. 4.* C'est ce même *Servius Tullius*, qui fit battre la premiere monnoie en pieces rondes & commodes pour le commerce; elles pesoient une livre, & portoient l'empreinte d'un *bœuf*; sans doute pour faire voir, que le prix de ces pieces multipliées jusqu'à un certain nombre peut s'étendre jusqu'à la valeur du plus grand animal, V. *Pline, Hist. Natur. lib. 3. cap. 3.* Les premieres pieces de monnoie Romaine étoient de bois & de cuire de toutes sortes de bêtes, d'où la monnoie prit le nom de *pecunia*. Il est vrai qu'on se servit déja de cuivre en masse du tems de *Numa*, successeur de *Romulus*. La pauvreté des premiers Romains, ainsi que leur frugalité & leur modestie, les éloigna de l'idée d'avoir des pieces d'argent ou d'or; ils ne fabriquerent de la premiere espece qu'en 485, & de la seconde vers l'an de Rome 547. sous le Consulat de *Claudius Nero* & de *Livius Satinator.* V. *Plin. l. cit.* Vers la fin de la République les trois maîtres des monnoies, nommés *Triumvirs monétaires,* qui avoient à Rome l'intendance des fabriques des especes, s'aviserent de mettre

fictive s'exprime par un nom collectif, qui comprend sous soi un certain nombre de monnoies réel-

---

sur quelques-unes la tête d'une certaine personne, qui par l'exercice des charges publiques s'étoit distinguée & rendue méritoire dans la République; observant néanmoins qu'elle ne fut plus vivante, de peur d'exciter contre elle la jalousie des autres citoyens; mais après que *Jules Céfar* se fut arrogé la dictature perpétuelle, le Sénat lui accorda exclusivement à tout autre le droit de faire mettre l'empreinte de sa tête sur les monnoies. Il fut le premier Romain, à qui le Sénat déféra cet honneur, qui passa ensuite aux Empereurs, & devint dans la suite l'usage de l'univers. V. *Mœurs & usages des Rom. nouv. Edit. Tom. 2. pag. 8. & suiv.* Ceux qui veulent s'instruire sur la valeur des monnoies, ayant cours dans tout l'univers, ainsi que sur leurs matieres, le droit de les battre, leur changement & mutation, peuvent lire le *Glossaire de Du Cange sous le mot de moneta;* le *Traité des monnoies par Grimaudet & Defing, Auxilia Hiftor. P. VIII. pag. 175. & seqq.* Fries, Münzspiegel. *Goldast* fit un *Recueil de conftitutions des Empereurs touchant la monnoie* sous le titre de *Catholicon rei monetariæ. Hachenberg, Profcffeur de Heidelberg,* traite dans la dixieme differtation de fon ouvrage intitulé *Germania media* de la monnoie des anciens Germains.

les, comme en France les *Livres*, les *Francs*, en Angleterre les *Sterlins*, & en Allemagne les *Florins* (*b*). Cette monnoie de compte

---

Diverses especes de monnoie.

Florins.

(*b*) En Allemagne il y a des pieces de monnoie réelle en or & en argent, appellées florins. Les premiers florins ont été frappés à *Florence*, ville monétaire des Empereurs. L'empreinte de ces pieces portoit une fleur, d'où leur est venu le nom de florins. V. *Klock de Aerario*, *cap.* 84. Ce qui me fait conjecturer que le nom de *florins* étoit dans les commencemens un nom général donné à toutes les pieces frappées à la monnoie impériale de *Florence*, qui subsistoit encore du tems de l'Empereur Sigismond.

Thaler.

Les premiers Ecus d'argent ont été fabriqués dans la ville de *Joachimsthal* en *Boheme* en 1519. Delà les Allemands les appellerent Thaler, c. à d. *pieces frappées dans la vallée*. Les florins numéraires (Goldgulden in Rechnungen) sont d'ordinaire pris pour 2 florins 15 cruches monnoie réelle. Il y a des florins d'or, nommés Goldgulden, monnoyés dans les Electorats du Rhin, de Baviere & de Saxe, d'un or de moindre qualité que celui des ducats, qui valent trois florins. Les florins d'or, qui ont été frappés autrefois au coin des quatre Electeurs du Rhin, pour faciliter le commerce, sont encore connus. Le prix de ces florins, pour en faire

n'est guere sujette au changement; ainsi la livre numéraire depuis le tems de Charlemagne, que
l'on s'en sert en France, a presque
toujours valu vingt sols, & le
sol douze deniers (c).

___

le rachat, fut taxé par la Chambre impériale à 25 batzes. V. *Müntzinger*, *Centu-
ria* 4. *observat.* 1.

(c) Les annales de Fulde attestent qu'en
l'année 800 la livre de France fut estimée **Livre de**
à vingt sols. Il faut pourtant observer que **France.**
l'on parle ici de la livre tournois ou de
Tours; car la livre Parisienne ou de Paris
valoit un quart en sus, c. à d. vingt-cinq
sols.

Obs. Il y a cependant eu des tems, où
la livre tournois (monnoie réelle) étoit
estimée à un plus haut prix, que dans
d'autres. Ainsi *Bodinus, de Republica,
Lib.* 6. *cap.* 4. observe que la livre valoit
quatre fois plus sous *Philippe le Bel*, que
sous *Charles IX*.

Les Ecus (*solidi*) étoient du tems des **Des Ecus**
Empereurs Romains des pieces d'or, ap- **Romains,**
pellées *Nummi aurei*, dont la taille étoit
au commencement de quarante à la livre
de douze onces; ainsi ils pesoient près de
deux dragmes & demie, y ayant trois dragmes à l'once. Les anciens Francs avoient **des an-**
aussi des écus d'or valants quarante de- **ciens**
niers d'argent; mais après *Charlemagne* **Francs.**
l'on y introduisit des écus d'argent. Ces

X 5

IX.

Il ne falloit pas moins que l'autorité suprême d'un État, pour

écus s'appelloient anciennement sols, du mot latin *solidus*, Ils changerent fort souvent de poids & de valeur, selon que les besoins de l'État, ou la rareté ou l'abondance de leur matiere le demandoient.

Sols.
Pfenning. Les sols d'aujourd'hui sont des pieces de cuivre valant quatre *pfennings*, petites pieces de même métal; chaque *pfenning* est estimé à trois deniers. Les deniers ne sont pas des pieces réelles, mais une monnoie de compte.

Deniers d'argent chez les Romains. *Obs.* Chez les Romains le *denier d'argent* étoit une piéce de monnoie réelle, & fut d'abord du poids d'une once valant à-peu-près sept sols de notre argent. Son empreinte étoit une tête de femme, coëffée d'un casque, auquel étoit attaché une aile de chaque côté. Cette tête représentoit la ville de Rome; on y empreignoit

Bigati & quadrigati. aussi une *Victoire* menant un char attelé de deux ou de quatre chevaux de front, ce qui faisoit appeller ces pieces *Bigati* ou *Quadrigati*; & sur le revers la figure de Castor & de Pollux. *Pline, lib. 33. chap. 3. Denarius* s'appelle chez les Al-

Autre sorte de pfenning. lemands Pfenning. Il y en avoit autrefois de cuivre & d'argent, appellés schwarz und weiße Pfenning; une troisieme espece, nommée Pfaffen = Pfenning, étoient ceux qui ne portoient d'empreinte que d'un côté; ils étoient ordinairement frappés au

faire le choix de quelque matiere qui ait un cours facile d'une main à l'autre, & qui tienne lieu de la valeur des choses, dont il faut acquitter l'estimation; de même que pour y attacher une valeur précise, qui puisse faire en une ou plusieurs pieces toutes sortes de valeur, depuis la plus basse jusqu'à la plus haute (a). Certes un chacun a assez de lumieres, pour connoître l'insuffisance de l'autorité d'un particulier dans cette affaire. Chacun conclura donc avec nous, que le droit de faire le choix de cette matiere, la fabrication en monnoie, les réglemens qui en fixent le poids, la qualité, le volume, la forme, la valeur, & qui lui donnent cours dans l'État, est essentiellement at-

Du droit de battre monnoie.

coin des Evêques. On les appelloit aussi Blechmünz. Quant à d'autres especes de monnoie d'Allemagne, v. *Mascovii disfert. de Jure circa rem monetariam, sect. III.*

(a) V. *Domat, Droit publ. liv.* 1. tit. 11. *sect.* 11. §. 17. *& suiv. Klock, de Aerario, Lib. II. cap.* 84. *& Puffendorf, de Jure N. & G. Lib.* 5. *cap.* 1.

taché au Souverain. Ce droit renferme celui d'en augmenter ou diminuer la valeur, de décrier l'ancienne monnoie & d'en faire d'autre, selon que les circonstances des tems, l'abondance ou la disette de cette matiere, les besoins de l'État ou d'autres causes, qui peuvent donner lieu à ces changemens, l'exigent.

X.

Aussi le droit de battre monnoie a toujours passé pour un droit régalien, & les faux-monnoyeurs, considérés comme coupables de leze-Majesté au second chef, ont constamment été punis du dernier supplice (a). Les premiers Empe-

---

Peine statuée contre les faux-monnoyeurs.

(a) Les Romains punissoient du tems de *Constantin le Grand* les faux-monnoyeurs du feu. V. *L. 2. C. de falsa moneta*; & *Dionys. Gothofr. ad L. un. ff. de Nili Aggerib.* La premiere loi déclare les faux-monnoyeurs coupables du crime de leze-Majesté, parce que le droit de battre monnoie fut déja dans ce tems-là envisagé comme une des premieres marques de la souveraineté. En France anciennement ceux qui frappoient une fausse-monnoie au coin du Roi, ou qui alté-

reurs d'Allemagne ont joui de ce droit exclusivement à tout autre État de l'Empire; mais peu jaloux de ce bijou de la couronne, ils accorderent déja vers la fin du neuvieme siecle à de certains Evéques & Monasteres le droit de battre de la petite monnoie (b). Le mê-

---

roient la monnoie du Roi, étoient bouillis dans de l'eau ou de l'huile bouillante. Cette peine avoit encore lieu au treizième siecle, comme l'observe *M. de Lauriere sur l'Ordonnance de Louis IX. en 1262, dans le Recueil du Louvre*, Tom. I. Aujourd'hui ils sont pendus & leurs biens confisqués. V. *Ferriere Dict. art. fausse-monnoie*. En Allemagne ceux qui battent de la monnoie au coin de l'Empereur, doivent être brûlés, selon l'*art. III. de la Caroline*. V. *Kress, au même art. & Carpzow, Praxis crim. Q. 72. n. 71.*

(b) *Mabillon, de Re diplom. Lib. 3. cap. 1. §. 1.* rapporte plusieurs Lettres patentes accordées par *Louis le Pieux* à différens monasteres à ce sujet. V. *Le Blanc, Traité historique des monnoies de France, pag. 90. & suiv. Pfeffinger, dans Vitriarius illustr. Lib. 3. tit. 4. pag. 462.* fait voir par plusieurs exemples, que les Rois de la race Mérovingienne avoient déja concédé ce droit à quelques monasteres ou villes. Les Evéques de Strasbourg jouis- Droit de battre monnoie accordé à l'Evéque de Strasbourg.

me droit fut accordé enfuite à d'autres États d'Empire, même à des villes municipales, p. e. *Os-nabrück*, *Munfter*. Charles IV, ce Prince foible, qui ne favoit regner qu'en fe dépouillant de fon autorité, concéda aux Electeurs le droit de mines & celui de battre de la monnoie d'or & d'argent (*c*).

---

foient déja vers le milieu du neuvieme fiecle du droit de battre monnoie dans tel endroit de leur Evêché, qu'il leur plût de choifir à cet effet. Le diplôme de ce privilege accordé par *Louis le Germanique* à l'*Evêque Ratolde* eft rapporté par *Lunig, p. fpec. I. Contin. III. Fortfetz. pag.* 376. Quoique du tems des premiers Empereurs d'Allemagne les monnoies ne pouvoient recevoir leur empreinte que dans le Palais Impérial. *Goldaft, Tom.* 3. *Conftitut. Imper. part.* 157. tout comme encore aujourd'hui en Angleterre elles ne peuvent être battues qu'à la *Tour de Londres. Arnifæ, Tom.* 2. *de Jure Majeft. cap.* 7. *n.* 4.

(*c*) V. *Aurea B. tit. X.* lequel fut enfuite confirmé par fes fucceffeurs à différens Electeurs. V. *Müllerus*, Reichstags-*Theatrum* unter Kaifer Friderich dem *V. P. I. c. X. §.* 12. Le même *Charles* accorda à *Frédéric*, *Bourggrave de Nuremberg*, en 1361 pour lui & pour fes

Ses fucceffeurs firent le même don à plufieurs États ; d'autres l'ont ufurpé dans les tems de troubles, & l'exercent paifiblement depuis un tems immémorial , enforte qu'aujourd'hui prefque tous les États d'Empire jouiffent de ce droit. Il y a même des publiciftes qui prétendent, que ce droit eft attaché à la fupériorité territoriale (d).

---

héritiers le droit de battre des pieces d'or & d'argent, *nummos atque Halenfes*, & des *heller & pfenning* à *Bareuth* ou à *Culmbach* à fon choix, mais conformément au pied de la monnoie de *Nuremberg*. Voyezen les *Patentes dans Lunig*, p. *fpec*. III. Theil, p. 297.

(d) Mais leur opinion eft abfolument contraire aux fentimens de ceux-là même, qui jouiffent de la fupériorité territoriale; lefquels fentimens nous trouvons dans plufieurs Récès d'Empire, qui en parlant des Electeurs, Princes & États d'Empire, ajoutent, *qui ont obtenu le droit de battre monnoie, fo Münz zu fchlagen gefreyt find, fo Münzens = Freyheit haben, ein feder Stand, fo zu münzen hat V. Receffus Imp. Auguftanus de ann.* 1500. §. 1. *Spirenfis de an.* 1529. §. 23. La nouvelle ordonnance monétaire de *Ferdinand I. de* 1559. §. 177. dit expreffément, que ce Le droit de battre monnoie ne paroît point attaché à la fupériorité terrritoriale.

X.

Comme la monnoie a le plus d'influence dans le commerce, & que

droit provient de la conceſſion des Empereurs; en voici les propres paroles:
" Wåre es auch Sach, daß einiger Reichs-
" ſtand, ſo mit Freyheit der Münzen nicht
" begabt iſt, künſtiglich ſolche Freyheit, Gold
" und Silber zu münzen, von Uns oder Un-
" ſern Nachkommen am Reich aufbringen
" und erlangen würde." Ces paroles prouvent 1°. que pour-lors il y avoit des Etats,
(comme il y en a encore) qui n'avoient pas
ce droit; 2°. qu'il provenoit de la grace
des Empereurs. Delà il eſt aiſé à conclure,
que les Etats eux-mêmes ne l'ont pas regardé comme un droit attaché à la ſupériorité territoriale. D'ailleurs *les §§. 6. &*
7. de l'art. 9. de la Capitulation de l'Em-
pereur Joſeph II. démontrent évidem-
ment, que ce droit ne fait point partie de
cette ſupériorité. Voici les propres termes
du §. 7. Nous interdirons de ce privilège . . *ceux qui n'auront point obtenu lé-*
galement ce droit régalien, ou qui ne
l'auront pas exercé ſans interruption.
Certes ſi c'eſt un privilege, que l'on perd
par le non-exercice, on n'eſt pas fondé
de dire qu'il eſt attaché à la ſupériorité
territoriale. Ainſi nous avançons hardi-
ment, que ce droit ne compete qu'à ceux
des Etats d'Empire, qui l'ont acquis par
privilege ſpécial ou par une preſcription

que c'eſt la choſe, dont on abu-
ſoit le plus en Allemagne (a), on
y dreſſa différens Réglemens pour

immémoriale, qui ſont les ſeules voies
légales, pour y parvenir. V. *la Capitu-*
lat. de Joſeph I. art. 33. & *celle de*
Charles VI. art. IX. où il faut remarquer
ces paroles . . . "Demjenigen, ſo ſolches
» Regal nicht rechtmäßig erhalten oder ſon-
» ſten beſtänbig hergebracht;" & certes
ceux qui ne l'ont point exercé juſqu'aujourd'hui, n'oſeroient le faire ſans le conſentement de l'Empereur, & l'agrément
de la majeure partie des Electeurs & l'a-
vis du Cercle, où la nouvelle monnoie
doit être frappée; v. *la Capitul. de Char-*
les V. art. IX. §. 6. & 11. & les ſuivantes aux mêmes endroits. Tout cela con-
firme mon ſentiment.

(a) I°. La diſproportion entre les monnoies des différens territoires de l'Allemagne & les monnoies étrangeres; II°. la
refonte des groſſes pieces, pour en fabriquer des petites, dont l'alliage excédoit
les premieres du double & du triple, qui
remplit l'Allemagne de mauvaiſes pieces,
que l'étranger rejette avec mépris: toutes des manœuvres défendues par les loix
de l'Empire, que l'on mépriſe depuis que
l'on néglige les aſſemblées pour l'éſſai des
monnoies; III°. la ferme du droit de battre monnoie, à l'effet de partager le gain
avec les monnoyeurs, ont fait un tort infini à l'Allemagne.

Tom. II.　　　Y

obvier & remédier aux défordres & abus, qui fe commettent à ce fujet (*b*). Les Empereurs eux-mêmes promettent dans leur Capitulation d'employer tous leurs foins, afin d'y établir un ordre & une confiftance fixe & immuable (*c*), d'interdire les contrevenans & en

---

Régle-
mens de
monnoie.

(*b*) Les réglemens dreffés pour remédier aux abus fufmentionnés & autres, qui s'étoient gliffés en Allemagne, font les *Récès de Spire de* 1570, le *Récès de Députation de Francfort de* 1571, celui de 1576, celui de *Ratisbonne de* 1594, desquels le contenu rélatif à notre objet fe trouve dans les *Obfervations de Mofer fur l'art.* 9. §. 1. *de la Capitul. de Jofeph II.* L'Empereur *François I.* fit un *Edit monétaire en* 1759, qu'on trouve in ber neuen Europäifchen Staats = Canzley du même *J. J. Mofer,* partie. II. pag. 107. & dans fon *Traité* vom Reichstags= Gefchäft, pag. 142. Toutes ces loix, de même que l'*Ordonnance monétaire de Ferdinand I. de* 1551 & 1559, qui entre autres chofes ordonne, que toutes les monnoies d'Allemagne portent d'un côté l'empreinte de l'aigle de l'Empire & du nom de l'Empereur, fous lequel elle eft frappée, font prefqu'entiérement négligées.

(*c*) V. *la Capitul. de Jofeph II. art.* IX. §. 1.

outre de les fufpendre de leur droit
de féance & de voix à la Diete,
fi les abufans font des États immédiats; mais fi ce font des États
médiats, leurs Princes & Seigneurs font obligés de procéder contre eux & de leur ôter ce
droit, s'ils les trouvent coupables (*d*); & enfin de pouvoir mieux
remplir tous ces objets, l'Empereur promet de donner tous fes
foins pour que les Affemblées au
fujet de l'effai des monnoies
foient dans les Cercles, où elles
ont été négligées, remifes fur
pied & tenues à tems (*e*), & que

(*d*) *La même, audit lieu*, §. 7. & 10.
(*e*) *La même, au lieu cité* §. 5. Ici il
faut obferver, que felon le *Récès d'Em-*
pire de Ratisbonne de 1594, §. 104. chaque Cercle ne doit avoir que trois ou quatre hôtels, où les États du même Cercle
font tenus de fabriquer leur monnoie; à
l'exception de ceux qui ont des mines d'or
ou d'argent dans leurs territoires, auxquels
il eft permis de tenir des monnoies chez
eux, à charge cependant de n'y fabriquer
des pieces que jufqu'à la coucurrence du
produit de leurs mines. V. *le même Ré-*
cès §. 103. & le *Récès d'Augsbourg* de

Chaque
Cercle ne
doit avoir
que trois
ou quatre
hôtels de
monnoie.

les efpeces étrangeres ne foient re-
çues dans l'Empire & dans le cours

1551. §. 48. & l'art. IX. §. 2. de la fusdite Capitulation. Le Cercle de la Haute-Saxe a quatre hôtels de monnoie, un à
Leipzig, un autre à *Berlin*, le troifieme
à *Stettin*, & le quatrieme à *Saalfelden*.
Le Cercle de Suabe en a trois, favoir un
à *Augsbourg*, un autre à *Stuttgard*, &
un troifieme à *Tetnang*. Toutes ces villes s'appellent 𝕸ün𝖟ſtäbte.

Le §. 137. du *Récès d'Empire*, fait à
la Diète de *Spire* en 1570, porte que les
Etats correfpondants doivent s'affembler
deux fois par an, pour examiner la monnoie, afin de voir, fi elle eft au vrai titre (nach wahrem Schrot und Korn).

Qualités que doivent avoir les pieces de monnoie pour avoir cours.

Obf. Selon le *Récès d'Empire de* 1603
les monnoies d'Empire doivent être égales
1º. en poids; 2º. en qualité ou valeur in-
trinféque en or, en argent ou alliage; 3º.
en valeur extrinféque ou prix à elles attaché. V. §. II. *art. IX. cit. Capitulat.*
Les loix d'Allemagne exigent pareillement,
que toutes les monnoies nouvellement
frappées, pour y avoir cours, foit d'a-
bord effayées dans les affemblées moné-

Affemblées monétaires.

taires ou dans les Dietes des Cercles. Il y
a des Cercles, qui fe font ligués pour tenir
ces affemblées en commun; tels font dans
la Haute - Allemagne, les Cercles de Baviere, de Suabe & de Franconie, dont
les Etats doivent être convoqués à l'affemblée monétaire par l'Evêque de *Bam-*

du commerce, que sur le pied de leur valeur intrinseque suivant le titre & aloi de l'Empire, réglé par ses constitutions (f).

XI.

Il faut encore remarquer, que quoique les loix générales tou-

Loix monétaires.

---

berg; elle se tient alternativement à *Nuremberg*, à *Ratisbonne* & à *Augsbourg*. La derniere a été tenue en 1760 avec beau- coup de dissensions & de mésintelligence de part & d'autre. Dans les autres Cercles ces sortes d'assemblées se négligent depuis un tems immémorial. Les Empereurs pro- mettent bien de leur faire reprendre vi- gueur ; mais l'inefficacité de ces promesses me fait croire que leur exécution souffre des difficultés insurmontables.

(*f*) V. *art. IX. §. 5. de ladite Capitulation.* Cela ne sera probablement ja- mais mis en pratique, tant que la France sera en commerce avec l'Allemagne, à moins que les deux Etats ne conviennent de faire fabriquer les mêmes especes de monnoie, ou que les François deviennent plus faciles à recevoir la monnoie Alle- mande. Aussi voyons-nous, que malgré ladite clause, les Carolines d'Allemagne & les Louisd'or de France, quoique ces der- niers aient une moindre valeur intrinsé- que, sont acceptés des deux nations au même prix.

Y 3

chant la monnoie, c. à d. qui ont
force de loix dans tout l'Empire,
ne puissent être faites qu'à la Diete; cependant chaque Cercle est
en droit de faire des loix ou décrets monétaires circulaires, qui
lient tous les États du même Cercle. On a même vu des Cercles,
qui ont fait des conventions réciproques à ce sujet. Ainsi les
Électeurs de Saxe & de Brandebourg sont convenus en 1666. à
Zinna, monastère sécularisé dans
le Duché de *Magdebourg*, de tirer d'un marc d'argent dix Ecus
& demi, & d'en tirer de la petite
monnoie jusqu'à cette valeur (*a*).
Dans la suite, voyant que ce pied
monétaire ne pouvoit subsister,
les Électeurs de la haute & basse
Saxe, l'Electeur de Brandebourg
& les Ducs de Brunsvic-Lune-
bourg tinrent de nouvelles conférences à *Leipzig* au sujet de la va-

_____

(*a*) L'Edit monétaire de *Ferdinand I*,
de 1559 ordonnoit, que d'un marc d'argent on frapperoit neuf écus d'Empire.
Cette convention subsista en Allemagne
jusqu'en 1690.

leur intrinseque, qu'on donne-
roit à la monnoie de l'Empire;
il y fut réglé, que sur un marc
d'argent on frapperoit douze Ecus
de l'Empire. Ce réglement fut
adopté par la Diete en 1738; cependant il ne paroît point, qu'on
se soit donné beaucoup de peine
à le suivre (b). Depuis ce tems on
a vu une autre convention monétaire, passée entre l'Autriche & la
Baviere en 1753, en vertu de laquelle I°. le marc d'argent pur
peut être monnoyé jusqu'à la valeur de 20 florins; II°. quatorze
marcs d'argent ont été évalués à
un marc d'or (e).

XII.

Les Postes (a) tant aux lettres

(b) V. la *Capitulat. de Joseph II. art.
IX. §. 4.* & les *Observations de J. J. Moser*, au même endroit.

(c) La plupart des Cercles & autres
Etats d'Allemagne se sont insensiblement
conformés à ce pied monétaire, avec cette
différence cependant, que les uns ont
aussi laissé la valeur extrinséque du marc
à vingt florins, tandis que les autres l'ont
rehaussé à vingt-quatre.

(a) Le mot de *poste* signifie une station;

Des poftes de l'Empire.

qu'aux chevaux, font après la monnoie, ce que nous voyons de un arrêt, parce qu'on s'y arrête, foit pour y attendre l'attelage des chevaux, foit pour y mettre ou demander des lettres. V. *Dufresne in Glofs. voce pofta.*

Obf. On ne trouve point qu'avant *Augufte* il y eut aucune efpece de pofte chez les Romains. On voit feulement que quelque tems avant la fin de la République on fe fervoit en route, pour faire diligence, de petits chars à deux roues fort légers faits d'ofier & à découvert. On y attachoit jufqu'à trois mules. Dans un pareil équipage *Jules Céfar* fit fes voyages. *Sueton. in vita Cæfaris. Augufte* fubftitua à leurs places des chars & des chevaux difpofés de diftance en diftance, dans des maifons, où il y avoit toujours un nombre réglé de chevaux de relais & de chars fournis, dans les commencemens à grands frais par les communes. *Horat. fat.* 5. *lib.* 1. Dans la fuite l'*Empereur Sévere* voulant fe rendre agréable à fon peuple, lui remit l'obligation de fournir des voitures, & en chargea le fifc. *Spartanus, in Septim. Sever.*

Ces poftes n'ont été formées que pour les affaires du Prince & de l'Etat. On permit auffi aux Magiftrats & aux Gouverneurs qu'on envoyoit dans les Provinces, de s'en fervir. Ceux-ci donnoient même la permiffion d'en ufer, appellée *Diplôme,* à ceux qu'ils envoyoient en Cour pour

Origine des poftes chez les Romains.

mieux inventé pour rendre le commerce facile & commode. Combien d'affaires ne négocie-t-on pas par lettres, fans d'autres embarras ni dépenfes ! Les chevaux de pofte toujours prêts à mener le voyageur & le marchand à fa deftination, font d'une commodité, que l'on ne fauroit affez apprécier. La néceffité, l'utilité & la commodité générale des poftes, les firent mettre fous la protection des Princes, & les rendirent inviolables.

XIII.

Le droit d'établir des poftes gé-

---

les affaires du Prince ou de l'Etat, n'ofant l'accorder à d'autres fujets, comme le prouve une lettre de *Pline*, *lib.* 10. *epift.* 21. à l'Empereur *Trajan.* Nous voyons par-là, combien ces poftes différoient des notres.

L'Empereur Augufte, pour être plus promptement inftruit de ce qui fe paffoit dans les Provinces, établit en outre une efpece de couriers à pied, en faifant pofer de diftance en diftance peu éloignée l'une de l'autre, des jeunes garçons, qui faifant leur courfe à pied, fe donnoient fucceffivement les dépeches, dont ils étoient chargés. *Sueton. in vita Aug.*

Couriers à pied.

Droit d'é-
tablir des
poftes.

nérales dans un État a toujours été
confidéré comme un droit Régalien ; aufli voyons - nous qu'encore aujourd'hui l'établiffement & la
direction générale des poftes par
tout l'Empire appartient à l'Empereur (*a*). Ses poffeffeurs (*b*).

Etabliffe-
ment des
poftes
dans
l'Empire.

(*a*) L'établiffement des poftes dans
l'Empire eft communément attribué à l'Empereur *Maximilien I*, & celles de *Bourgogne* à *Philippe*, *fon fils*. C'eft à ces
deux Princes, que *François de Taxis*,
natif d'une ancienne & riche famille de
Milan, offrit vers l'an 1495 fes fervices, & établit à fes propres dépens en
Bourgogne & en Allemagne fur la route
de Vienne aux Pays-Bas, des poftes de diftance en diftance, qui devoient fe charger
des lettres de ces Princes gratis, & de celles des particuliers & de leurs paquets, pour
une modique redevance. Il fit aufli diftri-
buer des chevaux aux étrangers, pour les
conduire fans délai à leur but. En reconnoiffance de fes fervices il obtint la charge
de Grand-Maître des Poftes de la Cour
Impériale, qui fut tranfmife à fa poftérité.
Avant ce tems-là les Seigneurs faifoient
leur voyage à cheval, & les payfans étoient
obligés de conduire leur bagage fur des
chariots appellés *Ængern* ou *Aengern*.
Delà vient le mot *Angaria*, Frohndienſt.
V. *Hübner*, *Géograph.* Tom. *III.* An-
hang zu Teutſchland, art. *LIII.*

en ont donné la direction en *fiefs*
d'Empire à la famille des Princes

Charles - Quint établit une poſte des
Pays-Bas en Italie, & en commit la direction à ſes deſcendans.

(*b*) L'Empereur *Rodolphe II.* donna
par Lettres patentes du 6 Novembre 1595
la charge de *Grand-Maître Général des* Charge de
poſtes du St. Empire à *Léonard de Ta-* Grand-
xis pour lui & ſes deſcendans, avec le ti- Maître
tre de libre Baron du St. Empire. L'Em- Général
pereur *Matthias* érigea en 1615 cette des po-
charge en fief maſculin d'Empire, & en ſtes, accor-
inveſtit Lamoral, Baron de Taxis, à charge dée à la
cependant 1°. d'en reconnoître la prote- Maiſon de
ction de l'Electeur de Mayence, qui en Taxis
qualité d'*Archi-Chancelier d'Allemagne,*
eſt *Grand-Directeur des poſtes d'Empire.*
V. *Schmauſs., C. J. publ. pag.* 776. &
ſuiv. 2°. de ne pas empêcher dans leurs
fonctions les Directeurs des poſtes de la
Cour. V. Lünig, Reichs-Archiv, *P. ge-*
ner. pag. 466. & l'*Abrégé chronol. de*
l'Hiſt. & du Droit publ. d'Allemagne,
pag. 476.; *Léonard II, fils de Lamoral,*
obtint de nouvelles patentes de *Ferdi-*
nand II. en 1621, par leſquelles il fut
créé *Comte d'Empire,* & le fief de la direction générale des poſtes déclaré réver-
ſible aux femelles à l'extinction des mâles.
Enfin ſon fils *Eugene Alexandre* obtint
de l'Empereur Léopold en 1686 le titre
de *Prince du St. Empire,* après que *Char-*
les II, Roi d'Eſpagne, avoit érigé en ſa

de la Tour & Taxis fous le titre
de *Grand - Maitre - Général des Poftes de l'Empire* (c). Les États ont

faveur en 1681 la Seigneurie de *Braine*
dans le Comté de *Hainau* en titre de *Principauté de Tour & Taxis.*

(c) Cette charge s'appelle en allemand:
Kayferliches Erb - General - und Obrift-Hof-
Poftmeifter-Amt im Heiligen Römifchen Reich,
Burgund und Niederland.

Obf. Ces qualités .. Obrift - Hofpoftmei-
fter .. & l'étendue de la charge qui en
réfultoit, avoient autrefois excité de la
jaloufie & des procès entre le Prince de
Tour & Taxis & le *Comte de Paar,
Grand - Maitre des Poftes de la Cour Impériale,* qui avoit la direction des poftes

**Grand-
Maitre
des Poftes
de la Cour
Impériale.**

de la Cour & des pays héréditaires de *Bohème,* de *Hongrie* & d'*Autriche,* laquelle
étoit appellée Obrift - Erb - Land - und Hof-
Poftamt, & fut attachée au Comté de
Paar lors de fon établiffement fait par
Ferdinand II. en 1624. Les patentes s'en
trouvent en termes généraux dans *Mr.
de Hornick, de Regali poft. jure, cap. 6.
theor. 3. p. 37. & feq.* & in *Limnai An-
notamentis, ad art. 35. Capit.. Leopoldi I.*
Ce différend s'échauffa principalement,
lorfque la Maifon de Paar s'arrogea les poftes des camps militaires. Il fut levé dans
la fuite en faveur de Taxis par le *Récès de
l'Empire de 1641. §. 93.* & décidé entiérement par la *Capitulation de Léopold I.
art. 35.* la *Joféphine, art. 34.* & celle

fort fouvent formé des plaintes
contre les griefs des Directeurs
de ces poftes (d). On a même

---

de *Charles VI*, art. 29. enforte que dans
les Capitulations fuivantes la direction générale des poftes de l'Empire a toujours
été défignée par ce titre . . Obriſſ-Hof-
Poſtmeiſter-Amt, fans plus faire mention
du Grand-Maître des poftes des pays héréditaires d'Autriche. V. la *Capitul. de
François I*, art. 29. §. 4. & celle de *Jofeph II. au même endroit.*

La direction générale des poftes de la La Maifon
Cour Impériale & pays héréditaires d'Au- de Paar.
triche, attachée à la Maifon de *Paar* &
érigée en fief mafculin, fut rachetée en
1702 par *Léopold I.* contre un équiva-
lant, & réunie à la Chambre des domaines d'Autriche.

(*d*) Les griefs que les États, & particuliérement les villes impériales, allé-
guoient contre les Directeurs des poftes
de l'Empire, ont été vigoureufement pouf-
fés du tems que l'on tramoit le traité de
Weftphalie, dans lequel cependant on ne
ftatua rien à ce fujet, fi ce n'eft que l'on
y convient en termes vagues, *que les
frais exceffifs des poftes feroient abolis.*
V. art. 9. dud. *Traité.* Les États fe plai-
gnoient 1°. de ce que l'on exigeoit des
ports exorbitants; 2°. que l'on employoit
des perfonnes négligentes ou infideles,
pour porter les lettres à leur adreffe; 3°.
que les couriers moleftoient les meffagers

obligé les Empereurs par la Capitulation, d'y apporter des remedes éfficaces · (e). Cependant les

---

des villes, & les accufoient à faux, uniquement pour faire abolir les meffageries; 4°. que l'on confioit les paquets de lettres à chaque poliffon de poftillon, fans diftinction d'âge, de conduite, de Religion, ni du lieu ou pays, d'où il vient &c.

(e) Ainfi *François I. & Jofeph II.* ont

Promeffes promis dans leurs *Capitulations*, art. 29.
des Em- 1°. de ne point fouffrir que pour les po-
pereurs à ftes impériales on emploie des perfonnes
l'égard étrangeres. 2°. d'obliger l'Intendant Gé-
des po- néral des Poftes de pourvoir & fournir les
ftes. poftes de toutes les chofes néceffaires,
ainfi que d'avoir foin, que les lettres foient
fidélement rendues & avec fûreté, moyennant un port raifonnable, & pour cette fin
de faire enforte qu'il y ait un imprimé affiché
dans tous les bureaux de pofte, où la
taxe des lettres fera marquée. 3°. de défendre aux meffagers des villes médiates &
impériales de porter & ramaffer, chemin
faifant, & entre les lieux, où ils vont ou
d'où ils viennent, des lettres, de changer
de chevaux & fe charger de paquets ni des
perfonnes qui voyagent. 4°. de ne pas
permettre qu'on accorde aux perfonnes
employées aux poftes, outre la franchife
perfonnelle, celle de la contribution aux
charges réelles. 5°. de maintenir le Grand-
Maître Général dans fes droits & privileges. V. *J. J. Mofer, Obfervations fur*
l'art. fusdit.

États n'ont jamais été entiérement
fatisfaits à cet égard; delà il arrive, que, ou pour ne pas être la
dupe de ces malverfateurs, ou
pour tirer les revenus d'un pareil
établiffement, les plus puiffants
d'entr'eux érigerent des poftes
particulieres dans leur territoire (*f*)', que nous voyons conti-
nuées de nos jours.

(*f*) Tels font les Electeurs de *Saxe*, de
Brandebourg & de *Brunfwic*, dont les
fuffrages feront toûjours contre les poftes
impériales; & plufieurs autres Etats, dont
les poftes s'appellent Landspoften, lesquelles fe font multipliées au point de faire
crier la Maifon Princiere de Taxis, mais
comment les abolir? Les Etats prétendent
que c'eft un droit annexé à la fupériorité
territoriale; l'Empereur foutient, que c'eft
un droit réfervé à lui feul. L'Empire n'a
donné jufqu'à préfent aucune décifion fur
cette affaire. Les Publiciftes en ont dit
leurs fentimens; on les néglige, parce
qu'ils n'étoient point autorifés. V. *Cæfa-
reus Turianus*, dans fon *Traité* intitulé:
Glorwürdigſter Adler, das iſt, gründliche
Vorſtellung von dem Jhro Kayſ. Maj. reſer-
vierten Poſt-Regal im ganzen Röm. Reich und
allen deſſelben Provinzen; & *Muez, de Maj.
Imper. P.* 2. *cap.* 2. §. 4.

CHAPITRE IV.

Des Biens domaniaux de l'Empire, des Collectes & de la Matricule.

I.

Biens do-
maniaux,

J'appelle Biens domaniaux de l'Empire, ceux qui étoient autrefois, ou qui sont encore attachés au trône ou à la couronne Impériale; delà on les nomma Kronen-Güter, Tafel-Güter, Kammer-Güter; lesquels sont distingués des Biens patrimoniaux en ce que ces derniers appartiennent au Prince en propriété avec plein pouvoir d'en disposer à son gré, tandis que les biens domaniaux ne sont à lui, que comme une dote provenant de son peuple, dont il n'a que le domaine utile, sans pouvoir l'aliéner de son chef à perpétuité (a). Il s'en suit delà,

_____

(a) V. Hottomanni Franco-Gallia, cap. 9. Chopin, Traité du Domaine, liv. 3. tit. 1. Il ne faut pourtant point

delà, que ces biens font toujours
regardés comme des biens du
peuple n'appartenant à aucun particulier & conféquemment im-
prescriptibles, par fes membres(*b*).
La description des biens domaniaux, que je viens de faire, ne
convient cependant qu'à des États
dans lesquels le pouvoir des chefs
n'est point abfolu, mais borné &
dirigé par leur loix fondamentale, tels font p. e. l'Empire.

II.

Les biens domaniaux ont été
accordés aux Princes pour fou-

conclure delà, que ces biens font abfolument inaliénables : ils n'ont aucun caractere ni effentiel, ni adventice, qui les
rendent tels; mais leur propriété ayant
été annexée à la Couronne même par le
peuple, afin de la foutenir à jamais, ils
ne peuvent en être détachés qu'avec fon
agrément donné par lui-même, ou par
ceux qui le représentent.

Obf. Les États patrimoniaux, où de pareilles loix n'ont jamais exiftées, font alié-
nables en tout ou en partie. V. *Puffen-*
dorf, de J. N. & G. lib. 8. *cap.* 5. §. 9.

(*b*) V. *Thomafii Differtatio de Præ-*
fcriptione Regal. ad Jura fubdit. non
pertinente.

En quoi confiftoient autrefois les biens domaniaux des Empereurs.

tenir les charges, la dignité & la fplendeur du trône (a). Ces biens étoient autrefois fort confidérables en Allemagne, & confiftoient les uns en biens - fonds attachés à la Couronne; tels étoient des villes, villages, métairies, terres, mines, forêts, rivieres &c; d'autres étoient le fruit des droits régaliens, & provenoient des tailles, péages, amendes & autres parties cafuelles. Le produit annuel des biens domaniaux de l'Italie feule excédoit encore du tems de *Frederic I.* la fomme de trente mille talens (b). Ces biens pafferent fuc-

---

(a) Les premiers peuples d'Allemagne, fe voyant dans le cas d'affigner à leurs Princes de certains biens, pour foutenir les dépenfes de la couronne, ont commencé par leur donner ceux qui n'appartenoient à perfonne, p. e. les mines, forêts, rivieres &c. V. *Grotius, de J. B. & P. lib. 2. cap. 8. §. 5.*

(b) V. *Radevicus, de Geftis Friderici I. lib. 2. cap. 5. Otto de St. Blafio in Brifgau, cap. 14. Lehmann, Chronicon Spirenfe, lib. 5. cap. 66.*

Obf. Chez les Auteurs du moyen âge un *talent* fignifie un *marc d'argent*; quel-

cessivement en grande partie à de
certains États de l'Empire & même à des étrangers, à titre de do-
nation, de vente, de prescription
& de fiefs (c). D'autres États eu-
rent l'adresse de s'en emparer d'autorité privée sur-tout lors de la fa-
tale Anarchie de l'Allemagne. Une
partie de ces biens a été engagée
aux États, avec la réserve du droit
de rachat, mais ceux qui n'ont
point été rachetés avant le traité
d'Osnabruck, ne le feront probablement plus (d).

---

quefois il est pris pour un *marc d'or*. *Dufresne Gloss. voce Talentum.*

(c) *Struv. C. J. publ. cap. XIII. §. 47.*

(d) Voici les paroles de ce traité à ce
sujet, *art.* 5. §. 26. . . Quant aux engagemens impériaux, comme il a été arrêté
par la Capitulation (de *Charles-quint*),
que l'élu Empereur des Romains doit les
confirmer aux Electeurs, Princes & autres
États immédiats de l'Empire, & les maintenir dans la paisible & tranquille possession
d'iceux : il a été convenu, que cette disposition seroit observée, jusqu'à ce qu'il
ait été autrement ordonné du consentement des Electeurs, Princes & Etats. Les
*Capitulations de François I. & de Jo-
seph II. art. X. §. 4.* répétent la même
chose.

Z 2

III.

Enfin par la capitulation de *Charles-Quint* & de fes fucceffeurs, les Electeurs (*a*) firent promettre aux Empereurs, de ne plus aliéner ni engager aucun domaine de l'Empire, ni d'accorder des privileges ou exemptions à lui préjudiciables, fans le confentement des Electeurs, Princes & États. Ils lui enjoignirent même de récupérer & de réincorporer à l'Empire tous les biens ou terres, qui en ont été injuftement détachés (*b*). Ils

Obfervation.

(*a*) V. *Art.* 9. *de la Capitul. de Charles - Quint*, & *l'art. X.* §. 1. *des Capitul. de François I. & de Jofeph II.*

(*b*) V. *l'art. X.* §. 3. *de la Capitul. de Jofeph II.* Tous ces biens fe trouvent ou entre les mains des étrangers, ou entre celles de l'Empereur & des Etats. Quant aux premiers, l'Empereur ne pourra les ravoir que par la voie des armes, laquelle, comme c'eft une affaire concernant l'Empire, doit être foutenue par les Etats : or il eft très - probable, que les Etats ne s'offriront pas fi-tôt à cet effet. D'ailleurs cela ne peut regarder que les biens, dans la poffeffion defquels les Etats étrangers n'ont pas été confirmés par des traités de paix, comme le prouve *l'art.* 4. §. 13. *des Ca*

lui firent promettre en outre, de
ne plus conférer les fiefs d'un re-
venu confidérable (au cas qu'ils
retournent à l'Empire), que du
confentement du College Electoral (fi c'eft un Electorat), & du
confentement des Electeurs & des
Princes (fi ce font des Principautés, Comtés ou Seigneuries), en
y joignant l'agrément du college
des villes (fi c'eft une ville) (c),
& enfin de ne plus donner à perfonne l'expectative ou la furvi-
vance de ces fiefs (d).

_____

pitul. de François I. & Joseph II. Quant
aux feconds, il ne paroît pas , que depuis
plus de cent ans les Empereurs aient été
follicités, hors de la Capitulation, à fe donner des mouvemens pour remplir leurs
promeffes.

(c) V. *l'art. XI. §. 10. & fuiv. desdites Capitulations.* Les grands fiefs vacans, foit par mort ou par félonie, & re-
tournants à l'Empire, doivent s'y réunir
pour maintenir la dignité & l'entretien
de l'État, qui cependant, vu le grand
nombre d'anciennes expectatives & de
pactes de fucceffion, confirmés par les
Empereurs, n'en recevra jamais beaucoup
de foulagement. Europ. Herold, *P. I.
p.* 138.

(d) Cependant l'Empereur difpofe en-

Z 3

IV.

Domaine actuel de l'Empire.

Le domaine de l'Empire paroît être réduit aujourd'hui aux contributions annuelles des villes Impériales (𝕽eid𝔰𝔰d𝔥illing, 𝕽eid𝔰𝔰teuer, 𝕸artinifd𝔥illing) (a), à la taxe d'inféodation & aux collectes générales de l'Empire. Il y a une contribution, qui est particuliere aux villes Impériales, & se paye à l'Empereur par toutes celles qui n'en ont point été exemptes, ou dont la perception n'a pas été transportée à d'autres États avec le consentement des Electeurs (b).

---

core librement des petits fiefs. *Mascov*, *de J. Feud. cap.* 8. §. 24.

(a) Les villes payoient les impôts à l'Empereur le jour de St. Martin ; delà on les appelloit 𝕸artini = Sd𝔥illing. V. *Knip-schild, de Civit. Imp. lib* 2. *cap.* 17. *Wencker, Apparatus Archivorum, pag.* 301. *& Glafey, Anecdota n.* 25.

(b) V. l'art. XI. §. 16. de lad. Capitulation. Ces contributions se fondent sur un ancien usage de l'Empire. Ces villes se croyant surchargées par le réglement de la Cour Impériale, pour l'évaluation des vieilles especes, dans lesquelles la somme de cette contribution a été fixée ci - devant, prierent dans leur Mémoire

La taxe féodale comprend deux
efpeces: favoir celle qui eft due
par la difpofition de la *Bulle d'or*,
autant de fois qu'il y a renouvel-

---

préfenté aux Electeurs à la Diete d'élection de 1741, 'd'y rémédier par un paffage de la nouvelle Capitulation. V. *Mofer dans fes Remarques*, *T. I. aux Addit. p. 98. 99. & le Traité de J. J. Mofer de l'Empereur Romain*, pag. 540.
816.

Obf. A l'occafion de ces contributions
particulieres des villes, je dirai en paffant,
que les Juifs domiciliés dans les villes impériales, où fe font les folemnités du couronnement de l'Empereur, ont coutume
de lui faire un préfent fous le nom de
l'*Or de la Couronne*, Kronenfteuer, L'Or du
pour lui faire un acte d'hommage, & en couronne-
mémoire des Couronnes d'or qu'ils étoient ment.
obligés de donner en guife de tribut aux
anciens Empereurs Romains. V. *Codex
Theodof. lib.* 12. *tit.* 13. *& L.* 17. *C.
Juftin. de Judæis.* Les Juifs de *Francfort* ont fait préfent à *Charles VI.* le jour
de fon inauguration, pour l'*Or de la Couronne* d'un gobelet d'argent doré du poids
de 24 marcs d'argent, & un plat du même
métal rempli de 400 écus d'or; & à l'Empereur Léopold, 20000 florins, pour faciliter la guerre contre les Turcs. Les curieux peuvent voir bien des chofes à ce
fujet dans *Struv. C. J. publ. cap. X. §. 9.*

Z 4

lement d'inveftiture, & fe paye par
tous les États à l'exception des
Electeurs & privilégiés (c); l'autre taxe connue fous le nom de
Laudemien und Unfallsgelder, ne
s'exige, que fi, lors de l'extinction d'une branche, le fief paf-
fe à une autre ou à un étranger.
Elle eft plus forte que la premiere, & toujours mefurée au produit du fief (d). A l'égard de ces

___

(c) V. *la B. d'or*, *chap.* 29. §. 1. &
fuiv. La fomme fixée dans la Bulle d'or
eft mife aujourd'hui à celle de 108 florins,
& fe paye par les Princes, Comtes & Barons.

Obf. Suivant le *Traité d'Ofnabrück*,
art. V. §. 21, ou fuivant d'autres, *art. VI.*
les élus ou poftulés pour Archevêques,
Evêques ou Prélats de la Confeffion
d'Augsbourg font tenus de payer, outre la
fomme de cette taxe ordinaire, la moitié
de la même taxe pour l'inféodation, fans
doute à la place des Annates & autres
droits, que les Eccléfiaftiques de la Religion Catholique-Romaine payent à la Cour
de Rome, en vertu des Concordats de la
nation Germanique. V. *les Méditations*
fur led. Traité, à l'endroit cité.

(d) A l'égard de cette taxe il eft dit
dans les *Capitulations de François I.* &
de Joseph II. *art.* 17. §. 19. " Nous ne

taxes réglées à la Diete, l'Empereur promet de ne les augmenter, ni permettre qu'on les augmente à l'infu & fans le confentement des États de l'Empire (e). Quant aux collectes & contribu-

---

,, chargerons les Electeurs, Princes &
,, Etats, ni ne permettrons qu'ils foient
,, chargés du droit appellé *Laudemium*,
,, & des deniers dits Anfalls-Gelder, & au-
,, tres prétentions nouvelles pour les fiefs,
,, dont ils font déja coïnveftis."

(e) Voyez lesdites *Capitulations*, art. 17. §. 17. Il y a encore bien des cas, où la taxe n'eft point réglée, p. e. pour les confirmations des droits & privileges. Or de ces revenus, qui entrent dans le tréfor de l'Empire, l'Empereur promet de payer particuliérement les gages des Confeillers Auliques & autres Officiers de cette Cour; & afin de pouvoir le faire plus fûrement, il eft enjoint à tous ceux qui obtiennent de nouveaux droits, dignités, graces ou privileges, ou la confirmation des anciens, d'en lever l'expédition des Patentes dans les trois mois du jour de l'obtention, fous peine de privation & de caffation d'iceux. V. lesd. *Capitul. art.* 22. §. 11. 12.

Obf. Selon la teneur de ces §§. il n'y a que l'Electeur de Mayence, qui, comme Archi-Chancelier de l'Empire, puiffe modérer ces taxes.

tions générales de l'Empire, il faut
savoir 1°. que quelque urgente
que soit la nécessité de les lever,
l'Empereur n'oseroit le faire sans
l'agrément des États (f); 2°. que
selon la Capitulation (g) le rece-
veur général de ces deniers est tenu de rendre compte à l'Empire
ou à celui que l'Empire commet-

Question.

(f) V. la *Capitulation de Joseph II.*
art. V. §. 2. Ce consentement doit-il être
unanime? ou la pluralité des voix suffit-
elle? La décision de cette question fut
renvoyée à la Diète prochaine par *l'art.*
V. §. 52. du Traité d'Osnabrück. La
Diète n'en décida rien jusqu'à présent.
Cette affaire paroit être de nature à être
décidée à l'amiable. V. *Droit publ. du*
St. Empire, *liv.* 17. *chap.* 1. *pag.* 69.
Je souhaite que l'Empire ne se trouve jamais dans le cas de la décider à forces ou-
vertes. Toujours paroit-il constant & conforme aux régles d'une prudente politique, que dans des cas de famine, de
guerre ou d'autres fléaux du genre humain, on n'écoute point quelques Etats,
qui préférent leur intérêt particulier au
bien public, & que malgré leurs refus, on
les contraigne par la voie d'exécution, à
fournir leur contingent à proportion du besoin de l'Etat & de leurs facultés.
(g) De *Joseph II. art. V. §. 4.*

tra en même tems ; qu'il accorde-
ra quelque collecte pour l'audition
de ces comptes, ce qui doit se
faire à la Diete préfente, ou au
cas qu'elle ne fut plus affemblée,
alors à *celle* qui fuivra, excepté
les impofitions accordées à l'Empereur pour en avoir la libre difpofition (*h*); *3°*. que l'Empereur
eft lui-même obligé de fournir
tant pour lui, que pour fes pays
héréditaires, fa cote-part des fubfi-
des & collectes générales ordon-
nées par l'Empire (*i*).

(*h*) V. *la même*, art. V, §. 5.

(*i*) V. *la même*, art. V, §. 6. Les États
envoient leurs fommes dans les villes
nommées Legſtädte, *villes de remifes*, qui Villes de
font *Nuremberg*, *Augsbourg*, *Francfort* remife.
& *Leipzig*. La Nobleffe immédiate, quoiqu'elle prétende être exempte de toute
efpece de contribution, ne laiffe point de
payer un certain *don gratuit*, lorfque
pour raifons plaufibles elle en eft requife Don
de l'Empereur au nom de l'Empire.   gratuit.
    Les Vaffaux de l'Empire en Italie font
tenus par leur foi & hommages de prêter
des fervices militaires à l'Empire. *Lunig*,
Cod. Diplom. Italiæ, *Tom. I. pag.* 339.
Mais l'état militaire d'aujourd'hui étant
tout différent de celui des tems paffés, ils

V.

Entre les contributions ou collectes générales les unes sont ordinaires, les autres extraordinaires. Les ordinaires se réduisent aux deniers de la Matricule (a) de la

---

remplacent leurs services par une certaine somme d'argent. Les Empereurs *Ferdinand III*, *Léopold I*, *Joseph I.* & *Charles VI.* l'ont exigé.

Obs. Jusqu'à présent on s'est servi de deux manieres de lever les contributions en Allemagne. La premiere consistoit à imposer chaque citoyen de l'Empire à proportion de ses biens & revenus (nach dem gemeinen Pfenning); mais les uns n'aimant point découvrir leur pauvreté, les autres au contraire cherchant à cacher leur richesse, cette méthode fut trouvée fort embarrassante. En conséquence on en introduisit une autre plus facile, réglée sur le pied de l'*Expédition Romaine*, qui se fait en imposant seulement les États à proportion des besoins actuels de l'Empire, ainsi que de l'étendue & du produit de chaque territoire. Les contributions fournies par les États, se repartissent ensuite sur leurs sujets respectifs; mais il est défendu aux États d'en exiger davantage, sauf les frais d'exaction. V. les *Récès d'Empire de* 1566 & *de* 1582, avec la *Capitulation de Joseph I. art. III.*

Manieres de lever les contributions.

Signification

(a) Le mot de *Matricule* signifie dans

Chambre Imperiale; les extraordinaires comprennent les deniers,

cet endroit la lifte contenant les Cercles du nom & Etats fujets aux contributions, & la de cotte-part d'un chacun. Matricule

Obf. Les deniers de la Matricule de la Chambre Impériale, appellés Kammer-Zieler, font employés au payement des gages de fes membres, que les Etats étoient obligés autrefois d'acquitter de leurs propres moyens. Mais lorfqu'ils ont été augmentés à la Diete de 1654, ils obtinrent la permiffion d'en lever la fomme fur leurs fujets. V. le *Récès de cette Diete de l'an 1654. §. 9. jufqu'au 14.* & les *Remarques de Paul Gambs fur le même;* & l'art. 17. §. 13. *de la Capitulation de Jofeph II.* avec les *Obfervations de Mofer au même endroit.* Les deniers que chaque Etat doit fournir fuivant la taxe de la Matricule pour l'entretien de cette Chambre, fe payent en deux termes de l'année, favoir à l'Annonciation & à la Nativité de la *Ste. Vierge.* V. *Ordinat. Camer. P. I. Tom.* 4. §. 2. Selon la derniere Matricule de cette Chambre de 1720, la cote électorale eft de 1623 écus 27 $\frac{1}{2}$ cruches. Elle fe trouve dans *Ludolph, Hiftoria Suftentationis Cameralis, App. II. pag.* 292. Cette cote, ainfi que celle des autres Etats, a été augmentée depuis que la Diete accorda en 1575, par un *Conclufum* ratifié par un Décret de l'Empereur, une plus grande fomme à la Chambre Impériale

que les États font obligés de fournir conformément à la Matricule
de l'Empire (b) fondée & réglée
fur le pied de l'Expédition Ro-
mãine (b), pour fubvenir aux be-

---

pour fon entretien. Par le même Décret
l'Empereur permit aux Etats de repartir le
furplus de leur cote fur leurs fujets.

(b) La *Matricule de l'Empire* eft une
lifte des Etats, contenant la cote - part de
ce qu'un chacun non - privilégié doit contribuer en argent, pour fubvenir aux frais
d'une guerre ou autres befoins concernant la fûreté de l'Etat.

Expédi-
tion Ro-
maine ou
Römer-
zug.

(c) Ces noms, *Expédition Romaine*
(Römer-Zug), dénotent le voyage d'Italie, que les Rois d'Allemagne, accom-
pagnés d'une nombreufe efcorte de Vaffaux & d'autres troupes, faifoient autrefois pour fe faire couronner Empereurs à
Rome. V. *Otto de Freifingue, de Reb.
Geft. Frider. I. lib. 2. cap.* 12. La premiere conftitution avérée faite à ce fujet
eft celle de *Frédéric I*, que l'on trouve
dans les *Coutumes féodales des Lombards,
aü Corps de Droit civ. 2. f.* 54. Elle
porte que les Vaffaux, qui ne veulent
point fuivre l'Empereur dans cette expédition, ni contribuer aux frais d'icelle,
perdent leurs fiefs, s'ils font convaincus
d'en avoir été légitimement avertis. Cette
nombreufe fuite fervoit à donner un certain éclat à Sa Majefté, ainfi qu'à la faire

ſoins de l'État, ſoit en tems de

---

reſpecter par ceux que l'on ſoupçonnoit vouloir mettre obſtacle à ce couronne-ment. Le nombre de cette eſcorte varioit ſelon les circonſtances, où ſe trouvoient l'Empereur & l'Empire. Aucune loi for-melle ne l'avoit fixé. Le payement de ces troupes ſe faiſoit tous les mois, qu'on ap-pelloit *Mois Romains*. Delà vient que l'on nomme encore aujourd'hui en Alle-magne la quantité de troupes ou ſon éva-luation par la Matricule de l'Empire, pour ſubvenir aux beſoins de l'Etat, *Mois Ro-mains*; & ſi les Etats accordent à l'Em-pereur le double, le triple ou dix fois ou vingt fois autant, on dit, qu'ils lui ont con-cédé deux, trois, dix ou vingt *Mois Ro-mains*.

Dans la ſuite on s'eſt ſervi de pareilles expéditions contre l'ennemi, & on com-mença d'en fixer le nombre de cavaliers & de fantaſſins, que chaque État Vaſſal de l'Empire devoit en fournir. Cette fixa-tion s'appelle *Matricule*; la premiere en forme eſt celle qui a été faite à la Diete de *Nuremberg* en 1431, pour faciliter l'expédition contre les *Huſſites* en *Bohê-me*, qui avoient à leur tête le fameux Gé-néral *Ziſka*, qui par une folle préſom-ption de ſa valeur, ordonna par teſtament, qu'après ſa mort on devoit l'écorcher & faire un tambour de ſa peau, pour ef-frayer l'ennemi. La ſuſdite Matricule eſt rapportée par *Schilter*, *Inſt. Jur. publ.*

Autre ſignifica-tion du nom de Matri-cule.

Tom. 2. pag. 359. A chaque expédition
foit Romaine ou autre, on dreffoit une
nouvelle Matricule; v. *Struv. C. J. publ.
cap. 28. §. 14.* & chaque fois le nombre
des troupes changea. Lors de la derniere
expédition de Rome, faite par *Charles-
Quint*, il fut réduit à 20000 fantaffins &
4000 cavaliers. Les États furent obligés
de les fournir fuivant la Matricule faite à
cet effet conformément au *Récès de l'Empire de la Diete de Worms de* 1521. En
vertu de la *Matricule de* 1658, convenue
à la Diete de Ratisbonne, les Etats doivent fournir 3376 cavaliers & 15371 fantaffins, dont la paye fut évaluée à 11996
florins pour deux mois. V. *Cortrejus,
Electa J. publ. Tom.* 18. *pag.* 167. &
186. Les Etats font cependant en droit,
conformément à des conventions posté-
rieures, de payer, aulieu de fournir les
troupes, 12 florins par mois pour un ca-
valier & 4 pour un fantaffin; ce qui fait
la fomme, qui avoit été réglée pour leur
folde par mois: fi bien que, quand les Etats
accordent aujourd'hui à la Diete un certain nombre de *Mois Romains* pour le
fecours de l'Empereur ou de l'Empire, il
eft libre à chacun d'eux de fournir pendant ce tems-là autant de troupes qu'il
eft tenu de donner fuivant la taxe de la
Matricule, ou de payer en argent dans le
terme convenu la fomme que, fuivant le
calcul ci-deffus marqué, il faut pour les
troupes de fon contingent, à raifon du
nombre des mois qui ont été accordés.
Enfin

Enfin les Etats voyant que la diverſité, & même l'oppoſition formelle de puiſſance & d'intérêt, qui ſe trouvent entre eux, rejailliſſent néceſſairement ſur l'exécution de la matricule, & font que l'armée impériale rarement complette ne ſe met d'ordinaire en mouvement, que ſur la fin ou vers le milieu de la campagne; ils projetterent un certain ſyſteme pour entretenir toujours ſur pied une armée dans l'Empire, afin qu'en tout cas on ſoit d'abord en état de le défendre; conféquemment les trois Colleges firent en 1681 un Arrêté, en vertu duquel il fut ſtatué, qu'on entretiendroit une milice perpétuelle compoſée de quarante-mille hommes, diſtribués dans les Cercles, parmi leſquels ſeroient dix mille cavaliers. Après la paix de Ryswick les Etats délibérerent de rechef ſur le même ſyſteme, & firent un nouvel Arrêté, qui fut enſuite ratifié par l'Empereur V. *Thucelii Acta publ. Tom. II.* p 743 Par ce dernier il fut ordonné, que les Cercles entretiendroient en tems de paix quatre-vingt mille hommes, c. à d. le double de la cotte-matriculaire, & en tems de guerre le triple, ou cent vingt mille hommes, dont le tiers conſiſteroit en cavaliers. La ſomme ou la quantité de ſoldats, que chaque Etat doit contribuer à cet effet, s'appelle le *Contingent de* l'*Empire*, Reichs-Contingent; mais ce qui a été reſolu à cet égard, ne paroît pas être parvenu à ſa conſiſtence. Il faut cependant avoüer à la louange de l'Empire,

Contin-
gent de
l'Empire.

guerre ou en tems de paix (*d*). Ces différentes Matricules ne peuvent être dressées ni changées qu'à la Diete & avec l'agrément des États assemblés (*e*); elles ont peu de solidité & font toujours en butte aux plaintes des États (*f*).

---

que les Cercles, & même plusieurs Etats particuliers, entretiennent aujourd'hui pour leurs propres besoins & sécurité une milice perpétuelle, qui dans le cas de nécessité ne manqueroit point de faire une vigoureuse résistence, en attendant la disposition de la Diete concernant la matricule de l'Empire.

(*d*) En tems de paix on pourroit accorder la cotte-matriculaire de l'Empire pour la construction d'un fort sur les confins, p. e. près du Rhin, ou pour pratiquer une chaussée &c. ou pour l'entretien & réparation des fortifications de l'Empire &c.

(*e*) Toutes les Matricules faites jusqu'à présent ont été dressées à la Diete, & l'Empereur promet expressément par sa *Capitulation, art.* 5. §. 9. de n'accorder aucune exemption ou modération de la cotte-matriculaire sans le sû préalable & le consentement des Electeurs, Princes & Etats de l'Empire.

(*f*) Les plaintes de l'Etat ne cessérent jamais à cet égard. Les vicissitudes & les changemens de fortune dans les familles

en fourniront toujours de fpécieux prétexte. La taxe de plufieurs Etats a déja
été modérée & diminuée; d'autres pour
raifon de quelque malheur en ont été entiérement déchargés. *Struv. C. J. publ.*
cap. 28. §. 16. & 17. Tout cela ne fait
qu'affoiblir la Màtricule, qui devroit être
conftante & folide. Il faudroit tacher
de trouver une répartition exacte propor-
tionnée aux biens & facultés de chaque
Etat d'Empire, & une harmonie parfaite
entre l'Empereur & les Etats; & contraindre enfuite un chacun à s'en tenir à la Matricule arrêtée & d'en payer fa taxe réglée.

L'Empereur d'aujourd'hui en propofa
en 1769, le 5 Juillet, conformément à
fa *Capitulation*, *art.* 5. §. 10. des moyens,
& en demanda aux Etats affemblés en
Diete leurs avis. Mais rien ne fut décidé.
On en pourroit déviner la raifon, qui eft
qu'aucun Etat ne veut être augmenté en
taxe. Ce qu'il y a de plus facheux, c'eft
que bien des Etats ne fourniffent point
leur cotte-matriculaire, bravant, pour ainfi
dire, la parole de l'Empereur, qui dans
l'*art.* 5. §. 11. de fa Capitulation promet
de faire procéder par voie de contrainte
(conformément à l'*Ordonnance d'exécu-*
tion) contre ceux qui par mauvaife volonté fe trouveroient en retard. Il éft vrai
qu'une pareille exécution pourroit devenir difpendieufe & dangereufe, fur-tout
s'il s'agiffoit de réduire un Etat puiffant,
mais pent-être qu'un feul exemple fuffi-
roit pour rendre tous les autres à la raifon.

CHAPITRE V.

Des droits de l'Empire, concernant la guerre ou la paix, les alliances & les ambassades.

I.

La guerre. La guerre est l'état de ceux, qui tachent de vuider leur différents par les voies de la force. Considérée comme telle, elle se fait entre ennemis (*a*), & peut être regardée comme un moyen de parvenir à la paix, qui n'est autre chose, que l'état d'union &

Ennemis. (*a*) On regarde comme ennemis non seulement ceux qui nous attaquent actuellement sur mer & sur terre, mais encore ceux qui font des préparatifs pour venir nous attaquer, & qui dressent des batteries contre nos ports ou nos murailles, quoiqu'ils ne soient pas encore aux mains avec nous. On peut même regarder comme ennemi un voisin, qui, faisant des préparatifs extraordinaires de guerre, ne peut ou ne veut point en justifier les causes; & & certes dans tous ces cas la prudence des voisins exige d'en faire de même, & de prévenir le mal intentionné, plutôt que d'attendre que l'on en soit prévenu.

de harmonie, dans lequel vivent de certaines perſonnes, ou de certaines nations, les unes à légard des autres (b). Dans ce chapitre conformement à notre but nous ne parlons, que d'une guerre publique & légitime faite (c) entre

---

(b) La paix eſt l'Etat propre & primitif de la nature humaine conſidérée comme telle ; l'idée de la paix renferme une exécution volontaire de ce que l'on doit aux autres, & une abſtinence de toute injure & de tout dommage par un principe de quelque obligation, où l'on eſt à leur égard & en vertu du droit qu'ils ont d'exiger de nous toutes choſes, qui ſuppoſent l'uſage de la raiſon.

(c) Une guerre publique & légitime eſt celle, qui ſe fait entre deux puiſſances ſouveraines, conſéquemment à une délibération publique & une déclaration de guerre en forme, faite au moins de la part de l'une des puiſſances belligérantes, & accompagnée de tout ce que des coutumes particulieres de quelques Etats exigent à ce ſujet. Les Actes d'hoſtilité, qui n'ont pas été précédés d'une déclaration de guerre dans les formes, ne paſſent que pour des courſes & de purs brigandages, & n'ont aucunement les effets d'une guerre entrepriſe ſelon le droit des Gens. V. *Grotius, de Jur. B. & P. lib. 3. cap. 3. §. 5. & ſeq. & lib. I. cap. 3. §. 4. & ſeq.*

Guerre publique & légitime.

deux nations; une telle guerre eft offenfive ou defenfive (d).

II.

Droit de faire la guerre.

Le droit de faire une guerre publique (a) convient effentielle-

Guerre défenfive & offenfive.

(d) En général le premier, qui prend les armes, foit qu'il le faffe juftement ou injuftement, commence une guerre offenfive, & celui qui s'oppofe à cette guerre, foit qu'il ait ou qu'il n'ait pas raifon de le faire, commence une guerre défenfive. Une guerre offenfive eft jufte, fi elle eft entreprife pour contraindre les autres à nous rendre ce qui nous eft dû en vertu d'un droit parfait, & même de droit imparfait dans les cas d'extrême néceffité, ou pour obtenir reparation du dommage qu'ils nous ont injuftement caufé, & pour leur faire donner des füretés, à l'abris defquelles on n'ait rien à craindre déformais de leur part. La guerre défenfive eft pareillement jufte, fi elle fe fait pour nous conferver & nous défendre contre les infultes de ceux qui tachent, ou de nous faire du mal en notre perfonne, ou de nous enlever & de détruire ce qui nous appartient. V. *Puffendorf*, *de J. N. & G. lib.* 8. *cap.* 6. §. 3. *& J. Barbeyrac, au même endroit.*

Ce que le droit de guerre renferme.

(a) Le droit de guerre renferme celui de lever des troupes, de conftruire, entretenir & de fortifier de plus en plus des places fortes, d'obliger à prendre les ar-

ment au Souverain & ne peut convenir qu'à lui. La guerre étant
une des affaires publiques les plus
importantes. & les plus capables
de mettre en danger tout l'État.
Ce principe fut toujours regardé
comme inconteftable. Delà vient
que les Romains déclarerent cri-
minels de Leze-Majefté, quiconque levroit des troupes ou feroit
la guerre fans ordre du Prince (b).

---

mes non feulement ceux que leurs charges militaires peuvent y engager, mais
auffi ceux, qui par des engagemens particuliers pourroient être tenus de fervir dans
la guerre, p. e. les Vaffaux ; de tenir garnifon & quartier, d'ordonner des camps,
des marches & toutes fortes d'exercices
militaires, & en général de pourvoir à
tout ce qui peut être néceffaire pour foutenir la guerre & en faire les frais par les
fecours des deniers publics.

(b) V. L. 3. ff. ad L. Jul. Majeft. Il Cas d'une
faut pourtant favoir, que dans les cas attaque
d'une attaque fubite tous les Gouverneurs fubite.
des places font cenfés avoir ordre du Souverain de fe défendre, & que dans ces
circonftances ils peuvent & doivent re-
pouffer la force par la force, le mieux &
le plus vite poffible, fans attendre un ordre particulier du Souverain, fur-tout fi
l'attaque fe fait dans un endroit limitro-

En Allemagne le droit de faire une guerre publique concernant l'Empire est attaché aux États assemblés à la Diete (c), ensorte

---

phe. Certes le Souverain leur a confié ses troupes, pour soutenir & défendre ses intérêts sans ultérieur avis autant de fois que les circonstances ne souffrent aucun retardement. Ils agissent donc, même dans de pareils cas, par autorité du Prince. V. *Puffendorf, l. cit. lib. 8. cap. 6. §. 11. & seqq.* & les *notes de Barbeyrac, au même lieu.*

Anciennement les Empereurs faisoient la guerre plus librement qu'aujourd'hui.

(c) Le pouvoir des Empereurs d'Allemagne, concernant le droit de guerre, étoit autrefois plu libre; cependant il étoit toujours d'usage, qu'ils délibérassent dans les assemblées publiques avec les principaux des États & Vassaux d'Allemagne sur la justice, l'utilité, la nécessité & les moyens d'entamer & de conduire les guerres. Leurs avis n'étoient point décisifs; mais les Empereurs y avoient toujours beacoup d'égard, parce que l'heureux succès des armes dépendoit en partie de la bonne volonté de ceux qui les manioient. Vid. *Lehmann, Chron. Spir. lib. 2. cap.* 39. mais aujourd'hui leurs suffrages sont nécessaires & décisifs. *Maximilien* est celui qui s'est le premier formellemenr obligé à requérir le consentement des États pour déclarer une guerre. V. Hanthabung des Friedens zu Worms *de an.* 1495. *tit.* 5.

que l'Empereur ne puisse faire aucune guerre, ou l'Empire seroit
interessé, sans le consentement des
Electeurs, Princes & Etats d'Empire, à l'exception du cas d'une
pressante nécessité, auquel l'agrément des Electeurs suffiroit (d).

(d) Voici les paroles de la *Capitulation de Joseph II.*, art. 4. §. 2. "Nous
,, ne devons, ni ne voulons ... commen-
,, cer de la part de l'Empire aucune qué-
,, relle, diffidation ou guerre au-dedans
,, de l'Empire ou au-dehors sous aucun
,, prétexte que ce puisse être .. A moins
,, que cela ne se fasse du consentement
,, des Electeurs, Princes & États en pleine
,, Diete, ou du moins du sçu, conseil &
,, approbation de tous les Electeurs dans
,, des conjonctures pressantes, Nous obli-
,, geant au surplus d'observer ensuite &
,, au plutôt possible tout ce qui en pareil
,, cas doit être observé à l'égard de tout
,, l'Empire."
Obs. Cette promesse ne paroit regarder
que la guerre offensive, vu que dans le
§. *V. du même art.* qui porte une exception au susdit §. *II. Joseph* dit .. "Mais
,, au cas que nous fussions attaqués au su-
,, jet de l'Empire, Nous pourrons Nous
,, aider de tout secours non préjudiciable
,, à l'Empire." Cette clause omise auroit
été sous-entendue dans tous les cas d'attaque subite, & conséquemment, les États

III.

**Confente-
ment des
États.**

Comme la déclaration d'une guerre d'Empire se doit faire du consentement des États, leur avis est néceffaire de même pour ce qui concerne les troupes, les marches, les quartiers & tout ce qui dépend du droit de faire la guerre (a), ainfi l'Empereur, quoi-

---

feroient obligés d'indemnifer l'Empereur de tous frais & dépenfes faites dans ces circonftances, pour faciliter le falut de l'Empire.

**Les quar-
tiers & les
places
d'affem-
blées ne
peuvent
être éta-
blis, ni
les paffa-
ges être
ordonnés
fans le
confente-
ment des
États.**

(a) V. l'art. IV. §. 9. de la Capitulat. de Joseph II. où l'Empereur promet de ne point établir les quartiers, places d'affemblées, ni ordonner des paffages qui foient à la charge des États d'Empire, fans le confentement préalable des Electeurs, Princes & États d'Empire ; & au §. 15. " en conféquence Nos propres troupes, » comme auffi les troupes auxiliaires, que » nous pourrions avoir, ne prendront » point leur paffage par le territoire des » Electeurs, Princes & États, qu'après en » avoir formé des réquifitions préalables ; » encore faut-il que ce foit fans caufer » aucun dommage, & il ne fera à l'ave- » nir exigé desdites troupes aucune fubfi- » ftance à raifon d'étapes, mais qn'elles » foient ou propres, ou auxiliaires, elles » payeront en marche & en campagne

que *Généraliffime* des troupes Impériales, foit qu'il commande en perfonne ou par fes fubftituts doit fuivre pour les opérations les Réfultats de la Diete & les avis du confeil de guerre, qui lui eft adjoint de la part du Corps de l'Empire (b). C'eft auffi l'Empire

---

    » leurs vivres fuivant le prix courant, ou
» en feront pourvues par leur propre commiffariat; par conféquent il fera payé
» argent comptant tout ce dont elles auront befoin, & qui leur fera fourni par
» le pays. §. 16. Ainfi dans les quartiers
» & ftations, dans les pays des Etats, elles
» ne fe feront donner aucune fubfiftance,
» mais toutefois le fimple logement, ce
» qui doit être auffi entendu de la Généralité, de l'Artillerie, du Commiffariat
» & de la Chancellerie de campagne §. 17.
» Et afin que, le cas arrivant, l'exécution de ce que deffus foit d'autant plus
» affûrée, il fera au fujet des troupes,
» qui prendront ainfi leur paffage, fourni
» au moyen de quelques banquiers & marchands affez renommés & domiciliés
» dans les villes de l'Empire, des fûretés
» fuffifantes & une caution acceptable, ou
» bien, le cas arrivant, l'on s'accommodera fur ce point avec les Etats qui
» y auront intérêt."
    (b) Ce Confeil de guerre doit être com-

qui choisit librement les Maréchaux de camp & autres Officiers
Généraux & les propose à l'Empereur par une résolution des trois
colleges pour l'approuver (c).

IV.

En un mot la déclaration de la
guerre, le rappel des Ambassa-

---

posé d'un nombre égal de personnes des
deux Religions, nommées par l'Empereur & l'Empire conjointement. A l'égard
de ce Conseil d'Empire, l'Empereur s'oblige à ne point permettre à son Conseil de
guerre, séparément établi, de régler les
marches ou les quartiers, ni d'envoyer
de son propre Chef des ordres à la Généralité de l'Empire. V. *les §§. 3. & 4.
dud. art.* Ce Conseil de guerre n'existe
depuis près d'un siecle que dans les espa-
ces imaginaires de la Diete.

Personnes qui composent la Généralité.

*Obs. Moser dans ses Observations, au
même art.* dit que la Généralité est d'ordinaire composée de deux ou quatre Maréchaux (General = Feld = Marschallen), un
ou deux Généraux de l'infanterie (General = Feld = Zeug = Meistern), un ou deux
Généraux de cavalerie, & quatre Lieute-
nans - Généraux (General = Feld = Mar-
schalls = Lieutenants).

(c) Ces Maréchaux & autres Officiers
Généraux doivent également être des deux
Religions en nombre égal. V. *led. art. §. 3.*

deurs, le renvoi de ceux de l'ennemi, la défense du commerce avec lui, la fourniture des armes, la levée des troupes, leur conduite, opérations, marches, quartiers, campement; la Généralité, le Commiſſariat, la nomination, ainſi que la caſſation des Officiers Généraux, la caiſſe militaire, la ſolde de la milice ainſi que l'entretien de tout ce qui en depend, la durée de la guerre, même une partie de ces ſuccès, tant heureux que malheureux, dépendent de l'harmonie des volontés plus ou moins eclairées des États aſſemblés à la Diete.

V.

Du tems paſſé, les Empereurs étoient fort ſouvent eux-mêmes à la téte de l'armée Impériale (a),

_____

(a) Les exemples de *Maximilien I.* & de *Charles - Quint* peuvent noüs en ſervir de preuves. V. *Deſing*, *Auxilia Hiſt.* P. VII. pag. 618. & ſeq. & 636. & ſeqq. Quelques-uns de leurs ſucceſſeurs ont paru dans les camps, comme *Ferdinand III*, lors de la guerre de trente ans; mais aucun commanda lui-même les troupes.

qui marchoit fous les aufpices des trois bannieres de l'Empire (*b*).

Defcription des trois bannieres de l'Empire.

(*b*) Ces trois bannieres, dont on faifoit grand cas autrefois, font, la *grande Banniere de l'Empire*, appellée auffi *la Banniere des Princes*; la feconde étoit *la Banniere de la Noblesse*, appellée la *Banniere équeftre de St. George*; la troifieme étoit la *Banniere des villes impériales*, appellée la *Banniere de Strasbourg*. La premiere repréfentoit du tems d'*Otton le Grand* un Ange avec la Victoire; mais dans la fuite, même déja du tems de *Frédéric II*, elle contenoit un aiglé; on ne la portoit d'ordinaire que lors du couronnement, ou d'une expédition militaire, où l'Empereur étoit lui-même préfent; elle étoit toujours au centre des troupes, portée par celui, auquel l'Empereur vouloit bien accorder cet honneur. La feconde avoit pour enfeigne le *Chevalier St. George*; elle étoit portée dans les premiers tems par les Ducs de Suabe, qui avoient l'honneur de faire avec leurs troupes l'avant-corps de l'armée impériale. Dans la fuite, lors de l'expédition de *Frédéric III.* contre *Charles de Bourgogne* en 1475, la Noblesse de Franconie obtint le droit d'alterner avec celle de Suabe, de maniere cependant que la Noblesse de Suabe commenceroit la première à la porter. La troifieme banniere repréfentoit *la Ste. Vierge* tenant l'enfant Jéfus entre fes bras; elle étoit portée à côté de la banniere de

Cette armée étoit d'ordinaire composée des vaffaux & arriere vaffaux de l'Empire, dont chacun conduifoit un certain nombre de foldats fes ferfs ou efclaves. Aujourd'hui il paroit être contre la faine politique d'expofer la perfonne de l'Empereur, même les vaffaux de l'Empire fe perfuadent de fatisfaire à leurs devoirs en fourniffant leur contingent ou cotte-matriculaire, & fe croyant néceffaires chez eux pour préfider au gouvernement de leurs terri-

---

l'Empire par ceux que les villes de *Strasbourg*, *Cologne*, *Augsbourg*, *Nuremberg* & *Ulm* nommoient à cet honneur fucceffivement à commencer par *Strasbourg*. Cette banniere s'appelloit la petite, pour la diftinguer d'une autre bien plus grande, nommée Reichs-Panier, confervée dans la même ville, que l'on menoit fur un char à huit bœufs. Ces deux bannieres fe trouvent encore dans l'hôtel de ville dudit *Strasbourg*. On en peut voir la figure dans *Kœnigshoven*, pag. 1106. Il y avoit auffi d'autres bannieres, fur lefquelles on trouve des inftructions & des auteurs, qui en ont écrit, dans *Struv*, *Corp. J. publ. cap. XXIV. §. 12. & fuivants*.

toires, ils abandonnent l'honneur du service militaire à leurs freres ou parens appanagés (c). Il leur est cependant défendu, de se tenir neutres (d); & pourquoi permet-troit-

---

(c) A le bien prendre, cela paroît être en regle; les aînés ou possesseurs des biens de la famille doivent veiller à leur conservation, & comme Seigneurs territoriaux, il leur importe de prêter toute leur attention au bonheur & bien - être de leurs sujets. Les cadets au contraire, ou autres appanagés détachés des biens de la maison ou de la famille, paroissent être destinés à soutenir & relever la gloire de leur famille au - dehors par leurs exploits & services, soit à la Cour, soit dans le Militaire. De cette maniere (je veux dire, par une fidele observation des devoirs réciproques des Seigneurs regnants & appanagés) les Maisons illustres ne sauroient manquer de devenir de jour en jour plus méritoires, plus brillantes & plus solides,

(d) C'est - à - dire chaque Etat est obligé de fournir son Contingent de la Matricule de l'Empire, arrêtée à la pluralité des voix à la Diete, quoiqu'il ait donné un suffrage contraire à ce qui il fût conclu. Déja dans bien des circonstances de certains Etats tenterent de solliciter la neutralité, mais presque toujours sans effet. V. Struv. l. cit. §. 15. Il est même d'usage

troit-on à un membre d'avoir les
bras croifés, tandis que tout le

---

dans l'Empire de faire fuivre la déclaration de guerre par une défenfe de toute
neutralité de la part des Etats à l'égard de
l'ennemi ; mais il arrive quelquefois, que
les Etats proteftent contre, & font déclarer à l'Empereur & à l'Empire, que non
obftant l'Arrêté de la Diete ils fe tiendront
neutres, comme le firent les Electeurs de
Cologne, de *Baviere* & du *Palatinat*, conjointement avec l'*Evêque de Strasbourg*,
lorfque l'Empire déclara la guerre à la
France en 1734, en vertu d'un Arrêté
du 13 Mars, fuivi d'un autre du 26 Février, qui défendoit expreffément la neutralité. Il faut pourtant obferver, que la Cas où il
neutralité ne fauroit être refufée à celui eft permis
que la néceffité contraint de la demander aux Etats
pour fa propre fécurité, laquelle paroît de fe tenir
être expofée à un danger ouvert & pro- neutres.
chain, même fi le cas de détreffe fe préfentoit, on pourroit l'accepter de l'ennemi, fans fe rendre par-là coupable à l'é-
gard de l'Empire, qui comme Protecteur
des Etats eft cenfé avoir excepté ces cas,
qui mettent les Etats à deux doigts de
leur perte, ou les expofent à des domma-
ges irréparables. Tels font les fentimens
des plus fenfés d'entre les Publiciftes. V.
Lamerti Mémoires, Tom. II. p. 31. Fran-
kenftein, Differt. de his qui neutras in
bello partes fequuntur. Kemmerich, Dif-
fert. de Neutralitate Statuum Imp. R.

Tom. II.   B b

corps ou toute la fureté eſt en danger, & que gagneroit ce membre! ſi le corps ſeroit affoibli ou bouleverſé.

VI.

Troupes circulaires.

Chaque Cercle eſt obligé de fournir ſes troupes en état de combattre avec tous les appareils de guerre (a) conduites par ſon colonel, ainſi que d'envoyer ſa cote-matriculaire à la caiſſe militaire (Operations-Kaſſe), pour ſubvenir (b) aux autres beſoins. Les

---

G. in bello Imperii illicita. Faber, Staats-Canzley, Tom. 65. cap.

Obſ. L'Empire accorde d'ordinaire la neutralité à un certain reſſort des villes ou endroits, dans leſquelles les puiſſances belligérantes ſont convenues de traiter des préliminaires de paix. Une telle a été concédée aux villes de Mūnſter & de Nimegue. V. Actes & Mémoires de la paix de Nimegue, Tom. I. pag. 483.

(a) Ces appareils de guerre ſont les armes à feu, les canons, les mortiers, les bombes, les boulets, les balles, la poudre, les chariots & charrettes d'équipages, de vivres & d'autres choſes indiſpenſables pendant la guerre.

(b) Ainſi en 1734, après que l'Allemagne avoit déclarée la guerre à la France, les Etats aſſemblés à Ratisbonne accorde-

troupes circulaires réunies font, ce que nous appellons, l'armée Impériale, dont les Généraux, ainfi que les Directeurs & Confeillers du Confeil de guerre, font tenus de prêter ferment auffi bien que toute l'armée à l'Empereur & à l'Empire (c). Cette armée, qui fans l'agrément des États ne fauroit être conduite hors des limites de l'Allemagne (d) eft fu-'

---

rent trente mois Romains à l'Empire, pour en foutenir les frais

Les Etats, qui font en défaut d'y contribuer leur contingent, peuvent y être contraints par voix d'exécution, & en cas de réfiftence, ils peuvent être profcrits ou bannis de l'Empire, conformément au *premier Réces d'Augsbourg de* 1559, §. 14; mais on n'a jamais vu exécuter cette peine contre les grands; les petits font quelquefois exécutés à la rigueur.

(c) V. la *Capitulation de François I.* art. *IV.* §. 3. & celle de *Jofeph II.* au même endroit.

(d) Cette claufe inférée pour la 'premiere fois dans la *Capitnlation de Feruinand III.* porte *art.* 12. . . . Nous promettons de ne pas conduire hors de l'Empire les troupes impériales, levées ou qu'on levera dans la fuite pour fa défenfe, fans l'agrément des Etats, ou au moins

B b 2

jetté aux loix militaires emanées de la Diete (*e*).

---

sans le sçu & consentement des six Electeurs. Cette clause se retrouve dans toutes les Capitulations suivantes; dans celle de *Joseph II. art. IV. §. 8.* il est dit simplement . . . *sans le sçu & consentement des Electeurs, Princes & Etats.* J. J. *Moser* en explique le sens qu'on doit lui donner, dans ses *Observations sur la même,* en disant . . "Dieses ist keineswegs „so zu verstehn, als ob in Reichs-Kriegen „nicht erlaubt wäre, die Reichs-Armee „außerhalb des Reichs zu führen, um den „Feind in seinem eigenen Land anzugrei- „fen, den Sitz des Kriegs dahin zu verse- „tzen, und wo und so viel möglich, Erobe- „rungen über den Feind zu machen, son- „dern der Sinn des Gesetzes mag und „wird dieser seyn: wann außerhalb ei- „nem Reichs-Krieg zu des Reichs Schutz „Volk geworben würde, solle es nicht aus „dem Reich, noch auch in einem Reichs- „krieg die zu des Reichs Vertheidigung nö- „thige und vorhandene Mannschaft ander- „wärts hin, z. E. nach Italien, geführet „werden."

Objet des loix militaires.

(*e*) Les loix militaires sont, pour ainsi dire, l'âme de la guerre; il importe conséquemment aux Généraux, de les connoître, de les suivre, & de les faire pareillement observer par leurs subordonnés. Elles concernent la jurisdiction militaire, le nombre des troupes, leur division, leur

VII.

Pour conduire une guerre avantageusement & pour en tirer le fruit, que l'on se propose, il ne suffit point d'avoir des troupes en assez grand nombre & bien disciplinées, ni d'avoir fait des loix pour pouvoir s'en servir à tems & leur faire donner les mouvements nécessaires pour faire des progrès; mais il faut aussi des retraites, villes fortes, citadelles ou forts, distribués de distance en distance surtout vers les limites, où l'on puisse se retirer au cas de revers, s'y rafraichir, s'y défendre à l'aide de son artillerie & de sa garni-

Ce qui faut pour conduire une guerre avantageusement.

conjonction, commandement, entretien & discipline, la caisse militaire & la quantité des mois Romains, accordée pour la soutenir, l'artillerie, le commerce & la correspondance avec les pays ennemis, le rappel des sujets de l'Allemagne, qui se trouvent en service chez l'ennemi. Ces loix sont des Récès d'Empire faits à la Diete, & se trouvent dans le *Recueil des Récès* fait en 1750 par *M. Schmid.* V, *Lunig, Corp. J. Militaris,* p. 293. & *Londorpius, Tom. XI.* p. 338. *seqq.*

son. L'Empire est en défaut à cet
égard. Il n'y a que deux forts,
sçavoir *Kehl* fort négligé vis-à-
vis de *Strasbourg* attenant le Rhin
dans le territoire du *Margrave de
Bade*, & *Philippsbourg* dans l'Evêché de *Spire*, & l'Empereur promet expressément dans sa capitu-
latiou (a), de ne faire construire
de nouvelles forteresses dans les
pays & territoires des Electeurs,
Princes & États pendant une sem-
blable guerre, ni dans un autre
tems, ni faire relever les vieilles
ou celles qui font tombées en ruine, bien moins permettre ou souffrir que d'autres le fassent, vû
que selon les constitutions de l'Empire les Seigneurs territoriaux
font seuls en droit de le faire-

(a) V. *la Capitulation de Joseph II.*
art. IV. §. 6 Cependant si en tems de
guerre il se trouvoit une place forte à portée de l'armée impériale, & que l'État,
auquel elle appartient, ne seroit point en
état de la couvrir & de la garantir contre
l'ennemi, je pense que moyennant l'agrément du même Etat, ou en vertu d'un
Arrêté de la Diete, l'Empereur pourroit
s'en servir sauf à la dédommager de tout
préjudice qui lui en naîtroit.

VIII.

La paix étant pour ainſi dire le De la paix. fruit de la guerre ; il s'en ſuit na-turellement qu'elle doit être for-mée, cimentée & affermie par les mêmes qui de droit avoient enta-més & pourſuivis la guerre : ainſi une paix à conclure au nom de l'Empire requiert conformément au Traité d'*Osnabruck* (a), & à la Ca-pitulation de l'Empereur la con-currence effective de la Diete ou de ſes Députés & leur conſente-ment libre & formel tant à l'égard des préliminaires (b), que du trai-

---

(a) *Art. XIII. §. 2. dudit Traité.*

(b) Le §. XI. de l'art. IV. de la Ca-pitulation de *Joſeph II.* eſt ſi énergique, ſi expreſſif & ſi claire à cet égard, que je me fais un devoir & un vrai plaiſir de le mettre ici tout entier. Le voici . . "De ,, *plus Nous* ne voulons, ni ne devons ,, entamer, & à plus forte raiſon *ne vou-* ,, *lons, ni ne devons conclure* aucuns ar-,, ticles préliminaires, qui pourroient être ,, obligatoires, bien moins encore *des* ,, *Traités de paix définitifs, ſans l'acceſ-* ,, *ſion & le conſentement des Electeurs,* ,, *Princes & États de l'Empire,* ſi ce ,, n'étoit qu'une néceſſité preſſante & ré-,, elle ne permit pas de prendre toutes

té définitif de la paix, à moins que les États n'ayent trouvé à pro-

---

„ ces méfures, auquel cas & jufqu'à ce „ que l'affaire puiffe être portée à l'Empire en Corps."

Obf. Tant que la Diete de Ratisbonne dure, ou qu'il y aura une autre, lorfqu'il faudra procéder aux Préliminaires ou à un Traité de paix définitif, il ne fera guere plus difficile d'en conférer avec tous les États, qu'avec les Electeurs ou le College Electoral feul; vu qu'à la Diete les deux autres Colleges, favoir celui des Princes & celui des villes Impériales, fe trouvent dans le même hôtel; mais il y auroit peut-être plus de difficulté d'effectuer quelque chofe à ce fujet avec tous les Colleges, qu'avec un feul, fur tout s'il s'agiffoit d'y parvenir par la voie du fécret, ou fi l'une ou l'autre des deux Religions fe verroit dans le cas de faire un petit facrifice. " Nous requerrons tout au moins le con- „ fentement du College Electoral avant de „ Nous engager à quoique ce puiffe être; „ Nous laifferons auffi jouir en fon entier „ lesdits Electeurs, Princes & États de „ l'Empire de leur droit de députation & „ de concurrence effective aux négocia- „ tions de paix, fans permettre qu'il y foit „ porté la moindre atteinte, tellement „ qu'entre Nos Ambaffadeurs & les Dépu- „ tés de l'Empire la maniere ufitée de trai- „ ter les affaires aux Dietes de députation „ de l'Empire & autres fera obfervée, &

pos de commettre cette affaire à

„ pour ce qui eſt des Congrès, ſoit avec
„ des Alliés, ſoit avec d'autres Puiſſances
„ étrangeres, & particuliérement avec les
„ Ambaſſadeurs ou Envoyés de celles des
„ Puiſſances, contre qui l'on étoit en guer-
„ re, les Députés de l'Empire y ſeront
„ admis ſans la moindre difficulté, & il ne
„ ſera rien traité ſans leur concurrence,
„ de même que Nos Miniſtres y entre-
„ prendront encore moins de ſe mettre en
„ la place des Députés de l'Empire. Si
„ cependant les Electeurs, Princes & Etats
„ Nous donnoient plein pouvoir de négo-
„ cier la paix (ainſi qu'il dépend d'eux
„ de le faire), Nous ne donnerons point
„ une plus grande étendue à ces ſortes de
„ pleins pouvoirs, ni n'en ferons uſage en
„ aucune autre maniere, que comme il
„ ſera porté dans leur contenu au pied de
„ la Lettre." V. les *Obſerv. de Moſer*,
au même §. & ſes Remarques ſur la Ca-
pitulat. de Charles VII. dans la 3. par-
tie, à l'art. IV. §. 11. p. 77. 78.

Obſ. II. Les Préliminaires ne ſont autre Prélimi-
choſe que des conventions faites entre les naires.
Plénipotentiaires reſpectifs ſur les points
principaux de la guerre, ſans entrer dans
une certaine étendue ou éclairciſſement à
leur égard, & ſans toucher d'autres points
moins importants, dont on réſerve la
diſcuſſion & la déciſion au Traité de paix
définitif.

Bb 5

l'Empereur par un Réſultat ſait à ce ſujet à la Diete (c).

IX.

Diſpoſitions des conquêtes.

Les conquêtes, que l'armée Impériale auroit faites durant la guerre, & qui ſelon la téneur du Traité de paix définitif reſteroient à l'Empire, ſeroient incorporées dans ſon domaine, ſi c'étoient des terres acquiſes ſur l'ennemi, qui n'auroient jamais appartenues à l'Empire; ſi au contraire elles avoient déja cidevant appartenues à l'Empire ou à un de ces États, qui en auroit été dépouillé, elles leur ſeroient reſtituées & remiſes dans leur ancien état. Cela eſt conforme aux anciennes Capitulations depuis la premiere (a) juſqu'à celle de *Ferdinand III.* incluſivement; ainſi qu'à *l'ordonnance du Gouvernement de* 1500. (b) & au *Recès de*

(c) Comme il arriva en 1763 lors de la paix de Hubertsbourg: tous les États Catholiques y acquieſcerent contre les vœux de la majeure partie des Evangéliques.

(a) C. à d. celle *de Charles-Quint*, art. XXV.

(b) *Titre XLIII.*

Spire de 1542. (c) Et quoique les Capitulations fubféquentes n'en ayent plus fait mention expreffe, elles paroiffent cependant toutes encore autorifér cette décifion au moins en termes généraux (d).

X.

Une alliance dans la matiere pré- Des al-
fente, fignifie un Traité fait entre liances.
deux ou plufieurs Puiffances amies
en vue de fe prêter réciproquement de certains fecours, concernant leur mutuelle défenfe contre tout ennemi (a). Selon les
principes de la jurisprudence po-

(c) §. 38.

(d) Les *Capitulations de Charles VII*, *de François I. & de Jofeph II. art. XII.* où il eft dit . . "Nous voulons auffi lors ,, de la paix . . Nous employer avec foin, ,, à faire que ce que les ennemis auroient ,, occupé dans l'Empire, foit reftitué dans ,, l'ancien état, où le tout doit être con- ,, formément aux loix fondamentales de ,, l'Empire & aux Traités de paix."

(a) Les Traités d'alliance fe font ordi- nairement pour faciliter le commerce, les bons progrès de la guerre, ou pour maintenir le repos & la fécurité des alliés. V. fur cette matiere *Grotius, de J. B. & P. lib.* 2. *cap.* 15. §. 6. *feqq.*

litique & l'expérience générale,
le droit de faire de pareils traités
comme étant analogue au droit
de guerre & de paix dépend du
pouvoir souverain dans chaque république. Autrefois lorsque les
États n'avoient pas encore autant
de part au gouvernement de l'Empire, les Empereurs faisoient les
alliances de leur propre autorité (*b*). Mais ce pouvoir fut re-

---

(*b*) Ainsi l'Empereur *Adolphe*, *Comte
de Nassau*, s'allia de son propre chef
avec *Edouard I*, *Roi d'Angleterre*, en
1296 contre la France. V. *Obrechti Dis-
sert. de Imp. Germ. Fœderibus*, §. 5. 6.
& *Desing*, *Auxil. Hist. part. VII. p.* 562.
de même *Louis de Baviere* s'allia en 1339
avec *Edouard III*, *Roi d'Angleterre*.
Vid. *Albertus Argentorat. ad ann.* 1339.
pag. 127. Il est vrai cependant, que l'antiquité nous fournit plus d'exemples des
avis demandés par les Empereurs aux
Etats, lorsqu'il s'agissoit de contracter des
alliances, qu'elle nous en donne au contraire. V. *Struv. Corp. J. publ. cap.*
XXIV. §. 26. Ce qui fait avancer à un
certain auteur masqué sous le nom d'*Hip-
politus a Lapide*, *de Rat. Status in
Imp. Rom. Germ. p.* 1. *c.* 9. *s.* 1. que
déja dans ces tems-là les Empereurs ne
pouvoient faire les alliances sans le con-

ftreint dans la fuite & deja *Maximilien I.* s'obligea folemnellement à la Diete de Worms en 1495. de ne faire aucune alliance avec les Puiſſances étrangeres au nom de l'Empire fans le confentement des États (*c*). Par le Traité d'Osnabruck (*d*), fur lequel fe fondent encore aujourd'hui les

---

fentement des Etats. Mais il eſt certain qu'avant *Maximilien I.* il ne fe trouve aucune loi fondamentale, qui obligea les Empereurs à requérir leur confentement à ce fujet. Ainſi s'ils l'ont demandé, c'étoit plutôt par raifon politique, afin de gagner leurs cœurs & de les avoir toujours à leur difpofition, que par devoir.

(*c*) V. la *Confirmation de la paix publique*, *faite à Worms*, *l'an* 1495. *tit. V.* die Königliche Majeſtät. Et ayant fait enfuite en 1508 à *Cambrai*, à l'infçu des Etats, alliance avec le Pape *Jules II*, *Louis XII*, Roi de France, & *Ferdinand*, Roi d'Efpagne, contre les Vénitiens, les Etats lui refuferent leur fécours; il ne put les gagner qu'en juſtifiant ce pas par la néceſſité preſſante, par la raifon d'Etat de tenir cette affaire fécrette, & par d'autres moyens également pondérants. V. *Goldaſti* Reichshändel, *part.* 12. *n.* 4. & *Fugger*, Spiegel der Ehren *lib.* 6. *cap.* 13. *p.* 1254.

(*d*) *Art. VIII.* §. 2.

États d'Empire à ce fujet, l'Empereur ne peut faire des alliances touchant l'Empire fans l'avis & le confentement libre de tous les États de l'Empire affemblés en Diete.

XI.

Dans la fuite les Electeurs fe confidérants commeRepréfentants du Corps germanique, ou au moins comme les principaux États de l'Empire & voyant que bien des fois le traité d'une alliance ne fouffre aucun ou peu de délai, s'aviferent (foit pour ce donner un certain poids au deffus des autresÉtats, foit dans l'intention d'accélérer le bien de l'Empire) d'inférer dans la Capitulation de *Ferdinand IV.* cette claufe d'exception . . mais fi le falut & le bien public demandoient plus d'accélération, nous nous obligeons d'obtenir en ceci le *confentement général des fept Electeurs affemblés en College, dans un tems & lieu commode & non par des déclarations particulieres, jufqu'à ce qu'on puiffe venir à une affemblée générale de l'Empire.* Les

États furent choqués de cette dé-
rogation à leurs droits & protefterent hautement contre ; cependant cela n'empécha point de mettre la même exception à toutes
les Capitulations fuivantes. Le feul
changement, qui y ait été fait depuis celle de *Charles VII.* confifte en ce qu'à *l'art. IV. §. 2.* il eft
ajouté, que dans ces cas preffants
il doit toutefois être obfervé enfuite,
& au plutôt envers l'Empire ce qui
appartient. & à *l'Art. VI.* au lieu
des mots, *jufqu'à ce que l'on puiffe*
venir à une affemblée générale de
l'Empire; il y eft mis, *jufqu'à ce*
que l'on puiffe venir à une délibéra-
tion générale de l'Empire. Ce dernier changement paroiffoit néceffaire, vu que l'affemblée générale des États étant devenu perpétuelle depuis plus d'un fiecle, il
auroit été ridicule de dire, *jufqu'à*
ce qu'on puiffe venir à une affem-
blée générale de l'Empire.

Dans les cas preffans l'Empereur peut faire une alliance avec le feul confentement des Electeurs.

XII.

Les intérêts communs qui lient
effentiellement de certaines nations, de même que les différens

qui naiffent tous les jours entre
elles, les mettent dans une néceffité indifpenfable de communi-
quer enfemble & de maintenir des
moyens libres & fûrs de s'entendre, de fe reconcilier & d'entretenir un commerce & une amitié
bienfaifante. Parmi ces moyens
celui de l'ambaffade (*a*) fut toujours

Des
Ambaffa-
des.

Ambaffa-
deur Mi-
niftre pu-
blic du
premier
ordre.

Ordinaire.
Extraor
dinaire.

(*a*) Le mot d'Ambaffade paroît tirer
fon origine du mot efpagnol *Ambiar*, qui
fignifie *envoyer* Ainfi l'on peut dire, que
l'Ambaffadeur eft un Miniftre public, qu'un
Souverain envoie à une Puiffance étran-
gere, pour y repréfenter fa perfonne en
vertu d'un pouvoir & d'*une Lettre de*
Créance, ou de quelques commiffions,
qui faffent connoître fon caractere Il y a
deux fortes d'Ambaffadeurs, ceux qu'on
nomme ordinaires, & ceux qu'on appelle
extraordinaires. Il n'y a que cette différence entre eux, favoir 1°. que la mif-
fion des Ambaffadeurs extraordinaires fe
borne à la négociation d'une certaine affaire, & quelquefois feulement à repréfenter fon Maître dans une cérémonie publique, tandis que l'Ambaffadeur ordinaire étant continuellement chargé des
intéréts de fon Prince, doit toujours être
confidéré comme Négociateur. 2°. que
dans toutes les cérémonies publiques l'Am-

jours jugé le plus convenable &
le plus avantageux. On la regarde comme un des plus précieux
attributs de la souveraineté, & reconnoître dans un Ministre (b) le

---

bassadeur ordinaire, & qu'on lui défére
toujours plus d'honneur qu'à l'autre.

(b) Toute personne envoyée de la part
d'un Souverain, pour négocier ses affaires
auprès d'un autre, s'appelle *Ministre public*. Ainsi les Ministres plénipotentiaires,
les Envoyés, les Résidens en quelque façon font des Ministres publics, sans être
pour cela des Ambassadeurs, puisqu'il leur
manque ce qu'on appelle le *Caractere Représentatif*, ne représentant point leurs
Maîtres quant à sa personne & à sa dignité, comme les Ambassadeurs ; & pour
cette raison ils ne jouissent point des mêmes droits & prérogatives. V. *De Réal*,
Tom. V. pag. 29. 43. & 395. Les Ambassadeurs s'appellent Ministres publics du
premier ordre ; les autres se nomment Ministres publics du second ou troisieme ordre ; ils font tous également sous la protection du Droit des Gens, & on leur défére différens degrés d'honneur, selon la
diversité de l'étendue du pouvoir & de la
dignité qu'il plut à leur Prince d'attacher
à leurs personnes. V. *De Réal, Tom.* 6. p.
45. & *suiv*.

Les Ministres publics du second ordre font les Plénipotentiaires ; ceux du troisieme ordre font les Envoyés & les Résidens.

Les honneurs dûs & que l'on rend en
effet aux Ambassadeurs font choses de pure

CaractereReprésentant, c'est recon-
noitre la souveraineté du Prince,

**Honneurs
que l'on
rend aux
Ambassa-
deurs.**

institution & de coutume: les principaux
font 1°. d'être salués du canon des places
par où ils passent, dans les pays où ils
font envoyés, ainsi que des places frontieres du pays de leur Constituant; 2°. d'ê-
tre complimentés de la part du Souverain,
dès qu'il lui ont fait notifier leur arrivée;
3°. de faire une entrée publique dans la
résidence du Souverain, où est l'Ambas-
fadeur; 4°. de jouir des plus grands honneurs aux Audiances publiques des Souverains, où ils font admis après l'entrée
publique, & d'y avoir le droit de parler
couverts; 5°. d'avoir une place distinguée
dans toutes les fêtes & cérémonies publiques; 6°. d'avoir pour leurs femmes le
tabouret dans le cercle des Reines & des
Impératrices, & au repas des Rois & des
Empereurs; 7°. d'avoir un Dais chez eux;
8°. d'être traités d'Excellence. V. *De Réal,
Tom. 5. pag.* 113. *& suiv.*

Obs. Je dirai ici en passant, que *Joseph II.* promet dans fa *Capitulation,
art. III.* §. 20. de même que ses prédé-
cesseurs l'avoient fait, de faire les mêmes
honneurs à fa Cour aux Ambassadeurs des
Electeurs, sans distinction d'ordinaires ou
extraordinaires, qu'à ceux des têtes couronnées, à l'exception du pas, que les
Ambassadeurs des têtes couronnées auront
devant ceux des Electeurs. Mais non ob-
stant cette promesse solemnelle, l'Ambas-

qui l'envoie (c). En Allemagne

---

fadeur de France foutint contre l'Ambaffadeur de l'Electeur de Baviere (en 1765
lors de la célébration du mariage de l'Empereur *Joseph II.* avec la Princeffe de feu
Charles VII.) que ces honneurs ne lui
étoient point dûs de droit, ni d'obligation de la part de l'Empereur. Le College
Electoral s'en plaignit à la Cour de France,
qui cependant ne paroît pas y avoir dé-
férée. V. J. J. Mofer, Staats = Handha=
bung, 1768. 1. Theil, S. 490.

(c) Cependant ce droit peut fe trouver
chez des Princes ou des Communautés,
qui ne font pas fouveraines à tous égards;
ainfi quoique les Princes & Etats d'Empire relevent de l'Empereur & de l'Empire, néanmoins comme les conftitutions
de l'Empire leur affûrent aujourd'hui le
droit de traiter avec les puiffances étrangeres, & de contracter avec elles des alliances; & que d'ailleurs les autres nations les regardent, pour ainfi dire, comme fouverains; ils ont inconteftablement
ce droit d'envoyer & de recevoir des Miniftres publics, même du premier ordre;
quoiqu'ils ne s'en fervent point à l'égard
des Puiffances étrangeres, foit parce qu'on
ne leur feroit point les mêmes honneurs
qu'aux Ambaffadeurs des têtes couron-
nées, foit pour éviter la trop grande dépenfe & les différentes conteftations, qui
pourroient en réfulter. Ainfi ils aiment
mieux d'y envoyer des Miniftres du fecond

Les Etats
d'Empire
ont le
droit
d'envoyer
des Mini-
ftres pu-
blics.

il paroit être conforme au fyfte-
me de fon gouvernement, que
quand il s'agit d'envoyer un Ambaffadeur chez une Puiffance étran-
gere ou à la Cour de l'Empereur
pour négocier des affaires, qui
affectent tout l'Empire & dont le

Le choix des Am-baffadeurs de l'Em-pire, ainfi que leurs inftru-ctions, fe doivent faire à la Diete.

traitement en vertu de fes loix fondamentales eft de la competence
des États affemblés, le choix de
ces Ambaffadeurs, ainfi que leurs
inftructions fe doivent faire à la
Diete générale ou par les Députés, qui y font nommés d'un confentement réciproque pour régler
cette affaire (d). De même s'il fal-

---

dre fous le nom d'Envoyés ou de Miniftres Plénipotentiaires. V. *Encyclopédie
de Jurisprudence, Tom.* 5. *pag.* 112.
art. Ambaffadeur.

(d) V. le *Réfultat de* 1594. §. 45.

Obf. Quand je dis, que les inftructions
des Ambaffadeurs ou Envoyés de l'Empire doivent fe faire à la Diete, j'entends
que le contenu & l'étendue du pouvoir
de ces Miniftres doivent être déterminés
& arrêtés à la Diete fauf au Vice - Chancelier de la Chancellerie de l'Empereur,
nommée Reichs = Hof = Canzley, à les faire
rédiger & expédier dans les formes conformément au *Réfultat de* 1576, & à la

loit changer leurs inſtructions, y ajouter ou en retrancher quelque choſe, cela ne ſe pourroit ſans l'agrement de la Diete; enſorte que toute négociation faite de la part de l'Empereur ou de l'Ambaſſadeur à l'inſçu de la Diete ou ſans ſon approbation, ſeroit nulle & ne ſortiroit aucun effet, à moins qu'elle n'en fut ratifiée dans la ſuite; les frais pour les Ambaſſades envoyées au nom de l'Empire ſe font aux dépens communs des États (e) & pour cet effet on en fait d'ordinaire la répartition ſur le pied des mois Romains (f).

XIII.

Le pouvoir de l'Empereur, de recevoir des Ambaſſadeurs envoyés par les Puiſſances étrangeres à tout l'Empire en général & de leurs donner audience n'eſt aucunement limité par la Capitula-

Droit de recevoir des Ambaſſadeurs & de les congédier.

Capitulation de Joſeph II. art. XXV. §. 4. V. *Moſer, au même endroit.*

(e) V. le *Réſultat de la Diete de* 1576. §. 107. & 111.

(f) V. le *Réſultat de* 1598. §. 28. & celui de 1603. §. 31.

tion. Cependant il ne peut pas entrer tout feul avec eux en négociation dans les affaires, dont la difpofition demande le confentement des Electeurs ou celui de tous les États de l'Empire. Pour cette raifon il renvoie d'ordinaire, s'il en eft requis, la négociation de pareilles affaires au Collège Electoral ou à la Diete générale de l'Empire. Il paroit lui être également libre de faire retirer de fa Cour & même de la Diete générale les Ambaffadeurs ou Miniftres qui y font accrédités des Puiffances étrangeres, fans le fçu & confentement des Electeurs, Princes & autres États de l'Empire, vu qu'aucune loi de l'Empire n'ait ordonné le contraire jufqn'à préfent.

XIV.

Les Ambaffadeurs n'ofent point fe mêler des affaires de l'Empire.

Enfin pour éviter toutes diffenfions & les fuites dangereufes qui en réfultent, l'Empereur promet par fa Capitulation (a) de ne point

_____

(a) V. la *Capitulation de Joseph II.* art. *XXVIII.*

permettre que les Puiſſances étrangeres ou leurs Ambaſſadeurs, ſe
mélent ouvertement ou en ſecret
des affaires de l'Empire (b), ni de
ſouffrir que ces Ambaſſadeurs, ſoit
à la Cour, ſoit aux aſſemblées des
Députés de l'Empire, ou aux autres aſſemblées publiques, ſe faſ-
ſent accompagner dans les rues &
dans les chemins par des gardes
armés à pied ou à cheval (c).

(b) Cette clauſe ne doit point regarder
la France & la Suede, ni leurs Ambaſſadeurs, au moins dans les affaires compri-
ſes dans les Traités d'*Osnabruck* & de
Münſter, dont ces deux Puiſſances ſe ſont
rendues garants reſpectifs, & ſe ſont acquis par-là un droit inconteſtable de ſe
mêler dans toutes les délibérations, où il
s'agiroit d'y faire quelque changement.

(c) De mémoire d'hommes ce cas n'eſt
point arrivé, & n'arrivera probablement
point, au moins à la Cour de l'Empereur,
qui ſaura toujours ſe faire reſpecter.

Obſ. Si le ciel ſeconde mon projet, je
traiterai la matiere des Ambaſſades plus
amplement & avec plus d'ordre dans un
ouvrage du Droit des Gens. Ceux qui veulent l'approfondir davantage, liront *Wicq-
fort, de l'Ambaſſadeur ; Jeaunin, Ambaſſades ; Kolbiſius, de Legationibus
Imperii; De Wattel, Tom. 3. p. 380. &*

ſuiv. Grotius, *de Jure B. & P. lib. II.*
cap. 18. avec les notes de Barbeyrac;
Charles Paſcal, Traité de l'Ambaſſa-
deur; & le Cérémonial françois.

Fin du ſecond Tome.

ERRATA ET CORRECTA.

Page 27. not. (*e*), ligne 10. liſ. Zylliſius.

p. 97. obſerv. I. liſ. les ſavans ſont en
diſpute, pour ſavoir, ſi le Pape a été
ſoumis aux Empereurs Allemands.

p. 126. à la marge, liſ. Duc de Bohème.

p. 128. dans l'avant-derniere ligne, liſ.
la voix & la ſéance ont été affectées.

p. 144. not. (*e*), après ces paroles (vom
Waſſerrecht) liſ apud Ahasv. Fritſch.
in Jure fluviat.

Dans la même page, not. (*h*) liſ. cap. XII.

pag. 168. lign. 2. liſ il a cinq voix.

p. 365. ligne 27. liſ. criches.

même page, ligne 32. liſ. 1775.

p. 370. ligne 7. liſ. but.

p. 386. ligne 1. liſ. Société.

www.ingramcontent.com/pod-product-compliance
Lightning Source LLC
Chambersburg PA
CBHW052103230326
41599CB00054B/3712